KB204261

곁에.서.

일러두기

이 책에 나오는 아이들 이름은 모두 가명입니다.

곁에. 서.

권일한

상처받아 아픈 아이가 없는
세상을 바라며

새물결플러스

차례

들어가며

교사로 첫걸음을 시작한 학교에서 만난 아이가 산사태로 죽었다. 갓 결혼한 서른두 살, 많이 울었다. 8년 뒤, 탄광 마을에서 만난 아이가 혀와 뇌에 암이 번져 말도 제대로 못하고 죽었다. 병원을 나서며 무력감에 짓눌렸다. 장례식장에서 할머니를 끌어안고 통곡했다. 한 아이는 고등학교 2학년, 한 아이는 중학교 3학년이었다. 물과 불에 아이를 잃기도 했다. 선생인 내가 먼저 떠나야지, 어떻게 아이들이 먼저 죽는단 말인가!

마음 깊이 박힌 슬픔이 조금씩 옅어질 때 가스폭발 사고를 당한 아이들을 만났다. 아이들과 지내며 힘들었다. 힘들어하는 아이들 이야기를 아무에게도 못했다. 아이들을 도와주려는 사람도 있지만, 아이를 잠깐 가십거리로 소모할 사람도 많기 때문이다. 몸과 마음이 조금씩 나아가는 아이들을 다시 아프게 하면 안 되었다. 적어도 아이들이 대학생이 될 때까지는 이야기를 혼자 간직하겠다고 다짐했다.

화상 입은 아이들이 졸업한 뒤에도 가끔 찾아갔다. 아이들 소식에 귀를 기울였다. 아이들과 떨어져 듣는 소식이 나빠 보이진 않았다. 그래도 불안했다. 찰리 채플린의 말처럼 "멀리서 보면 희극이지만, 가까이에서 보면 비극인 게 인생" 아니던가! 가스폭발 소식을 방송으로 들었을 때 '아이들이 얼마나 힘들까!' 생각했었다. 가까이에서 본 모습은 멀리서 볼 때와 달랐다. 화상보다 더 아픈 상처가 아이들을 괴롭혔다.

해마다 아이들 글을 모아 문집을 만들었다. 힘들어하는 아이를 만나면 글로 써놓았다. 이 글을 쓰면서 10년 전, 15년 전에 만난 아이들 이야기를 읽었다. 다시 그 자리에 간 것처럼 또렷하게 기억났다. 그때 아팠던 마음이 여전히 느껴졌다. 아픈 아이들을 만나면서 아픈 아이에게 어떻게 손을 내미는지 알게 되었다. 이 책은 아픈 아이의 손을 잡아준 이야기다.

프레드릭 뷰크너는 『통쾌한 희망사전』(복있는사람, 2005)에서 교회를 이렇게 설명한다. "눈에 보이는 교회는 하나님의 이름으로 정기적으로 모이는 회중이다. 그들이 누구누구인지는 교회에 가면 알 수 있다. 눈에 보이지 않는 교회는 하나님이 이 세상에서 당신의 손과 발로 사용하시는 모든 사람이다. 그들이 누구누구인지는 하나님만 아신다."

교실이 교회라 생각했다. 나는 상처받은 아이, 마음이 아픈 아이, 하소연할 사람이 없어 끙끙대는 아이들을 섬기며 예배한다. 기도, 찬양, 성가대, 설교는 없지만 내가 선 곳이 거룩한 땅이라 생각했다. 아이들을 돌보며 하나님께서 기뻐 받으시는 예배를 드리려 노력했다. 내가 아이들과 지내는 시간을 여호와 하나님께서 예배로 받으시면 좋겠다고 생각했다. 그러면 정말 좋겠다고….

글을 쓰다 보니 나를 변호하고 좋게 꾸미려는 마음이 커진다. 글 일부가 틀림없이 과장되었을 것이다. 아이들에게 다가간 내가 아니라 내게 다가온 아이들이 훌륭하다. 마음을 살피는 일도 어렵지만, 마음을 솔직하게 드러내는 건 더 어려우니까. 숨겨둔 이야기를 들려준 아이들에게 고맙다. 또한 나를 아이들 앞에 세워주신 하나님께 감사드린다.

1.

교회에서 일어난 가스폭발 사고

홍 교장은 "피해 어린이들은 대부분 저소득층 자녀다. 가스사고로 인한 화상은 의료보험 대상이 아니라고 한다"며 "개인보험 역시 3도 미만의 화상은 보험료 지급이 안 된다고 해서 답답한 마음에 이외수 작가에게 부탁했다"고 설명했다.

그러면서 "우리 학교 교사와 학생들이 3일 동안 650만원을 모금했으나 치료비로 턱없이 모자르다"라며 "피해 어린이 8명 가운데 5명은 전교생이 14명에 불과한 소달초등학교 아이들"이라며 관심을 가져줄 것을 호소했다. 아직까지 구체적으로 도움을 주겠다는 연락은 없었다고 홍 교장은 덧붙였다.

피해 어린이들은 지난 15일 삼척시 도계읍의 한 교회 교육원에서 발생한 가스폭발 사고로 다친 이들이다. 초등학생 8명뿐 아니라 미취학아동 1명과 교회 목사의 부인 A씨도 이번 사고로 화상을 입은 것으로 전해졌다.

이번 사고는 A씨가 어린이들에게 간식을 주려고 요리하는 과정에서 가스누출로 인해 발생했다. 홍 교장은 "사고가 일어난 교회는 낙후된 도계읍에서도 외곽지역에 있는 곳"이라며 "A씨는 평소 저소득층 어린이들을 챙기던 사람으로 알려져 있어 더욱 안타깝다"고 말했다.

▸▸ 머니투데이 2012년 7월 21일 기사

강원도 산골 작은 교회에서 가스가 폭발했다. 목사님 부부가 아이들을 위해 무료 공부방을 운영하며 간식을 준비하다가 일어난 사고였다. 교회에서, 아이를 위해 헌신하다가, 가스가 폭발해서 사모님이 돌아가셨다. 교회에서 가스가 폭발한 사고에 하나님의 계획을 말할 수 있을까? 왜 교회에서 가스가 폭발해야 했을까?

사고 이듬해, 하나님께서 나를 소달초에 보내셨다. 다른 학교에 발령이 나서 안 가도 되는데 아픈 아이들을 돌볼 사람을 찾는다는 말을 듣고 소달초에 가기로 결정했다. 소달초는 교감 없이 나와 다른 교사 한 명이 아이 일곱을 가르쳤다. 나와 함께 근무하는 교사는 이제 2년 차!

전교생 일곱 중 셋이 화상 환자였다. 화상을 입지 않은 아이들도 아팠다. 한 아이는 삼 년 동안 학교에 거의 나오지 않다가 4학년 때 나오기 시작했다. 다른 아이는 아빠에게 받은 상처 때문에 어른, 특히 남자에게 말을 하지 않는 선택적 함구증을 앓았다. 일곱 명 중 다섯은 부모가 이혼해서 엄마가 아이를 떠났다. 여섯 아이의 아빠 직업은 광부다. 아이들 삶이 석탄 갱도 마지막 구간처럼 어두워 보였다. 이곳에서 예수 그리스도를 믿는 교사가 무얼 해야 할까?

교회에서 가스폭발 사고가 나면 하나님을 어떻게 생각할까?

일주일 동안 두 학교로 발령이 났다

2013년에 동해시에서 삼척시로 근무지를 옮기며 교사로 첫걸음을 시작한 곳에 가겠다고 신청했다. 그런데 이곳에 자리가 없었던 모양이다. 2013년 2월 10일에 인사 담당 장학사가 신동초등학교로 가달라고 했다. 15km 더 멀고 두 학년을 같이 가르쳐야 하지만 괜찮았다. 2013년 2월 15일, 삼척 신동초등학교로 발령이 났다.

당시 예능 프로그램 〈1박 2일〉이 인기가 높았다. 2월 17일에 〈1박 2일〉 출연자들이 신동초등학교 아이들과 운동회 하는 모습이 방송에 나왔다. 스무 명 정도 되는 아이들이 활짝 웃으며 뛰어놀았다. 연예인보다 아이들이 눈에 더 들어왔다. '저 아이들과 지내겠구나!' 생각하며 이름을 외웠다. 아이들 얼굴을 기억하며 새로운 학교를 기대했다.

월요일, 학교에 갔더니 선생님들이 〈1박 2일〉 이야기를 했다. 어떤 분은 나를 보면서 "1박!"이라고 인사했고, 나는 "2일!"이라고 대답했다. 인사하면서 즐거웠다. 누군 귀엽더라, 누군 달리기를 잘하더라 하며 아이들 이야기를 했다. 유난히 힘들게 지낸 학교에서 떠나게 되어 기뻤고,

화면으로라도 아이들을 먼저 만나서 참 좋았다.

나흘 뒤 금요일, 삼척교육청 인사 담당 장학사의 전화를 받았다. 나더러 소달초등학교로 갈 수 있느냐고 물었다. 당황했다. 이미 신동초등학교로 발령이 났는데 무슨 일일까? 신동초에 인사하러 가기로 약속까지 했는데 소달초로 가달라니 이상했다. 번쩍하며 '가스폭발 사고'가 생각났다.

가스폭발 사고

소달초등학교는 탄광 마을에 있다. 1980년대에는 학생이 많아 3층 건물을 올렸다. 운동장 옆에 2층 건물이 하나 더 있어서 전체 교실이 20칸이다. 탄광이 문을 닫으면서 학생 수가 급격하게 줄어들었다. 2012년에는 교사 네 명이 아이 열네 명을 가르쳤다. 한 학년이 두세 명뿐이어서 교사 한 명이 두 학년을 한 교실에서 가르쳤다. 세 명은 담임을 맡았고, 한 명은 교무 업무를 하며 두 과목을 전담으로 가르쳤다. 1인 1교실을 써도 될 만큼 넓은 곳에 아이가 열네 명뿐이었다.

소달 마을 위쪽에 경동탄광 사원아파트가 있다. 경동아파트에 사는 일부 아이는 7km 떨어진 도계초등학교에 다녔다. 친구 많이 사귀라고 큰 학교에 자녀를 보낸 것이다. 학교와 경동아파트 사이에 있는 은총교회 목사님 부부가 방과 후 무료 공부방을 운영했다. 경동아파트에 사는 아이 몇 명은 도계초등학교에 갔다가 방과 후에 교회로 왔다.

교회 바로 뒤편에 빈집이 있었다. 교회에서 집을 사서 형편이 어려운 가정이 쓰게 했다. 그 가정이 가스 온수기를 설치해서 쓰다가 4년 뒤에 이사 갔는데 교회에서는 이 사실을 몰랐다. 목사님이 아이들에게 영어를 가르치고 사모님이 간식을 준비한 날, 마침 성도들이 점심을 준비하느라 가스레인지를 다 사용했다. 빈집에 가스레인지가 있는 게 생각나서 사모님이 찐빵을 찌려고 빈집 가스레인지 불을 켰다. 가스 온수기에서 가스가 누출되었는데 사모님은 가스 온수기가 있는 줄도 몰랐다고 했다. 가스가 폭발하면서 밖에 둔 가스통까지 모두 터지고 말았다.

열 명이 화상을 입었다. 사모님과 도계초 5학년 남자아이가 전신 50% 이상에 3도 화상을 입었다. 소달초 6학년 남자아이 두 명이 중증 화상을 입었고, 다른 여섯 명은 경증 화상을 입었다. 며칠 뒤에 사모님이 돌아가셨다. 작은 도시에서 일어난 큰 사고인 데다가 아이가 아홉 명이나 다쳐 학교와 지역단체에서 오랫동안 모금 운동을 했다.

도계초 교장 선생님이 이외수 작가에게 부탁해서 사고가 알려졌고, 여러 사람이 치료비를 후원했다. 치료비는 채워졌지만, 아이들이 어떻게 견디는지, 학교에서 어떻게 생활하는지는 몰랐다. 소달초등학교는 전교생 열네 명 중 다섯이 아팠기 때문에 아무 행사도 못 했다. 현장학습과 수학여행도 못 가고, 운동회도 못 했다. 학교에서 아이들 웃음소리가 들렸겠지만 무거운 분위기를 날려버리지는 못했을 것 같다.

왜 갑자기 소달초로 가라 하는지 장학사에게 물었다. 2012년에 소달초 전교생이 열네 명이었다. 침울하고 어수선한 분위기로 2012년을 마쳤는데 일곱 명이 졸업했다. 졸업생은 많고 입학생이 없었다. 학부모들은 가스폭발 사고, 화상 환자 이미지가 강한 학교에 아이를 보내지 않으려 했다. 2013년에도 입학 대상이 있었지만, 모두 도계초등학교로 가버렸다.

3학년 2명, 4학년 1명, 5학년 2명, 6학년 2명이 남았다. 학생이 줄어 교사도 줄었다. 교사 두 명이 다른 학교로 갔고, 교무 선생님과 신규 교사만 남았다. 교무 선생님은 내가 존경하는 형이다. 형은 어느 학교에 가든지 가난하고 어렵게 사는 아이를 찾아다니며 도와주었다. 집을 고쳐주고 화장실을 만들어주기도 했다. 소달초에서는 이상한 생각에 빠진 부모가 아이를 학교에 보내지 않자, 온갖 쌍욕을 들으면서도 집에 찾아가고 또 찾아가서 3년 만에 아이를 학교로 데려왔다.

가스폭발 사고가 일어난 뒤에 형은 병원을 찾아다니며 아이들을 보살폈다. 후원금을 모으고, 언론을 상대하며, 다친 아이들을 돌봤다. 병원에서 아이 곁을 지키다가 학교에 일하러 오기를 반복했다. 화상은 금방 낫지 않는다. 아이가 학교에 나와도 특별하게 돌봐야 했다. 아이를 돌보며 형은 점점 지쳐갔다.

입학생이 있는데도 입학하지 않는 학교는 내리막을 달리는 눈덩이와 같다. 1년이 지나면 4-6학년 다섯 명만 남는다. 이때도 입학생이 없으면 '3년 뒤에 학교가 문을 닫는구나!' 생각해야 한다. 입학해도 친구가 없고, 위로는 곧바로 4학년인데 누가 아이를 보내겠나! 더구나 화상을 입은 아이가 셋이나 있다. 소달초 동문회 임원들도 아이를 모교에 보내지 않았다. 학교 분위기가 어두웠다.

아이를 돌보다 지친 선생님이 수술을 받다

신규교사일 때 교사 공부 모임에서 형(교무 선생님)을 만났다. 재미있는 수업 아이디어를 많이 가르쳐주셨다. 형은 간이 약해서 자주 아팠다. 피곤하면 몸이 견디지 못했다. 그런데 다친 아이들을 돌보며 학교 업무까지 처리하느라 항상 지나치게 일했다. 간이 약하기 때문에 아프면 회복하는 데 시간이 오래 걸렸다. 화상 입은 아이들을 돌보면서 형은 회복할 시간을 갖지 못했다. 결국 간 이식을 받아야 할 지경에 이르렀다.

우리 몸은 이식한 간을 자기 신체로 인식하지 않는다. 자신의 신체가 아니라 세균이라 판단해서 면역 체계가 이식한 간을 공격한다. 이식한 간이 몸의 일부가 되어야 하는데 면역 체계가 공격하니 견디지 못한다. 그래서 면역 억제제를 먹어야 한다. 면역 억제제는 세균과 싸우지 않게 만드는 약이다. 이 약은 이식한 간뿐만 아니라 몸에 들어오는 모든 세균과 싸우지 못하게 만든다. 결국 면역력이 약해져서 감기에 걸려도 잘 낫지 않는다. 이처럼 위험하기 때문에 건강이 최대한 악화할 때까지 간 이식을 늦춘다고 한다. 아파도 자기 간으로 버티는 게 낫기 때문이다.

형은 간 이식 외에는 견디기 어려울 정도로 약해졌다. 기증자를 찾기 위해 가족을 검사했다. 자녀가 적합하지 않았고, 조카가 기증하겠다고 했다. 소달초에는 교사가 둘뿐인데, 정규 발령이 끝난 뒤에 수술이 결정되어 형이 휴직을 신청했다. 이식 수술하고 회복하려면 1년은 쉬어야 했다. 그럼 소달초에는 교사 한 명만 남는다. 남는 교사는 지난해에 처음 교사가 된 신규였다.

소달초등학교는 소규모 학교라서 교감이 없다. 20학급, 30학급에서 20-30명 교사가 하는 일을 둘이서 해야 했다. 교무는 교감 업무까지 해야 한다. 보건 교사가 없어서 보건 업무도 해야 하고, 전담 교사가 없어서 모든 수업을 담임 교사가 해야 했다. 그것도 두 학년을 동시에 가르치는 복식수업을 하면서 말이다. 교무부장이 2년 차 교사 데리고 교감, 교무, 연구, 과학, 생활, 정보, 체육, 환경, 보건, 독서, 학부모 등등 끝없이 이어지는 업무를 처리해야 한다. 운동회도, 현장학습도, 출장도 모두 두 사람 몫이다. 게다가 화상 치료를 하는 아이가 셋 있다.

안타까운 때에 이식이 결정되었다. 한 달만 일찍 결정되었으면 형은 큰 학교로 자리를 옮겼을 것이다. 그럼 큰 학교 소속이 되어 휴직했을 테고, 큰 학교에는 신규 교사나 기간제 교사가 오면 된다. 교사 한 명이 빠져도 다른 교사가 많으므로 감당이 된다. 소달초에는 새로운 교사를 보내면 된다. 소달초에 가려는 교사가 없다 해도, 정규 발령인지라 순위가 낮은 사람을 보내면 된다. 그러나 정규 발령이 끝난 뒤에 갑자기 이식이 결정되는 바람에 교무부장 자리가 비었다. 교원 인사 규정에 따르면 신규 교사가 소달초에 와야 했다.

규정대로 소달초에 신규 교사를 발령 내면 1년 차 교사와 2년 차 교사 둘이 학교를 책임져야 한다. 2년 차 교사가 교감, 교무, 연구, 생활, 체육, 독서 업무를 하면서 3학년과 4학년을 가르쳐야 한다. 학교에 처음 근무하는 1년 차 교사가 정보, 과학, 환경, 학부모 업무와 기타 업무를 하면서 5학년과 6학년을 동시에 가르쳐야 한다. 보건교사가 없으니 아이가 다치면 선생님이 치료해주어야 한다. 경험이 없는 교사 둘이 이 모든 일을 하면서 가스폭발 사고 후유증으로 아픈 아이들을 어떻게 감당하겠나!

삼척교육지원청에서 경력이 있는 선생님을 소달초에 보내려 했다. 소달초에서 근무할 교사를 찾는 공문을 추가로 삼척 관내 학교에 보냈다. 정규 인사발령이 난 뒤에 한 사람을 찾는 공문을 보내는 경우도 없거니와, 고생할 게 뻔한 곳에 스스로 갈 사람도 없었다. 규모가 있는 학교 교무를 구했다면 누군가 신청했을 것이다. 그러나 신규 2년 차 교사와 단둘이 화상 환자를 돌보는 자리에는 아무도 가지 않았다.

삼척과 동해는 작은 중소도시다. 특히 교직 사회는 좁아서 서로를 잘 안다. 신동초로 발령 났을 때 여러 사람과 소식을 주고받았다. 신동초등학교 선생님과도 전화로 인사하고 학교에 찾아가기로 약속했다. 그런데 다들 거절한 자리에 가야 할까? 전화를 받자마자 '왜 나일까?' 같은 생각이 전혀 들지 않았다. 무조건 내가 가야 한다고 생각했다. 지난해에 소달 마을에서 일어난 일 때문에 하나님께서 나를 이곳으로 보내신다는 마음이 훅 들어왔다.

장학사가 소달초등학교로 갈 수 있냐고 전화했을 때 가스폭발 사고와 함께 소달초 교무 선생님인 형이 생각났다. 형은 아이들과 교회를 위해 젊은 날을 바쳤다. 아이들을 먹이고 돌보며 사랑했다. 형이 다니는 교회에 아이들이 찾아왔고, 형은 아이들에게 부모가 돼주었다. 형을 아빠처럼 따르던 아이들은 어른이 된 지금도 예수님을 믿는다. 그러나 형은 교회에 다니지 않는다. 형이 예수님을 생각하며 헌신할수록 교회가 형을 부려 먹었다. 형은 목사에게 실망해서 교회를 떠났다.

가끔 "형이 교회를 떠났지만 예수님은 마음에 있지요?" 하고 물으면, 형은 "교회에 다시 가고 싶은 마음을 버렸는데, 너 때문에 마음이 흔들린다"고 했다. 교회에서 상처받은 사람에게 교회 가란 말을 자주 하면 반발할 것 같아 몇 년에 한 번씩 가끔 물었다. 그럼 형은 애매하게 웃기만 했다. 목사에게 상처받아 교회를 떠난 형이, 가스폭발 사고를 당한 아이들을 위해 온 힘을 다하다가 간을 이식할 지경에 이르렀다. 형을 대신할 사람을 찾다가 아무도 없어서 나에게 가달라고 한다.

'내가 소달초에 가야 할까?'

교회에서 가스가 폭발하면 사람들이 하나님을 어떻게 생각할까?

전화를 받으면서 '가스폭발 사고'와 '교회를 떠난 형'이 생각났다. 장학사가 추가 모집 공문을 보낸 과정을 설명하는 동안 1박 2일 방송에 나온 아이들이 아니라 사고로 고통당하는 아이들 곁에 가라고 하신다는 마음이 들었다. 동시에 '교회에서 가스가 폭발하는 사고가 났으니 마을 사람들이 하나님을 어떻게 생각할까? 하나님이 힘이 없어서 목사 사모가 죽었다고 생각하지 않을까?' 하는 마음이 들었다.

평소 누군가 하나님의 음성을 들었다고 말할 때마다 의심이 들었다. 그들이 들은 음성은 병든 사람이 낫고, 가난한 사람이 부자 되고, 공부하지 않는 아이가 원하는 대학에 가고, 어찌 되었건 다들 잘된다고 했다. 나는 이런 음성을 한 번도 듣지 못했다. 아플 때 낫게 해달라고 기도하면서도 금세 "왜 나는 나아야 하나요? 저보다 아픈 저 사람이 나으면 안 되나요?" 하는 질문이 나왔다. 존경하는 교회 형이 아플 때 "제 생명을 줄여서 형한테 주세요. 제가 5년, 10년 덜 살 테니까 형이 그만큼 더 살게 해주세요"라고 기도했다. 하나님은 이 기도도 들어주지 않았다.

장학사와 전화하면서 가스폭발로 조각 난 교회, 목사 사모를 죽게 만든 하나님을 어떻게 믿느냐 말하는 사람들에게 가야겠다는 생각이 들었다. 천둥처럼 하나님의 음성이 귀에 들리진 않았다. 누가 찾아와 하나님께서 소달초에 가라고 하셨다고 말하지도 않았다. 통화하면서 '소달초에 가라고 하시는구나!' 하는 생각이 들었다.

'이건 하나님의 음성일까?'

강원도 산골은 무속 신앙이 강하다. 탄광 사고는 인명 피해가 크기 때문에 미신에 민감하다. 이런 곳에는 교회 다니는 사람이 적다. 사고가 난 교회도 목사님이 방과 후에 아이들에게 공부를 가르쳤기 때문에 부모들이 교회에 나오기 시작했다. 그런데 교회에서 가스가 폭발해서 아이들이 다쳤으니 누가 교회에 나오려 할까? 목사 사모가 가스를 폭발시켜 죽었으니 부정 탔다고 생각하지 않을까? 과연 사람들이 사고 난 뒤에도 계속 아이들을 교회에 보낼까?

미신과 우상숭배가 가득한 탄광 마을 사람들은 하나님이 우리를 지키시며 눈동자처럼 보호하시기는커녕 교회가 액운을 가져오는 재수 옴 붙은 곳이라 생각할 게 뻔하다. 흉터 난 아이들을 볼 때마다 하나님 믿으면 저렇게 된다고 손가락질할 것 같았다. 아이들은 얼마나 힘들까! 돌봐주는 사람이 없어서 교회에 갔고, 목사님과 사모님이 자기들을 자녀처럼 돌봐주었는데 사고가 나서 사모님이 돌아가셨다. 교회에서 아이들을 돌보다가 아내를 떠나보낸 목사님의 마음은 또 어떨까?

소달초등학교라는 말을 듣자마자 내가 가야 할 곳이라고 생각했다. '갈까 말까, 가면 이런저런 힘든 일이 일어날 텐데 내가 감당할 수 있을까?'를 따져볼 겨를도 없이 곧바로 '하나님이 가라고 하시는구나!' 확신했다. 예수님이 하신 말씀 중에 성령님의 사역을 요한이 기억해서 적어 놓았다.

"내가 아직 너희와 함께 있어서 이 말을 너희에게 하였거니와 보혜사 곧 아버지께서 내 이름으로 보내실 성령 그가 너희에게 모든 것을 가르치고 내가 너희에게 말한 모든 것을 생각나게 하리라"(요 14:25-26).

갈까 말까 고민하고 결정할 일이 아니었다. 하나님께서 모든 것을 생각나게 하셨으니 하나님의 말씀에 순종해야 할 일이었다.

모든 것을 생각나게 한다는 말씀에 곧바로 이어지는 내용이다. "평안을 너희에게 끼치노니 곧 나의 평안을 너희에게 주노라. 내가 너희에게 주는 것은 세상이 주는 것과 같지 아니하니라. 너희는 마음에 근심하지도 말고 두려워하지도 말라"(요 14:27). 하나님이 생각나게 하신 일에 순종하면 예수님의 평안을 주신다. 근심하고 두려워하지 말라 하신다. 앞으로 어떤 일이 일어날지 걱정하거나 두려워하지 않았다. 내가 가야 할 길이라 생각했다.

"제가 가겠습니다. 대신 조건이 있습니다."

하나님이 조건을 생각나게 하신 건지는 모르겠다. 조건이 있다고 말할 때 마음에서 뭔가 솟구치는 것 같았다. 그때 장학사는 내가 어떤 조건을 요구하리라 생각했을까? 소달초에서 다른 학교로 옮길 때 우선권을 요구할 거라 생각했을지도 모르겠다. 장학사가 소달초에 가달라고 말할 때 '가스폭발 사고, 교회를 떠난 형, 교회에서 사고가 나는 걸 막지 못한 하나님을 어떻게 생각할지'가 저절로 떠오른 것처럼 조건도 저절로 생각났다.

"소달초 교무부장으로 갈 사람을 찾는 공문을 다시 보냈으니 삼척에 있는 교사들이 소달초 처지를 다 알 겁니다. 그럼 누가 소달초등학교에 갔는지, 어떻게 된 일인지 물어보겠죠. 그때 권일한이 착해서 학교를 옮겼다고 대답한다면 가지 않겠습니다. 장학사님 입으로 권일한이 예수님 때문에 갔다고 말씀해주세요. 그럼 소달초등학교로 갈게요"라고 했다. 예수님을 믿지 않는 장학사가 그렇게 말하겠다고 대답했다.

그다음 주에 발령장 교부식 장소에 가지 않았다. 아픈 아이들, 아픈 형, 돌아가신 사모님, 사람들이 다시는 찾지 않을 것 같은 교회를 두고 나를 칭찬하는 소리를 들으면 안 된다고 생각했다. 예상대로 교육장님이 발령장을 주는 자리에서 한참 동안 내 얘기를 했다고 한다. 교육장님이 예수님 이야기를 했는지는 모른다. 사람들이 내 얘기를 하는 게 부담스러워 발령과 관련한 내용은 아무것도 묻지 않았다.

발령장 교부식 다음 날 혼자 교육청에 찾아갔다. 교육장님이 "어제 선생님 자랑을 많이 했습니다" 하며 몇 번이나 고맙다고 해주셨다. 칭찬을 들으며 아무 감정도 생기지 않았다. 그냥 덤덤했다. 교육장님에게도 내가 예수님 때문에 갔다고 말해달라는 조건을 걸었으면 좋았을 텐데 아쉽다는 생각이 들 뿐이었다.

교육청에서 혼자 발령장을 받고 소달초등학교에 인사하러 갔다. 원래는 교감 선생님이 발령장 교부식 장소에 와서 선생님들을 각 학교에 데려간다. 소달초에는 교감이 없고, 그날은 발령장 교부식 다음 날이어서 혼자 소달초에 찾아갔다. 가는 길에 신동초등학교를 지나갔다. 〈1박 2일〉 방송에 나온 장면이 떠올랐지만, 내 학교라는 생각은 안 들었다. '이렇게 지나쳐 가는 곳인 모양이다!' 생각했다.

신동초는 도로에서 아래쪽으로 내려가 기찻길을 지나가야 한다. 소달초는 기찻길 건너편 언덕 위에 있다. 신동초는 마을 아래에 있어서 학교가 어두웠고 소달초는 마을 위에 있어서 학교가 밝았다. 멀리 보이는 소달초등학교가 좋아 보였다. 내 학교 같았다. 기찻길 아래로 난 통로를 지나 소달초 운동장으로 들어갔다. 아름드리 벚나무가 운동장을 둘러쌌다.

소달초등학교는 벚꽃으로 유명하다. 4월이면 어김없이 사진사들이 찾아온다. 찾아오는 사람이 많아 학부모회와 동창회에서 바자회를 열어 손님을 맞는다. '소달초 벚꽃 축제에 가야지 생각하면서도 한 번도 오지 못했는데 이젠 해마다 보겠네!' 하며 학교에 들어섰다. 학교 아래로 마을

이 내려다보였다. 작은 마을을 바라보는 마음이 담담했다.

교장 선생님과 2년 차 교사를 만났다. 후배 교사가 5, 6학년을 맡았고 나는 3, 4학년 담임이 되었다. 우리 반은 세 명인데 둘이 화상 환자다. 4학년 아이는 가스폭발 사고 한 달 만에 병원에서 나왔다. 3학년, 5학년 남매는 사고가 나고 50일쯤 뒤에 집에 왔다. 가장 많이 다친 6학년 둘은 석 달이 지나서 학교에 나왔다. 신규 선생님이 6학년 담임이었는데 수업은 했지만, 자기가 무얼 하는지 몰랐다고 했다.

교실이 3층에 있는데 높고 넓었다. 사방이 산으로 둘러싸였고, 앞에는 오십천 강물이 흐른다. 특히 앞쪽의 바위산이 멋있었다. 교직원에게 인사하고 다음 날부터 학교에 나와서 일했다. 교실을 정리하고 여러 가지 계획서를 만들었다. '살아 있는 글쓰기'라는 글씨를 교실 뒤에 붙였다. 하나님이 소달초 발령장을 내게 주셨다. 힘들 때 바라보라고 멋진 산도 앞에 두셨다. 이날 이후 하루에도 몇 번씩 주의 손가락이 만드신 산을 바라보았다.

공립학교 교사들은 정해진 기간이 지나면 다른 학교로 옮겨야 한다. 이는 일제가 우리나라를 강제 합병했을 때 만든 제도다. 교사가 한 지역에서 오래 근무하면 독립정신을 가르치기 때문에 이곳저곳 떠돌게 만들어 민족정신을 가르치기 어렵게 했다. 아직도 이 제도를 유지한다. 소달초는 근무 기간이 최대 4년이었다. 화상을 입은 아이가 모두 졸업할 때까지 근무하다가 4년 뒤에 소달초를 떠났다.

학교를 떠난 뒤에도 2019년까지 소달초에 가서 독서 캠프를 해주었다. 소달교회에 가서 함께 예배를 드리기도 했다. 시골 마을에 도서관을 만들어주는 활동에 참여할 기회가 있을 때는 소달교회를 소개했다. 교회에 미니도서관이 생겼을 때, 목사님께 독서 활동을 소개하고 독서 활동을 알려주는 책을 드렸다. 화상을 입었던 아이가 고등학교에 갈 때는 만나서 공부하는 방법을 알려주었다. 고등학교 3학년이 될 때에도 전화로 응원해주었다.

교육청에서 주는 발령장은 학교를 옮기는 순간까지 일할 장소를 제한한다. 정해진 곳에서 정해진 시간 동안 일하고 다른 곳으로 옮기면 이전 근무지를 잊는다. 그러나 나는 화상을 입은 아이들이 졸업한 뒤에도 소달초 아이들을 만났다. 예수님에게서 발령장을 받았기 때문이다. 이 발령장은 유효기간이 없다.

▸▸ 눈 내린 소달초등학교

화상보다 더 큰 아픔

전교생 수보다 업무가 더 많다

3월 4일, 아이들을 만났다. 전교생이 일곱 명이다. 1, 2학년이 없어서 3학년 두 명이 3년째 막내다. 1층 도서관에서 입학식을 했다. 화상 환자 셋 중에 한 아이가 특히 눈에 띈다. 모자로 가렸는데도 피부 색깔이 불긋불긋하다. 교무 선생님이 아파서 1년 뒤에 오신다는 소식을 아이들에게 알려주고 교장 선생님께서 나를 소개했다. 예쁘고 잘생긴 아이들과 1년 동안 잘 지내자고 인사했다.

교실에 올라가서 우리 반 세 아이를 만났다. 4학년은 남자아이고, 3학년 둘은 여자아이다. 모자 쓴 아이가 우리 반이다. 햇빛을 받으면 안 되기 때문에 교실에서도 모자를 쓰고 팔에 토시를 했다. 팔이 쭈글쭈글하고 얼굴은 옅게 노을이 든 색깔이었다. 남자아이는 귀의 일부가 없어져서 재생 연고를 발랐다. 다리 피부를 떼어내서 화상 입은 곳에 이식했기 때문에 종아리에 흔적이 있다.

담임 소개 편지와 교과서를 나눠주었다. 화상 때문에 조심해야 할 게 있는지 물었다. 상처가 아프지는 않지만, 오래 서 있거나 힘든 운동을 하면 피부가 당겨 아프다고 했다. 그럴 때면 가만히 앉아서 쉬어야 한다. 햇빛을 보면 안 되고, 날마다 화상 연고를 발라야 했다. 한 달에 한 번씩 서울에 있는 화상전문병원에 가고, 방학마다 이식수술을 한다고 대답했다. 학교에서 가장 하고 싶은 게 무엇인지 물었다.

"작년에 사고가 나서 아무것도 못 했어요. 현장학습 가고 싶어요!"

"현장체험학습 가도 괜찮아? 다른 곳에 가서 자다 와도 괜찮아?"

"괜찮아요."

"그래? 가면 안 되는 곳이 있어? 조심해야 할 곳 말이야!"

"수영장에 가고 싶은데 지금은 안 돼요. 소독약 때문에 피부가 떨어질 수 있대요. 수영장 가고 싶은데…."

"올해는 선생님이 현장체험학습을 데려갈게. 치료를 잘해서 내년에는 수영장에도 가자!" 했다.

아이들을 만나는 첫날 나는 보통은 아이들에게 글 쓰는 방법을 알려주려고 '글감 찾기 시합'이라는 활동을 한다. 소달 아이들에게는 이걸 하지 않았다. 소달 아이들은 지난해를 정신없이 보냈다. 선생님 두 명이 떠났고 한 명만 남았다. 아이들의 마음이 당황스러울 거라 생각했다. 그래서 아이들이 해야 할 일을 안내하는 대신 아이들의 말을 들어주었다. 그리고 물을 흡수하는 가루를 이용하는 눈속임 마술을 보여주었다. 아이들이 좋아했다.

새로 온 선생님

이**(4 남)

오늘 새로운 선생님이 오셨다. 그래서 좋았다. 수업 시작 전에 선생님이 마술을 보여주셨다. 무슨 마술이냐면 컵에 물을 부어 그 컵으로 머리에 부었는데 물이 쏟아지지 않는 마술을 보여주셨다. 참 재미있었다. 선생님이 일기를 쓰면 더 재미있는 걸 보여주신다고 하였다. 그래서 일기를 잘 쓸 거다.

교사는 학교에서 가르치는 일과 학교 행정 일을 한다. 시골 학교는 학생 수가 적어서 가르치는 게 어렵지 않다. 그러나 두 개 학년을 동시에 가르친다면 상황이 다르다. 3학년에게 공부할 내용을 알려주고 4학년에게 설명했다. 4학년에게 할 일을 주고 다시 3학년을 가르쳤다. 세 아이 모두 내용을 잘 이해해서 다행이었다. 산골 분교에서 3년 동안 두 학년을 동시에 가르친 경험이 있어서 할 만했다. 학교 일에 비하면 수업은 쉬운 편이었다.

학교에서는 교무, 연구, 과학, 정보, 생활, 윤리, 체육, 환경, 보건, 방과 후, 독서 등의 업무를 한다. 교사가 많으면 각 업무를 몇 명이 나누어서 한다. 작은 학교라면 한 사람이 2-3개 정도의 업무를 맡는다. 큰 학교에서는 업무 하나를 작게 나눠 몇 사람이 한다. 내가 맡은 업무는 교감, 교무, 연구, 과학, 환경, 체육, 영어, 보건, 독서 등 전교생 수보다 많았다. 3월에는 공문이 끝없이 밀려왔다. 교사가 둘이어도 모든 계획서를 준비해야 했다. 2년 차 교사의 공문까지 다 보고 결재해야 했다. 수많은 계획서를 만드느라 끙끙댔다.

처리해야 할 업무가 올 때마다 공문 시스템이 '땡' 소리를 내는데 시도 때도 없이 '땡땡땡땡땡' 소리가 났다. 그러면 나는 한숨을 푹 쉬었다. 한꺼번에 열 번 정도 소리가 울리면 아이들이 "아이고, 선생님 일하라는 소리네!" 하면서 걱정해주었다. 수업이 업무보다 중요하다고 생각한다. 개인 연구와 업무를 처리하느라 아이들 팽개치고 승진하는 교사들을 싫어하면서 내가 그렇게 할 수는 없었다. 미련하게 가르치고 미련하게 일했다.

교감이 없어서 교감 업무를 했고, 보건교사가 없어서 보건 업무도 했다. 교감 일과 보건 업무가 가장 어려웠다. 대부분 형식을 갖추는 공문인데, 교사 둘이 일곱 아이를 가르치며 무슨 형식이란 말인가! 하지 않아도 되는 일을 한다는 생각 때문에 더 힘들었다. 더구나 교과전담 교사가 없어서 일주일 수업이 27시간이었다. 수업 시간에 아이들 가르치고, 쉬는 시간에 짬 내서 공문을 읽고, 다시 수업 시간에 가르치고, 점심시간에 급한 공문 처리하고, 다시 수업하고, 방과 후에 계획서를 만들었다.

과학, 정보, 생활, 체육, 방과 후 등 업무 담당자가 학기마다 한두 번 회의에 참석해야 했다. 교감과 교무는 회의가 더 많았다. 맡은 업무가 열 가지가 넘는데 교감과 교무 회의까지 출장을 가야 했다. 출장 가면 수업은 누가 하고, 업무는 어떻게 하나? 출장 오라고 할 때마다 삼척교육지원청, 강원도교육청, 강원도교육과학정보원 등에 못 간다고 연락했다.

내가 출장 가면 아이들은 배우지 못하고, 학교는 업무처리가 되지 않으니 어쩔 수 없었다.

예수님을 생각하며 학교를 옮겼는데 업무 폭탄이 떨어졌다. 너무 힘들었다. 신동초등학교보다 왕복 20km를 더 운전하는 건 아무것도 아니었다. 하나님은 내 희생을 축복으로 갚아주지 않으셨다. 더 멀리 운전해야 했고, 끊임없이 일해야 했다. 몇 명 안 되는 직원 중에 나를 힘들게 하는 사람을 곁에 두셔서 고생하게 내버려 두셨다. 직원이 많으면 피해 다니겠지만 여긴 그러지도 못했다. 시시때때로 봐야 하고, 점심을 같이 먹어야 하고, 업무로 만나야 했다.

순종은 기대가 아니라 희생을 요구했다. 사람들이 가지 않는 길, 좁은 길로 가라 하신 말씀에 순종해서 이곳에 왔지만 힘들고 괴로웠다. 만약 같은 상황에서 소달초등학교에 다시 가겠느냐고 묻는다면 처음처럼 곧바로 대답하진 못하겠다. 버거웠다. 학교가 사역지이자 교회라고 생각하며 지내다 보니 나 편한 대로 하지도 못했다. 나를 십자가에 못 박을 정도로 사랑하며 나눠주지도 못하면서 견뎌내는 것도 힘들었다. 내겐 그럴 능력이 없었다. 머리카락이 점점 하얘졌다. 내가 조금씩 닳는 것 같았다.

엄마 얘기는 절대로 하지 말아주세요

3월에 가정방문을 했다. 교장 선생님께 학교를 맡기고 후배 교사와 아이 집을 찾아갔다. 화상을 입은 4학년 남자아이 집에 할아버지와 할머니가 계셨다. 아빠가 서울에 사는데, 아이가 방학마다 서울에 가서 아빠를 본다고 하셨다. 화상 치료하느라 힘든 이야기, 농사짓는 이야기를 하고 마지막으로 할아버지가 한 가지 부탁이 있다고 하셨다.

"다른 건 다 선생님 마음대로 하세요. 다만 엄마 얘기는 절대로 하지 말아주세요!"

아이가 평소에는 엄마 얘기를 하지 않지만, 잠꼬대하면서 엄마를 찾는다고 말했다. 할아버지와 할머니가 아이를 많이 사랑했다. 그러나 아이는 꿈에서라도 엄마를 찾아야 했나 보다. 아이는 외할머니와 살다가 5살에 아빠가 살던 소달 마을로 왔다. 엄마는 어떻게 되었는지 모른다. 마을에서 아빠가 돈과 관련된 좋지 않은 일에 얽혔다고 들었는데, 사실인지 아닌지 모른다. 엄마와 관련한 이야기는 딱 하나뿐이었다.

"엄마 이야기는 하지 말아주세요." 이 부탁을 들어주어야 할까?

두 번째 집에 갔다. 화상 입은 3학년, 5학년 남매가 조부모, 아빠와 산다. 할머니는 뇌혈관 질환으로 몸 한쪽이 마비되었다. 첫째 집 할아버지는 아이 공부에 관심을 보이셨는데, 이 집에서는 말씀을 거의 하지 않으셨다. 교사를 믿지 못하거나, 표현을 잘 하지 않는 분 같았다. 이 집에도 엄마가 없다. 엄마 이야기 하는 걸 싫어하셨다. 그냥 싫어하는 정도가 아니라 질색했다. 화상을 입은 세 아이 모두 엄마가 없다. 엄마가 없는 아이들에게 엄마 얘기는 '결코 꺼내지 말아야 할 비밀'일까?

소달초등학교는 한 학년에 한두 명뿐이어서 대부분 활동을 전교생이 함께 한다. 아침부터 저녁까지 붙어서 지낸다. 쉬는 시간마다 전교생이 같이 놀고 점심을 같이 먹는다. 전교생이 현장학습을 같이 가고 체육도 같이 한다. 방과 후 활동도 같이 하고 모든 학교 행사를 같이 한다. 고학년이 저학년을 돌봐주고 저학년은 고학년을 따라야 한다.

전교생 일곱 명이 함께 지내는 모습이 아름다워 보이지만 현실은 다르다. 인간관계란 게 참 미묘하다. 가족 같아야 할 일곱이 신경전을 벌인다. 고학년은 저학년을 놀리고 저학년은 고학년을 막 대한다. 넘지 말아야 할 선을 넘고 싸운다. 친구 사이에도 자존심 싸움이 심한데 전교생이 서로 얽히고설켜 어디에서 매듭을 풀어야 할지 막막했다. 오빠가 때리는데 동생에게 까불지 말라 하기 어렵고, 동생이 함부로 말하며 덤비는데 오빠에게 동생을 잘 돌보라고 하기도 어렵다.

학생이 많으면 사이가 나쁜 아이와 거리를 두고 다른 아이와 지내면 되지만 여기에선 그럴 수도 없다. 싸워도 같이 밥을 먹어야 하고 함께 놀아야 한다. 더구나 친구 사이에서 일어날 법한 일을 나이가 다른 사람과 해결하려니 힘들다. 아이들 사이에서 사랑이 솟아났다가 벌컥 싸우는 일이 이어졌다.

아이들이 집에서 사랑받고 자랐다면 괜찮겠지만 아이들 마음에 상처가 많았다. 전교생 일곱 중에 한 집의 남매만 부모가 있고 나머지 다섯 명은 모두 부모가 이혼해서 엄마가 아이를 떠났다. 아빠들은 광부가 여섯 명이고 한 명은 농사짓는 조부모와 산다. 광부 아빠는 수많은 광산이 문을 닫은 상황에서 지하 갱도 3000m까지 내려가 석탄을 캤다. 어쩔 수 없는 사정으로 탄광까지 밀려와서 더는 갈 곳이 없는데 아내마저 떠나버린 남자들이 3교대로 일했다.

일하지 않는 시간에 광부들은 자기만족을 찾아다녔다. 술에 빠진 사람이 많았다. 사진을 찍거나 낚시하러 가는 사람은 그나마 괜찮은 편이었다. 자기 자신을 돌보는 것도 힘겨워하는데 광부들이 자녀를 어떻게 대할까! 아이들의 삶을 바라보기가 쉽지 않았다. 이럴 때는 모르는 게 약인데 아이를 품으려면 가정 형편을 알아야 했다.

눈에 보이지 않는 상처

3학년 아이가 날마다 10가지 화상 약을 발랐다. 4학년 아이는 바르는 약이 8가지로 줄었는데도 힘들다고 했다. 얼굴은 얼룩지고, 팔과 손은 오그라들었고, 다리는 피부를 떼어낸 흔적이 선명했다. 가스폭발을 겪고, 몸과 마음에 남은 후유증 때문에 고생하는 아이들을 어떻게 대해야 할까?

2007년에 상처가 많은 아이를 한꺼번에 여럿 만났다. 엄마 없는 아이들이 많았다. 그때 아이들과 일주일에 한 번씩 글을 썼다. "하나님이 주신 장점과 단점"을 주제로 글을 쓰는 날, 이지선 씨 이야기를 했다. 이지선 씨는 자동차 사고로 화상을 입었다. 견디기 힘든 고통을 만났지만, 하나님의 은혜로 살면서 하나님을 찬양했다. 이지선 씨 영상을 보고 아픔을 글로 썼고, 글을 읽으며 서로 위로했다. 1년이 지나 헤어질 때는 아이들이 글을 쓰면서 행복했다고 고백했다.[1]

---

1 『선생님의 숨바꼭질』(지식프레임, 2018)에 이때 일을 썼다.

화상 입은 사람을 예로 들 때는 어렵지 않았는데, 직접 화상을 당한 아이들을 보니 당황스러웠다. 화상을 입지 않은 아이들에게 '더 힘든 예'로 화상 입은 사람을 말하며 용기를 내라고 했었다. 그러나 직접 화상을 입었고, 지금도 화상을 치료하는 아이들에게 이지선 씨를 예로 들기 어려웠다. 전에 했던 대로 글쓰기 지도하면 되는지, 다른 방법을 찾아야 하는지, 써야 할지 쓰지 말아야 할지 결정하기 어려웠다.

상처를 드러내고 글로 상담하는 시간을 가진 적이 많지만, 이번에는 종잡을 수 없었다. 섣불리 덤비다가 상처를 더 아프게 할까 걱정했다. 마침 방과 후 수업 한 시간이 비었다. 소달초는 시내에서 거리가 멀어 방과 후 수업을 하는 강사가 많지 않았다. 학교 업무로 정신없이 바쁘지만 일주일에 한 시간, 아이들과 글을 쓰기로 했다.

3월 12일, 첫 시간에 자기를 소개하는 글을 썼다. 상처가 클 것 같아서 조심조심 다가갔다. 자기소개할 때 어떻게 사고 이야기를 꺼낼까 고민하며 사고에 대해 슬쩍 물어봤는데 아이들은 대수롭지 않게 말해주었다. 사고가 난 이유, 화상 치료 과정, 얼마나 아팠는지 등을 술술 말했다. 쉽게 말하는 걸로 봐서는 충격에서 많이 벗어났다는 뜻인데, 정말 괜찮은 걸까 궁금하기도 하고 당황스럽기도 했다.

나는 2002년 0월 0일에 태어났다. 1살 때부터 5살 때까지 기억이 나지 않는다. 6살 때 유치원에서 장난을 치다 원장선생님한테 혼났다. 7살 때 재롱잔치 끝나고 집에 왔는데 엄마와 아빠가 이혼했다. 그 뒤로는 엄마 생각만 나고 이제는 엄마를 만날 수도 없다. 1년 뒤 초등학교에 입학해서 기뻤다. 근데 기쁨도 잠시 공부가 바로 싫어졌다. 그리고 9살 때와 10살 때는 기억이 안 난다.

다음 11살, 이 사건은 잘 기억난다. 7월 15일 오전 10시쯤 내가 화상을 입었다. 원인은 가스가 폭발했기 때문이다. 그때는 정신도 없었고 그냥 아프기만 했다. 그리고 한 달 뒤에 퇴원해서 집에 왔다. 내가 먼저 본 사람은 할머니였다. 바로 그때 울음이 나올 뻔했다. 어쨌든 그때 일은 기억하기 싫다. 그리고 지금은 이제부터 시작이다.

그리고 내 머리에 있는 생각 하나! PC방 가고 싶다.

이**(5 남)

자기소개에 이혼을 썼다. 엄마를 다시는 못 만났다고도 썼다. 날마다 약을 10가지나 바르게 하고, 피부를 이식하는 수술을 받게 만든 사고는 이후에도 자주 말했다. 그러나 엄마 얘기는 이걸로 끝이다. 엄마에 대해서는 한마디도 하지 않았다. 아직도 상처가 남아 있는 것 같다. '기억하기 싫다'는 말은 '여전히 아프다'는 말로 보인다. 글을 쓴 아이의 동생이 2학기에 한 번 엄마 이야기를 했다. 돌 잔칫날 할아버지와 할머니가 찾아왔지만, 엄마가 문을 잠그고 들어오지 못하게 막았다고 했다. 며느리가 돌 잔칫날에 시부모를 쫓아낼 정도였으니 관계가 많이 꼬인 것 같다.

아이들이 가스폭발에 대해서는 자연스럽게 말하지만, 엄마라는 말에는 움찔거렸다. 보이지 않는 상처가 더 크다. 오래도록 조금씩 스며든 상처는 낫는 데도 시간이 오래 걸린다. 3월 25일 금요일에 아이와 동생이 화상 치료를 받으러 서울에 갔다. 토요일까지 이틀 동안 치료하고 집으로 돌아왔다. 어떻게 치료받았는지 물으면 힘들었다며 이야기해주었다. 아프다고 하면서도 화상 이야기는 하지만, 엄마 이야기는 시작하기도 어려웠다.

2013년 3월 31일이 부활주일이었다. 이틀 전인 3월 29일 금요일에 부활절 달걀을 가져갔다. 예쁜 바구니에 달걀을 가득 담아 교장실, 교무실, 교실에 나눠주었다. '다시 살아나는 날'을 알려주었다. 소달 아이들은 해마다 교회에서 부활절을 맞았는데 올해는 학교에서 부활절을 맞았다. 가스폭발 사고가 난 뒤에 아이들이 교회에 가지 않기 때문이다. 해마다 부활절에 달걀을 나눠주었는데 이때는 마음이 달랐다. 아이들의 마음이 정말 다시 태어나기를 바랐다.

고통을 아는 아이가 고통을 겪는 아이에게

해마다 굿네이버스에서 편지쓰기 대회에 참여해달라고 영상을 보낸다. 2013년에는 네팔에 사는 여덟 살 아이가 주인공으로 나왔다. 아침부터 저녁까지 망치로 돌을 깨느라 학교에 가지 못하는 아이였다. 화상을 입은 세 아이 모두 편지에 가스폭발 사고를 언급했다. 4학년 남자아이는 "나는 지금 화상을 입었는데, 나도 너처럼 무지하게 힘들단다. 약을 8개씩 아침, 저녁으로 바르고 화상 입은 곳에 옷을 입으면 무지 힘들거든"이라고 썼다.

5학년 아이는 "교회에서 LPG 가스가 새서 나왔는데 그걸 모르고 간식 먹으러 들어갔어. 사모님이 모르고 불을 켜셔서 가스가 폭발했어. 그때 119가 빨리 와서 다행이었어. 그 구급차가 강원도 구석구석 병원을 다 가고 겨우 서울에 갔어. 처음 치료받을 때는 너무 아파서 병원이 다 들릴 정도로 소리를 질렀어. 그때는 참 창피하다고 생각했는데도 또 그 다음 날에도 소리를 질렀어. 지금 생각해도 그때는 너무 창피하고 아파서 생각하고 싶지 않아.

너도 아픈 기억이 있어? 어릴 때부터 지금까지 살면서 있었던 좋은 생각만 하면 조금씩 잊을 거야. 나도 이제 가스폭발을 거의 잊었어. 가스 폭발에 대한 기억이 가물가물해"라고 썼다. 아이가 생활하는 모습을 보면서 '정말 상처를 많이 잊었구나' 하는 마음이 들었다.

3학년 여자아이는 "교회에서 찐빵을 쪄주려다가 가스가 폭발해서 무척 힘들었어. 화상을 입어 입원했는데 잘 움직이지 못했어. 걷지도 못했고 붕대를 감고 가만히 누워 있기만 했어. 지금은 약을 잘 바르다 보니 거의 극복했어. 전에는 약을 5개 발랐는데 지금은 5개가 늘어서 10개를 발라야 해. 아침, 점심, 저녁마다 바르는데 약 바르는 게 힘들어. 너도 나처럼 이겨내는 날이 올 거야. 넌 할 수 있다고 믿어. 우리 아빠도 손가락을 다쳤는데 치료 잘해서 다 나았어. 너도 잘 극복해.

우리 가족은 다섯 명인데 행복하게 살아. 할아버지, 할머니, 아빠, 오빠, 내가 살아. 아빠는 내가 화상을 입고 입원했을 때 잘 간호해주었어. 밤에 물 먹고 싶을 때 혼자 못 먹어서 아빠를 깨워서 먹었어. 내가 화장실 가고 싶을 때도 휠체어에 태워서 데리고 갔다 오고 그랬어. 그러다가 5kg이나 더 넘게 살이 빠졌어. 아빠가 없었으면 큰일 날 뻔했어. 엄마도 없고 할아버지와 할머니는 편찮으신데…"라고 썼다.

3월에 소달초등학교에 심각한 마음으로 왔다. '사고당한 아이들을 위해 사명을 다하리라'는 마음을 갖고 왔는데 아이들은 아이 특유의 회복력으로 점점 회복되어갔다. 가스폭발은 굉장한 사고다. 아이들 몸에도 심각한 흔적을 남겼다. 눈에 보이는 상처가 크긴 하지만 가족들의 간호와 주변 사람들의 도움으로 서서히 아물었다. 오히려 보이지 않는 상처가 더 심각했다. 보이지 않기 때문에 치료해야 한다는 생각도 못 했다. 할아버지와 할머니는 감추려고만 했다.

아이들의 모습에서 엄마의 빈자리가 보인다. 마음 저 구석에 건드리기만 해도 아픈 상처가 있는데 아이들은 자기가 왜 아픈지 모른다. 자기가 아픈 줄 모르는 아이를 어떻게 할까? 어떻게 해야 나을까?

2015년 여름방학을 앞두고 독서캠프를 했다. 글을 쓸 때마다 글자를 물어보는 1학년부터 고민을 써내는 6학년까지 책으로 놀았다. 뉘엿뉘엿 해가 지는 시간에 글을 썼다. 아이가 창턱에 엎드려 글을 쓴다. 반바지를 입어 피부를 떼어낸 흔적이 보인다. 종아리 위쪽부터 발목까지 양말을 신은 듯 색깔이 다르다. 1/4쯤 떨어졌던 귀도 거의 재생이 되었다.

아이가 보는 책은 『조선 제일 바보의 공부』라는 그림책이다. 주인공 김득신이 마마에 걸려 머리가 나빠졌다고 쓰였다. 김득신은 머리가 너무 나빠서 아무리 공부해도 기억하지 못했다. 책 한 권을 석 달이나 읽고도 첫 구절을 기억하지 못했다. 59살이 되어서야 성균관에 입학했다. 그런데도 김득신은 읽고 또 읽어 훌륭한 시인이 되었다.

아이는 자기도 김득신처럼 가스폭발 사고를 견뎌낸다고 썼다. 피부를 떼어낸 흔적을 내보이며 김득신을 읽는 아이는 2022년에 대학생이 되었다.

말하지 않는 아이

마음을 열게 하려고 놀아주었다

전교생 일곱 중에 여섯 아이의 아빠가 광부다. 한 아이는 조부모와 산다. 아빠와 엄마가 있는 한 가정만 아이들과 집에서 놀아준다. 다른 가정은 엄마가 없고, 아빠는 놀아주지 않는다. 가족 여행은 생각도 못 한다. 아이 절반은 학교에서 현장체험학습 가는 게 유일한 여행이다. 가스폭발 사고 때문에 지난해에는 학교에서도 현장학습을 못 갔다. 운동회도 못 했다. 그래서 아이들을 데리고 밖으로 자주 나갔다.

나는 그저 놀기만 하는 현장학습은 가지 않는다. 교사들이 자주 가는 곳에도 가지 않는다. 먼저 점심시간마다 아이들과 학교 뒷산에 올랐다. 이쪽, 저쪽으로 길을 만들며 학교 뒷산을 훑었다. 풀과 꽃 이름을 알려주며 진달래와 조팝나무 꽃을 먹였다. 고사리와 취나물을 뜯어 집으로 보냈다. 개울에 돌을 쌓아 삼사댐이라 이름을 지었다. 노루귀, 괴불주머니, 광대나물, 꿀풀, 제비꽃, 꽃며느리밥풀꽃 등을 보았다. 길 없는 비탈에 오르고 나무를 꺾어 칼싸움을 했다. 학교 뒷산에 1500년이나 된 은행나무가 있어 자주 갔다. 점심만 먹으면 아이들이 산에 가자고 졸라댔다.

점심때마다 다녔더니 나중에는 땀이 나도 피부가 아프지 않았다. 모자를 쓰고 팔을 가리면 햇빛에 나가도 괜찮았다. 그래도 화상 입은 아이들에게 위급한 일이 일어날까 걱정돼서 당일 현장학습부터 시작했다. 4월 16일에 "오십천"을 주제로 현장학습을 갔다. 학교 앞을 흐르는 오십천 상류 미인폭포, 삼척의 독특한 주거문화를 보여주는 너와집, 탄광에서 나오는 오염수를 정화하는 갱내수 처리시설에 갔다.

오십천은 마을을 휘감아 돌아나가고, 탄광은 아빠가 일하는 곳이다. 아이들은 오십천도, 탄광도 몰랐다. 관심도 없었다. 나는 자세히 살피기만 하면 우리 고장에 이야깃거리가 얼마나 많은지 알려주고 싶었다. 마을 구석구석을 보여주며 설명하자 아이들이 "이게 현장학습이야?" 하며 놀라워했다. 미인폭포는 멋있었고, 갱내수 처리시설이 신기했지만, 다음에는 놀이공원에 가고 싶다고 했다.

한 달 뒤 5월 14일에 "삼척시의 어제와 오늘"이라는 주제로 삼척시 역사 관련 장소에 다녔다. 죽서루에서 정자와 선사유적을 보았다. 실직군왕릉에 올랐고, 육향산에서 척주동해비와 여러 가지 비석을 보았다. 공부만 한다고 툴툴대던 아이들이 스테이크를 보더니 현장학습이 너무 좋다고 말을 바꾸었다. 점심을 먹고 이사부사자공원에서 물썰매를 탔다. 옷이 흠뻑 젖었지만 소리를 지르며 좋아했다. 날씨가 흐린 데다 물을 뿌려줘서 화상 입은 아이들도 괜찮았다.

7월 4일에는 강릉에 갔다. 북한 잠수함과 정동진 모래시계를 보고 빙상경기장에 갔다. 더운 여름에 두꺼운 옷을 입고 얼음판 위에서 신나게 달렸다. 화상을 입은 아이들이 햇빛은 피해야 했지만 차가운 얼음은 아무 문제가 없었다. 스케이트장에서 나오며 아이들이 너무 좋다고 방방 뛰었다.

"선생님, 다음엔 어디에 가요?"

"처음에 어디였지?"

"오십천이요."

"다음에는?"

"오십천 보고, 삼척 보고, 강릉에 왔어요."

"그럼 다음에는 어디에 갈까?"

"오~ 그럼 어디 멀리 가나요? 하룻밤 자고 와요?"

학교 뒷산에서 시작한 나들이가 마을로, 도시로, 더 먼 곳까지 이어졌다. 아이들의 표정이 점점 밝아졌다. 기대가 커졌다.

제가 드리는 예배입니다

교사가 되었을 때 '나는 아이들에게 예수님을 알려주는 선교사다'라고 생각했다. '나는 학교에서 아이들을 섬기며 예배한다'고 다짐했다. 예배당에서 찬양하고, 기도하고, 봉사하고, 모임에 참여하는 일도 중요하지만, 아이들을 예수님의 마음으로 가르치고 사랑하고 돌보는 일도 똑같이 중요하다고 믿었다. 예수님을 아는 사람들이 모인 곳에서 하는 일만큼 예수님을 모르는 아이들과 함께 지내는 시간도 소중하다고 생각했다.

1학기에 인근 대학과 협력해서 과학아카데미 교실을 열었다. 교수님이 학교에 와서 20시간 동안 과학 실험을 해주셨다. 여러 가지 과학 기구와 과학 완구를 만들며 아이들이 참 좋아했다. 텃밭에 감자, 땅콩, 옥수수 등을 심어 먹었다. 생일이 되면 케이크를 사서 축하했다. 아이가 생일을 아무에게도 축하받지 못한 채, 쓸쓸하게 한숨 쉬며 지나가지 않기를 바랐다. 여름방학이 시작하기 며칠 전에는 개울에 가서 물놀이하며 물고기를 잡았다.

어린이날을 맞아 미니올림픽을 열었고, 가을에는 학부모들과 함께 운동회를 했다. 운동회 때 전교생 열 명이 교사 넷(담임교사 셋, 스포츠 강사)과 줄다리기 시합을 했는데 교사가 졌다. 스포츠 강사는 유도 선수였고, 교사 중 한 명은 키가 180이 넘고 몸집도 컸는데 1학년 여자아이 둘을 포함한 아이 열 명을 이기지 못했다. 아이들이 소리 지르며 환호하는 모습을 보니 내가 이긴 듯 좋았다.

11월에는 2박 3일간 현장체험학습으로 대전에 갔다. 많은 학교가 5월, 9-10월에 현장학습을 간다. 사람이 몰리다 보니 놀이동산과 박물관에서 제대로 보고 즐기지 못할 때가 많다. 그래서 한산한 11월에 현장학습을 갔다. 날씨가 쌀쌀해서 사람이 적었고 다니기도 편했다. '과학'을 주제로 대전과학관, 지질박물관, 대전시민천문대에 갔고 3D 입체영화를 봤다.

학교 업무가 아무리 많아도 아이들을 먼저 돌봤다. 후배 교사도 아이들을 사랑했고, 아이들과 함께 놀아주었다. 퇴근할 때 걸어가는 아이는 집에 데려다주었다. 다달이 문집을 만들어 나눠주었다. 아이들 집에 찾아가고, 공부를 열심히 가르치며, 점심시간마다 아이들과 놀아주고, 현장학습을 자주 데려갔더니 부모들의 표정이 달라졌고, 학교를 대하는 태도가 바뀌어갔다. 나중에는 학교 행사에 광부 아빠가 아이스크림을 사가지고 왔다.

예수님이 열두 제자를 뽑는 모습을 마가가 이렇게 기록했다. "산에 오르사 자기가 원하는 자들을 부르시니 나아온지라. 이에 열둘을 세우셨으니 이는 **자기와 함께 있게 하시고** 또 보내사 전도도 하며 귀신을 내쫓는 권능도 가지게 하려 하심이러라. 이 열둘을 세우셨으니"(막 3:13-16). 마가는 예수님이 열두 제자를 세운 목적을 세 가지로 요약했다. 먼저 자기와 함께 있게 하심이다. 함께 있는 게 가장 중요하다.

전도하고 귀신을 쫓아내는 일은 '또'로 연결했다. 예수님이 제자를 뽑은 첫 번째 목적은 예수님과 함께 있는 것이다. 예수님을 보고, 예수님이 하시는 말씀을 듣고, 예수님과 함께 지내며 예수님이 누구신지 아는 일이 우선이다. 예수님이 누군지를 알면 전도하고 권능을 행하게 된다. 전도와 능력은 예수님과 함께 있으면 추가로 더해진다.

이 말씀을 아이들에게 적용했다. 아이들이 무언가 하기를 바란다면 먼저 아이들과 함께 지내야 한다. 아이들이 학교에서 즐겁고 행복하기를 바랐다. 함께 있는 게 즐거우면 마음을 열고 배울 거라 기대했다. 그러면 예수님과 함께 있던 제자들이 전도도 하고 능력도 행한 것처럼 아이들도 의미 있는 일을 할 거라고 생각했다. 말을 하지 않는 아이 동원이(가명)가 증거다.

선택적 함구증 동원이

나는 2001년 4월 **일에 태어났다. 기억이 안 났다.

동생들이 길게 자기소개 글을 쓸 동안 동원이는 공책만 바라봤다. 내가 하는 어떤 말에도 대답하지 않았다. 말로도 몸짓으로도 반응하지 않았다. 그냥, 가만히, 한 곳만 바라보았다. 한참 지난 뒤에 두 문장을 썼다. 태어난 날과 "기억이 안 났다"는 문장 하나. 동원이는 상대에게 눈을 보여주지 않았다. 바로 앞에서 아이 얼굴을 보고 말해도 늘 다른 곳을 바라보았다. 대부분 공책이나 연필, 자기 발끝이었다.

아빠는 광부이고 엄마가 없다. 산길을 15분 정도 걸어서 학교에 오는데 도중에 개울이 있다. 비가 많이 오면 개울이 넘쳐 건너기 어렵다. 그런 날도 동원이는 혼자 개울을 건넜다. 아이가 조금 부족하다고 아빠가 실망한 것 같다. 아빠가 아이에게 관심을 보이지 않자 아이도 어른에게 마음을 닫았다. 아빠는 아이가 졸업하는 날에도 오지 않았다. 아빠에게 존중받지 못했으니 아이도 존중을 기대하지 않은 것 같다.

말이 많지는 않아도, 1학년 때는 친구들과 이야기하며 지냈다고 한다. 그런데 아이들이 동원이를 많이 놀렸다. 아이들 수가 적어서 똑같은 아이와 6년 동안 같은 반을 해야 했다. 새로운 학년이 되어도 새로운 친구를 만나 '다시 시작하는 기회'를 갖지 못했다. 게다가 1-2학년 때 담임 선생님이 너무 무서웠다. 그래서 더 입을 다문 것 같다.

6학년 졸업할 때까지 함께 지낸 친구가 자기를 소개하며 이렇게 썼다.

> 초등학교에 입학해서 좋았는데 갑자기 슬퍼졌다. 왜냐하면 학교에서 제일 무서운 선생님을 만났기 때문이다. 그 선생님은 일기나 숙제를 안 해오면 무조건 손바닥 다섯 대를 때리셨다. 2학년이 돼서 나와 친구들은 기뻐했다. 1학년 때 선생님에게서 해방됐기 때문이다. 그러나 그 선생님께서 위풍당당하게 2학년 교실로 들어오는 모습이 보였다. 순간 나와 친구들은 절망하였다.
>
> ***(6 남)

아빠가 아이를 하찮게 여기자 동원이가 마음 문을 닫았다. 그런데 무서운 선생님까지 만났으니 아예 마음에 자물쇠가 채워졌다. 4학년 때 선생님도 너무 무서웠다. 내가 소달초에 갔을 때 동원이는 6학년이었다. 담임 선생님이 친절하고 좋은 분이었지만, 동원이는 선생님에게 단 한 마디도 하지 않았다. 5학년 둘, 6학년 둘이 같이 지내는 교실에서 동생과 친구와는 이야기했다. 그러나 교사가 물어보면 대화를 멈추고 아무것도 안 했다. 동작을 멈춘 로봇처럼 가만히 책상만 바라보았다.

6학년 선생님이 부드럽게 다가가도 아이는 반응하지 않았다. 쳐다보면 눈을 돌렸고 반응을 기다려도 묵묵히 앉아 있기만 했다. 어른에게는 아무 말도 하지 않았다. 선택적 함구증이 굳어버려 자신에게 상처를 입힌 특정 대상에게 전혀 말을 하지 않았다. 아빠가 아이에게 아무 기대도, 존중도 하지 않았기 때문에 입을 다물었다. 엄마는 돌아가셨다고 들었다. 아빠와 아들 둘이 아무 말도 하지 않고 지내는 집이 그려졌다. 얼마나 답답할까! 얼마나 자기를 표현하고 싶을까!

"선생님, 재미있어요!"

동원이는 어른이 말을 하면 고개를 돌리거나 못 들은 척했다. 공부 시간에는 종일 앉아 있기만 했고 글쓰기 시간에도 꼼짝하지 않았다. 한 시간이 지나고 두 시간이 되어도 꼼짝하지 않았다. 말도 하지 않고 웃지도 않았다. 친구, 동생과 말하다가 어른이 나타나면 표정이 굳어지고 입을 다물었다. 담임 교사와 내가 아무리 친절하게 대해도 한결같이 외면했다. 밑 빠진 독에 물 붓는 것 같았다. 관심을 기울이면 물러섰고 놀아주려 해도 몸이 굳어버렸다.

학교 업무에만 매달렸다면 나는 다른 학교로 옮길 생각만 했을 것이다. 끝없이 밀려오는 업무를 처리하면서 지쳤을 테고, 사랑해달라고 온몸으로 외치는 아이들을 살피지 않았을 것이다. 아이들에게 기쁨을 얻지 못하는 데다가 업무가 끝없이 밀려오니 학교를 떠날 기회만 찾았을 것이다. 그러나 나는 업무를 중요하게 여기지 않았다. 아이들이 좋았고, 아이들과 노는 게 좋았다. 아이가 아프면 같이 아파했고, 어떻게 하면 상처가 아물지 고민했다. 아이가 소중했기 때문에 업무 폭탄은 중요하지 않았다. 하나님께 받은 소명이 '아이였기' 때문에 견딜 만했다.

2013년 1학기에 세 명이 전학해왔다. 전학해온 1학년을 위해 2학기에 신규 교사가 왔다. 11월에 전교생 열한 명을 데리고 대전으로 현장체험학습을 갔다. 남교사 셋과 돌봄 교사 한 명이 2박 3일 동안 아이들을 돌봤다. 대전과학관에서 신기한 걸 많이 봤다. 맛집에 찾아가서 저녁을 먹고 대전시민천문대에서 달을 봤다. 눈앞에 다가온 달이 멋지고 신기했다. 아이들이 참 좋아했다. 아이들은 오고 가는 길, 휴게실, 어디에서나 즐거워했다.

첫날 일정을 마치고 9시에 숙소를 찾아갔다. 펜션을 빌렸다고 하니 아이들이 정말 좋아했다. 펜션이 산에 있어서 큰 차가 끝까지 가지 못했다. 차에서 내려 짐을 끌고 어두운 길을 700m나 걸어가면서도 아이들은 웃고 떠들었다. 남자아이들과 교사 셋이 거실에서 함께 잤다. 이불을 깔아놓고 씨름하고, 물구나무서기도 했다. 아이들이 선생님과 어울려 뒹굴며 노는 동안 동원이는 가만히 바라보기만 했다. 아이들도 동원이에게 장난을 걸거나 같이 놀자고 하지 않았다. 동원이는 보면서 노는 아이였다. 우리가 노는 걸 계속 보고 있으면 '기분이 좋구나!' 생각했다. 현장학습 갔을 때는 평소보다 표정이 더 밝아 보였다.

둘째 날에는 놀이동산에 갔다. 놀이동산에 사람이 적어서 놀이기구를 마음껏 탔다. 아이들 사진을 찍어주는데 동원이가 담임 선생님에게 달려와서 활짝 웃으며 "선생님, 저 바이킹 탔어요. 정말 재미있어요!" 라고 말했다. 아이가 활짝 웃는 모습을 처음 봤다. 남자 어른에게 말하는 것도 처음 봤다. 내가 "재미있지?" 하니 내게도 웃으며 재미있다고 대답해줬다. 담임 교사가 흥분해서 "선생님, 동원이가 말을 했어요! 저한테 말을 했어요!"라고 했다.

"그럼 지금까지 한 번도 말한 적 없어?" 하니 그렇다고 했다.

언제부턴가 입을 닫아버린 아이가 갑자기 왜 활짝 웃으며 말했을까? 놀이동산이 좋아서만은 아닐 것이다. 1학기에 담임 선생님이 5-6학년을 데리고 놀이동산에 갔지만 그때는 말을 하지 않았다. 한 달 전에 다른 학교 학생들과 함께 2박 3일 동안 먹고 자며 즐거운 활동을 많이 했을 때도 입을 다물었다. 함께 산에 가고, 글을 쓰고, 아이스크림 케이크를 앞에 두고 노래하며 조금씩 마음이 열렸겠지. 마음 문을 꾸준히 두드렸기 때문에 벽이 허물어졌다고 생각한다. 따뜻한 기운에 조금씩 녹아내린 얼음덩어리가 놀이동산에서 무너진 셈이다.

저녁에 삼겹살을 먹으러 갔다. 시골 초등학생들은 살갑게 표현하지 않는다. 편지를 보내지 않고, 교사에게 쌈을 싸주지도 않는다. 집에서 엄마나 아빠가 서로에게 쌈 싸주는 모습을 보지 않아서 쑥스러워한다. 그런데 동원이가 쌈을 써서 담임 선생님 입에 넣어주었다. 선생님이 가장 놀랐고, 지켜보던 아이들도 놀라서 박수를 치며 소리를 질렀다. 담임 교사는 아이가 준 쌈을 입에 넣고 울었다. 선생님이 우는 모습을 보고 동원이가 또 쌈을 싸주었다. 총각 선생이 평생 못 잊을 거라고 했다.

말을 못 하는 예언자, 에스겔

예언자는 말하는 사람, 선포하는 사람이다. 에스겔은 듣든지 안 듣든지

(겔 2:5, 7) 상관하지 않고 말하라는 명령을 받았다. 야웨께서 에스겔에게 "사로잡힌 네 민족에게로 가서 그들이 듣든지 아니 듣든지 그들에게 고하여 이르기를 '주 여호와의 말씀이 이러하시다' 하라"(겔 3:11) 말씀하셨다. 7일 후에 야웨께서 "내가 너를 이스라엘 족속의 파수꾼으로 세웠으니 너는 내 입의 말을 듣고 나를 대신하여 그들을 깨우치라"(겔 3:17) 하셨다. 에스겔은 외치는 자로 부름 받았다.

그런데 이상한 일이 생긴다. 야웨께서 에스겔에게 외치라 하시고는 말을 못하게 입을 막으신다. "내가 네 혀를 네 입천장에 붙게 하여 네가 말 못하는 자가 되어 그들을 꾸짖는 자가 되지 못하게 하리니"(겔 3:26). 몇 달이나 몇 년 뒤에 일어난 일이 아니다. 외치라는 말씀을 듣고 며칠 지나지 않았는데 말을 못하게 되었다. 아무리 선포해도 백성이 듣지 않기 때문에 그만 입을 다물라고 하신 게 아니다. 가끔(11:25; 14:1; 20:1) 입이 열리지만 33:22(내 입이 열리기로 내가 다시는 잠잠하지 아니하였노라)까지 줄곧 말을 못했다.

에스겔은 할 말이 많았다. 백성에게 외칠 말을 마음에 가득 품었다. 야웨께서도 이스라엘이 듣든지 아니 듣든지 외치라 하셨다. 그러나 외쳐야 할 입이 열리지 않았다. 마음에서 말이 솟구쳐도 입 밖으로 나가지 않았다. 얼마나 답답했을까! 사랑과 은혜를 배신한 이스라엘 때문에 상처받은 하나님의 답답한 마음을 보여주는 표현인가? 너무 답답해서 혀가 굳어버린 예언자를 보며 이스라엘이 회개하기를 바라셨을까?

입이 닫혔다가(겔 3:26) 다시 열리는(겔 33:22) 내용 사이에 가끔 입이 열려 에스겔이 말했다. 조용히, 점잖게 말하지 않았을 것이다. 가득 찬 물이 쏟아져나오듯 외쳤을 것이다. 그러나 아무도 에스겔의 선포를 듣지 않았다. 에스겔은 할 말이 있어도 말을 못 했다. 가끔 입이 열렸고, 그때마다 온 힘을 다해 외쳐도 듣는 사람이 없었다. 답답한 마음에 폭발하듯 말을 쏟아냈는데 아무도 듣지 않는다면 정말 가슴이 터져버릴 것 같다.

함구증 걸린 아이도 이렇지 않았을까? 할 말이 있어도 들어줄 사람이 없어서 결국 입을 닫아버린 게 아닐까? 아빠가 아이에게 실망하자, 아이도 사람에게 실망해서 입을 닫은 게 아닐까? 공부를 못 한다고 선생님이 때리고, 다르다고 친구들이 괴롭히고, 사람들이 온통 화상 입은 아이들에게 관심을 기울이면서 아이의 아픈 마음을 몰라주자 등을 돌려버린 게 아닐까? 어쩌면 자기 자신에게 실망해서 아무 말도 하지 않는 건 아닐까?

야웨는 당신의 뜻을 전하기 위해 에스겔이 기뻐하는 것을 쳐도 그에게 슬퍼하거나 울지 말라 하셨다(겔 24:16). 다음 날 에스겔의 아내가 죽었다(겔 24:18). 야웨께서 에스겔의 아내를 죽인 셈이다. 그래도 에스겔은 울지 못했다. 남편이 아내를 사랑하듯 야웨도 이스라엘을 사랑하셨지만 이스라엘은 듣지 않았다. 아내인 이스라엘이 죽어버린 셈이다. 사랑하는 아내인 이스라엘이 죽어버린 지경이 되었으니 하나님이 얼마나 답답했을까!

에스겔은 온몸으로 하나님의 답답함을 보여주었다. 에스겔이 얼마나 힘들었을까! 말을 하고 싶을 때 혀가 굳어버렸다. 마음을 꽉 채운 말을 내보내지 못했다. 하나님의 마음이 이러했다. 하나님의 사랑이 이스라엘 백성에게 전해지지 않았다. 에스겔의 아내가 죽고, 말을 못 하다가 다시 말하는 모습을 보이신 까닭은 이스라엘에게 하나님의 마음을 알려주고 싶었기 때문이다.

하나님은 입을 다문 예언자를 통해 하나님의 마음을 알려주려 하셨지만, 이스라엘은 에스겔이 입을 다물어도 몰랐다. 아내를 잃고도 슬퍼하지 못하는 마음을 이해하지 못했다. 에스겔의 마음, 에스겔을 통해 보여주시는 하나님의 마음을 전혀 몰랐다. 사랑 없는 백성은 말을 못 하는 마음을 이해하지 못한다. 엄마 없이 자라며, 아빠에게 사랑받지 못한 아이가 입을 다문 채, 얼마나 이해받기를 바랐을까? 하나님께서는 말 못 하는 백성을 불쌍히 여기셨다. 눈이 있어도 보지 못하며 귀가 있어도 듣지 못하는 백성을 위해 십자가를 지셨다.

하나님은 상처 입은 양을 그냥 두지 않으신다. 반드시 찾아 고치신다. 아픈 곳을 낫게 하신다. 내겐 상처 입은 아이들이 양이었다. 아이를 돌보려고 다가갈수록 아이의 마음에 감춰둔 아픔이 보였다. 가스폭발 사고로 피부가 찢어지고 오그라들고 빨갛게 변해버려 눈에 띄는 상처뿐만 아니라 오랫동안 마음 깊이 가라앉은 상처가 보이기 시작했다. 태어난 날 외에는 아무것도 기억나지 않는다고 썼던 아이와 공을 차고, 야구를 하고, 놀아주었더니 어느 날 입을 열었다.

달라진 사진

새로운 학기를 시작할 때 소달초에서는 전교생이 사진을 찍는다. 모두 손을 잡고 활짝 웃는데 동원이만 달랐다. 5학년 동생과는 손을 잡았지만, 선생님이 내미는 손은 잡지 않았다. 아무리 손잡으라고 말해도, 사진을 몇 번이나 다시 찍어도 끝끝내 몸을 돌렸다. 어쩔 수 없이 이 사진을 복도에 걸었다.

현장학습이 끝나고 동원이는 조금씩 말을 했다. 행복한 표정을 지었다. 11월과 12월이 지나 졸업식이 다가왔다. 동원이 할머니가 졸업식장에 오셨다. 아빠는 오지 않았다. 졸업식을 마칠 때 사진을 찍었다.

6년 동안 입을 다물고 말하지 않던 아이가 선생님의 품에 안겨 웃으며 사진을 찍었다. 몸을 돌리지 않고 정면을 바라보았다. 상처가 커서 손을 내밀어도 잡지 않고 눈길을 외면하던 양! 입을 다물고 마음을 닫아버린 양이 선생님의 품에 안겨 카메라를 정면으로 바라보았다. 6학년 교실에서는 초등학교를 떠나기 싫다며 엉엉 울었다고 한다. 무엇이 아이의 마음을 바꾸었을까? 아무에게도 마음을 열지 않던 아이가 학교를 떠나기 싫어 울다니!

가스폭발 사고로 화상을 입은 아이들은 사람들에게 사랑과 위로를 많이 받았다. 몸이 아프지만 사랑과 위로를 받으며 마음이 조금씩 건강해졌다. 그러나 동원이는 겉모습이 건강했기 때문에 '특수교육 대상자'로만 여겨졌다. 보호자가 아이에게 관심이 없어서 방치한다고만 생각했다. 특수 교사가 오지 않는 학교에서 선생님들은 어쩔 수 없다며 아이를 방치했다. 원래 말하지 않는 아이라고 생각했을 것이다.

학부모가 특수교육 대상자 진단에 동의하지 않으면 다른 걸 해주어야 한다. 특수 교사가 없어도 담임 교사가 있지 않나! 두 학년을 동시에 가르친다고 하지만, 아이 넷 중에 한 아이가 입을 다물면 1/4 아닌가! 동원이에게 손을 내밀어 답답함을 풀어주는 게 곧 하나님께 드리는 예배 아닌가!

학교에 오지 않는 아이

쌍욕을 들어가며 집에서 구조한 아이

2013년에 5학년이 둘이었다. 화상을 입은 남자아이와 학교에 오지 않던 여자아이다. 입학하고 3년 동안 1년에 30일도 학교에 안 나왔다. 3월마다 새로운 담임 선생님이 집에 찾아갔지만, 아이를 학교에 데려오지 못했다. 어머니가 사나워서 담임도, 교감 선생님도 쌍욕만 듣고 돌아왔다고 한다. 이때만 해도 소달초에 교감 선생님이 있었다. 아이가 운동회나 체험학습일 같은 날에만 학교에 나왔다.

간 이식 수술한 형이 2012년에 소달초에 부임하고 아이가 사는 광부 아파트에 찾아갔다. 어머니에게 담임이라고 소개해도 귀찮아했다. 문만 열고 빤히 쳐다보며 할 말 있으면 문밖에서 하라고 했다. 왜 아이를 학교에 안 보내냐고 물었더니 "내 새끼 내가 알아서 한다"고 대답하는데 눈빛이 예사롭지 않았다고 한다. 신이 들려 선무당 노릇을 한다는 사실을 나중에 알았다. 그때부터 어머니와의 싸움이 시작되었다.

형이 날마다 찾아갔다. 어머니가 쌍욕을 하며 죽어도 학교에 안 보낸다고 소리를 질렀다. 도계 파출소에 전화했더니 "또 그 집에 무슨 일이 있냐?"면서 손사래를 쳤다. 부부싸움으로 여러 번 신고받아 출동했다고 하였다. 아이를 학교에 나오게 할 방법이 없냐고 물었더니 강제 권한이 없다고 했다. 순찰이라도 해달라고 부탁해서 다음 날 경찰과 함께 찾아갔다. 경찰과 함께 가니 욕은 안 했다. 학교에 보내지 않으면 아동 폭력으로 신고한다고 형이 으박질러도 소용없었다. 3년 넘게 아이를 학교에 안 보낸 고집이 꺾일 리가 없었다.

이전 담임들은 가슴을 찌르는 욕설과 협박에 밀려 다시는 찾아가지 않았다. 그러나 형은 계속 찾아갔다. "내가 어머니 욕을 20분 동안 들었으니 이제는 어머니가 제 말을 20분 들으세요!" 하며 아이를 학교에 보내라고 말했다. 그래도 말을 안 듣자 동해 학생폭력상담소에 상담을 요청했다. 학부모 모르게 먼저 아이와 상담하게 하려고 친구 생일파티를 한다고 속여 아이를 학교로 불렀다. 아이를 만난 상담소 직원은 상황이 심각하다며 어머니를 여러 번 만나 처벌받는다고 설득했다. 욕을 먹으면서 형이 계속 찾아가자 2개월 뒤에 아이를 학교에 보냈다. 아이가 참 좋아했다.

길거리 생활하던 아빠, 교사에게 욕하는 엄마가 싸우던 곳에서 자랐는데도 아이가 참 착했다. 동생들을 돌보고 도움이 필요한 사람에게 손을 내밀었다. 3년 동안 학교에 나오지 않아 부족했던 공부도 조금씩 따라잡았다. 아이는 성우처럼 목소리를 자유자재로 바꾸며 인물을 흉내 냈다. 학교에 나오지 못한 동안 텔레비전을 보며 등장인물을 흉내 냈다고 한다. 꿈이 성우라고 했다. 동생들에게 책을 읽어주면 전문가나 다름

없었다. 아이가 학교에 제대로 나오기 시작하고 석 달 만에 가스폭발 사고가 났다. 엄마가 선무당 일을 해서 아이는 교회에 다니지 않았다.

아이를 학교에 보낸 뒤에 아빠와 엄마가 이혼했다. 아빠는 아이와 함께 광부 아파트에 남았다. 엄마는 다른 곳으로 떠났다. 엄마가 학교에 보내지 않고, 아빠와 자주 싸우고, 집에 찾아온 선생님들에게 욕을 퍼부어도 아이는 엄마를 좋은 분으로 기억했다. 타고난 심성이 고운 아이였다. 학교에서도 아이는 싸우거나 화내는 모습을 보이지 않았다. 잃어버렸다 찾은 양 같은 아이였다.

형이 학교에 나오지 않는 아이를 찾아간 게 이번이 처음은 아니다. 20여 년 전, 삼척 산골 마을에 사는 아이가[2] 입학식에 오지 않았다. 해마다 취학통지서를 보내고 학교에서 입학 독촉장을 보내도 학교에 오지 않았다. 선생님들은 아이가 첩첩 산골에 살아서 학교에 못 온다는 말만 되풀이했다. 아이가 4학년이 되었을 때 형이 담임이 되었다. 걔는 원래 안 온다는 말을 듣고 형이 "아이가 안 오면 한 번이라도 찾아가야죠. 누가 찾아간 적 있어요?" 하고 물었다. 3년 동안 아이가 학교에 오지 않았는데 단 한 명도 아이를 찾아가지 않았다.

형이 물어물어 집을 아는 마을 분과 함께 아이를 찾아갔다. 차로 가지 못하는 막다른 길에서 내려 좁은 산길을 한 시간 정도 걸어갔다. 허름한 집에 도착하자 아무도 없어서 무작정 기다렸다. 산골이라 해가 일찍

---

2 『선생님의 숨바꼭질』 2부, 세 번째 이야기 내용에 '형의 기억'을 더했다.

졌다. 해가 지고 30분 정도 지나자 아버지가 아이를 데리고 집으로 왔다. 아이를 왜 학교에 안 보내시냐고 했더니 자기가 집에서 가르치는 거나 학교 가는 거나 별 차이가 없다고 대답했다. 학교에 보내지 않으면 아동 학대로 처벌받는다고 겁을 주어도 말이 통하지 않았다. 내일 학교에 보내지 않으면 경찰에 신고한다고 하고 집을 나왔다.

다음 날 아이가 학교에 왔다. 학교를 처음 본 아이의 표정에서 불안과 호기심이 엿보였다고 한다. 입학 조서를 쓰고 학교에 잘 보내기로 아버지에게 약속받았다. 그 뒤로 일주일에 한 번 정도 오더니 더는 오지 않았다. 아빠가 애를 데리고 오일장을 돌아다니며 궁합, 사주, 작명 같은 걸 한다고 들었다. 아이는 '잃은' 양으로 살았다. 얼마 뒤에 아버지를 영원히 잃어버렸고, 그 뒤로 계속 잃은 양으로 살았다.

양을 잃어버린 줄 알아야 찾는다

아이를 오일장에 데리고 다니는 아빠는 자신이 아이를 잘 가르친다고 생각했다. 자기 때문에 아이가 무얼 잃었는지 몰랐다. 소달초 아이 엄마도 아이가 밤새 컴퓨터만 보게 놔두었으면서 자기가 아이를 잘 보호한다고 생각했다. 두 사람은 양을 잃고도 잃은 줄을 모르는 목자였다. 이런 목자를 만나면 양이 위태로워진다.

세리와 죄인들이 예수님께 말씀을 들으러 모여들자 바리새인과 율법학자들이 화를 내며 비난했다. "이 사람이 죄인들을 맞아들이고 함께 음식을 먹는구나!"(눅 15:2) 세리와 죄인은 행실이 나쁜 사람들이었다. 만약 목사가 깡패와 어울려 다니면서 돈을 빼앗으면 어떨까? 장로와 집사가 법을 어기고 나쁜 짓을 하면 사람들이 뭐라 할까? 자신을 하나님의 아들이라 주장하는 사람이라면 하나님을 욕 먹이는 짓을 하지 말아야 한다.

그런데 예수님은 오히려 하나님을 믿는 사람이 하지 말아야 할 일을 했다. 로마에 붙어서 유대인에게 세금을 뜯어내던 세리, 사람들에게 욕먹다 못해 죄인이라 불리는 사람들과 어울려 다녔다. 안식일에 지켜야 할 규칙을 밥 먹듯 어겼고, 남들이 다 지키는 정결 예식도 무시했다. 참지 못한 바리새인과 율법학자들이 "나쁜 놈들과 어울리고 하나님이 정하신 규칙을 어기다니 제정신이냐?" 하며 비난했다.

그러자 예수님이 세 가지 이야기를 해주셨다. 1편 잃은 양을 찾는 목자, 2편 잃어버린 드라크마를 찾는 여인, 3편 잃은 아들을 찾는 아버지 이야기다. 세 가지 이야기는 주제가 똑같은 시리즈다.

1편은 양 100마리를 가진 사람이 99마리를 들에 두고 잃은 양 한 마리를 찾는 이야기다. 하나님이 우리를 간절하게 찾으신다는 뜻으로 알려졌다. 필립 얀시는 『놀라운 하나님의 은혜』에서 "잃어버린 양을 찾아 돌아왔는데 들에 놓아둔 양 37마리가 사라졌다면 어떻게 할까?"라고 질문한다. 목자는 양을 무방비 상태로 방치하고 떠나지 않는다. 다른 목자에게 맡기거나 양치기 개가 지키는 곳에 두고 양을 찾아 나선다.

양은 시력이 나쁘다. 멀리 보지 못하기 때문에 앞서가는 양이나 염소의 뒤를 졸졸 따라다닌다. 무리에서 떨어졌다면 어디로 갈지 몰라 헤매다 낭떠러지에 떨어지거나 육식동물에게 잡아먹힌다. 이렇게 되지 않더라도 길을 잃어 혼자가 된 양은 목자가 찾지 못하면 죽기 마련이다. 길 잃은 양의 희망은 딱 하나뿐이다. 목자가 찾아주어야 한다. 만약 품삯만 받고 일하기 싫어하는 나쁜 목자가 양을 돌보면 어떻게 될까? 양을 잃었을 때 찾으러 가느냐 마느냐 고민하기 이전에, 양을 잃었는지 모를 수도 있다. 양을 잃은 줄 모르면 찾을 수 없다.

아이들은 양과 같다. 보호자가 돌봐주는 길로 따라간다. 엄마와 아빠가 곁에 있기만 해도 울타리가 된다. 소달초에서는 아이 다섯이 길을 잃었다. 엄마가 아이를 버리고 떠났다. 아빠는 다른 곳에 있거나 아이의 마음에 관심이 없다. 조부모는 엄마 이야기를 절대로 하지 말라고 한다. 아플 때 치료해주고 배고플 때 먹여주는 사람이 있지만, 마음을 돌보는 사람이 없다. 그래서 아이는 마음에서 길을 잃었다. 누군가 아이의 마음을 안전한 곳으로 데려가야 한다.

사람들은 화상처럼 눈에 띄는 상처에 관심을 보인다. 아이가 아프다고 소리를 질러도 치료해야 한다는 사실을 알고 병원에 데려간다. 그래야 낫는 줄 알기 때문이다. 부모가 이혼하면 아이는 가스폭발 사고를 당한 것처럼 충격을 받는다. 아이는 마음에 큰 상처를 받고 혼란스러워한다. 치료를 받아야 하는 상태가 된다. 그러나 아빠도 아내와 헤어지며 상처를 받았기 때문에 아이의 상처를 생각하지 못했다. 엄마에 대해 이야기하는 것도 싫어했다. 그럼 아이가 길 잃은 양처럼 헤맨다.

예수님은 당시 사람들이 보지 못하던 상처를 보았다. 죄인이라는 이름에 가려져 길을 잃은 줄 몰랐던 양을 보시고 불쌍하게 여기셨다. 예수님이라면 엄마를 잃은 아이의 마음을 살피실 것이다.

바리새인과 서기관들: 당신은 왜 죄인들과 같이 다녀요?

예수님: 얘들은 길을 잃었어. 맞지?

바리새인과 서기관들: 맞아요. 확실히 길을 잃었지요. (그러니까 혼내줘야지요. 아니, 굳이 신경 쓸 필요도 없어요.)

예수님: 양이 길을 잃으면 목자가 찾아야 하잖아?

바리새인과 서기관들: 그렇긴 하지만…. (뭔가 이상하네?)

예수님: 길 잃은 죄인을 찾으면 얼마나 기쁜지 알아? 너희 같은 사람들 아흔아홉보다 여기 있는 죄인 중에 하나를 찾는 게 더 기뻐!

바리새인과 서기관들: 이걸 왜 저따위로 해석하는 거야!

사람들은 아이를 학교에 보내지 않는 아빠와 엄마를 비난했다. 상종 못 할 인간이라고 욕했다. 교사들도 아이를 찾아가지 않았다. 품에 안아야 할 잃은 양으로 생각하지 않고, 자기 양이 아니라고만 했다. 엄마처럼 하면 안 된다고 비난하면서도 아이를 찾지는 않았다. 형은 학교에 있어야 할 아이가 학교에 오지 않는 상황을 이상하게 여겼다. 잃은 양을 찾으려고 산길을 헤맸고, 쌍욕을 들어도 계속 찾아갔다. 화상 입은 아이 곁에서 병실을 지켰다. 지쳐 쓰러질 정도로 양을 먹이고 돌봤다.

형이 아파서 치료받을 동안, 형이 모아놓은 양을 내가 맡았다. 형이 노력해서 데려온 아이를 잘 돌봐달라고 하나님께서 내게 아이들을 맡겼다. 바리새인과 서기관들처럼 비난의 대상을 찾아 "당신 탓이야!" 하며 욕하면 속이 시원하겠지만, 그런다고 아이에게 도움이 되진 않는다. 아이를 바라봐야 했다. 아이가 다시 길을 잃지 않도록 돌봐야 했다.

드라크마는 20만 원 가치의 동전이 아니다

2편은 열 드라크마를 가진 여자가 잃은 한 드라크마를 찾는 이야기다. 양 대신 드라크마를 잃은 것 외에는 똑같다. 드라크마는 하루 품삯으로 받던 그리스 은화다. 그러나 로마 군인도 1년에 365드라크마를 받지 못했다. 서민들에게 한 드라크마는 2-3일 품삯일 수도 있다. 최저임금으로 계산하면 20만 원은 된다. 여인이 20만 원을 찾았다고 사람들을 불러 잔치를 벌인 셈이다. 어쩌면 잔치 비용이 더 들었을 것이다. 배보다 배꼽이 더 큰데도 잔치를 벌인 까닭은 드라크마가 귀한 선물이기 때문이다.

유대 여인에게 열 드라크마는 결혼의 증표다. 유대 사회에서는 남자가 여자에게 결혼 지참금으로 드라크마를 줄에 꿰어 선물한다. 여자는 결혼식 날 줄에 꿴 드라크마로 머리를 장식하고 목걸이를 한다. 열 드라크마는 가난하거나 어린 신부에게 해당하는 적은 금액의 지참금이다. 값싼 지참금이지만 여인에게는 소중하다. 잠잘 때도 풀어놓지 않았다고 한다. 여인에겐 20만 원짜리 동전을 잃은 게 아니라 결혼의 증표를 잃은 셈이기 때문이다.

드라크마 하나가 어떤 이에게는 20만 원짜리 동전이고, 어떤 이에게는 결혼의 증표다. 똑같은 동전이라도 보는 사람이 어떤 가치를 두느

냐에 따라 하루 품삯이 되기도 하고, 소중한 물건이 되기도 한다. 제자들이 아이를 하찮게 여겨 쫓아내려고 할 때 예수님은 하나님 나라가 이런 자의 것이라 하셨다(막 10:14; 눅 18:16).

나는 보이지 않는 아이의 마음이 귀하다고 생각했다. 마음을 살피려고 글을 썼고, 아픈 마음을 치유하려고 글을 썼다. 7월 초에 시를 썼다. 3년 동안 학교에 나오지 않던 아이가 광부 아파트 경사로에 난 상추를 보고 쓴 시가 좋았다.

경사로에 난 상추

***(5 여)

아파트 드나드는 길에 경사로를 지나야 한다.
위험한 경사로 옆 난간에 딱 들러붙은 상추.
하나가 아닌 여럿이다.
얼마나 열심히 살았는지 다 자랐다.

차와 사람이 자주 드나드는 곳,
밟힐지도 모를 위험한 곳에 상추들이 자란다.
서로 의지해가며 모여서 희망을 품고 살아가나 보다.

나도 자랄 것이다.
공부 못한다고 비교할까 봐 무섭고

항상 실패만 할 것 같아서 무섭고
친구들과 달라서 나만 초라해 보여도
혼자라고 생각하지 말고 서로 의지해가며 멋지게 커야지!
상추 무리처럼….

아이가 본 상추가 꼭 아이 자신 같았다. 아이는 밟힐지도 모를 위험한 곳에서 희망을 품고 살았다. 친구들과 달라서 초라해 보인다고 생각하는 아이, 3년 동안 학교에 나오지 않아 공부를 어려워하는 아이, 알게 모르게 부모에게 받은 영향으로 항상 실패할 것 같아 두려워하는 아이가 서로 의지하며 희망을 품고 살기 바랐다. 은진이는 제4회 삼척시 학생감사편지쓰기대회에서 탄광에서 일하는 아빠에게 편지를 써서 고학년부 장원 상을 받았다. yes24 독서감상문대회에서도 장려상을 받았다.

"언니랑 놀지 마!"

11월 25일 월요일 아침에 전교생에게 친구 사랑 주간 상품을 나눠주었다. 상품으로 장갑을 샀는데 3학년 예지가 장갑 색깔이 마음에 안 들었나 보다. 은진이가 며칠 전에 동생들이 좋아하는 색깔을 안다며 골라놓은 장갑이다. 은진이가 장갑을 골랐다는 말을 듣고 예지는 은진이 언니만 좋아하는 색을 골랐다며 화를 냈다. 그저 지나가는 말이려니 했는데 나중에 알고 보니 일이 커졌다.

예지가 우리 반 아이 둘을 데리고 은진이를 찾아가서 막 따졌다. 은진이랑 가장 친한 동원이에게 은진이 언니와 놀지 말라고 말했다고 한다. 말을 하지 않는 아이가 그나마 마음을 열고 이야기하는 대상이 은진인데 둘 사이를 갈라놓으려 했다. 3학년이 6학년을 찾아가 5학년과 놀지 말라고 하는 게 이상하지만, 우리 학교에선 가능하다.

은진이는 3년 동안 하지 않은 공부를 따라가야 했기 때문에 5학년에 다니면서도 구구단을 외우고 영어 때문에 힘들어했다. 그래도 학교생활을 즐거워했다. 특히 동원이와 친했다. 어른에게 입을 닫은 동원이도 은진이에게만은 웃으며 이야기를 나누었다. 둘은 한 번도 큰소리를 내지 않았고 싸우지도 않았다. 조용조용 이야기하며 늘 가깝게 지냈다. 둘은 서로를 돌보는 목자와 양이었다.

그런데 3학년 동생이 찾아와 은진이와 놀지 말라고 요구했다. 동원이가 말 잘하는 까불이거나 거친 성격이었다면 3학년 동생이 찾아가지 못했을 것이다. 초임 교사일 때 나는 이런 상황에서 솟아오르는 분노를 참지 못해 아이를 불러놓고 혼냈다. 너무 화가 나서 제대로 판단하지 못하는 상태였기 때문에 아이에게 상처만 주었다. 내가 무능하다는 아픈 기억만 남긴 적이 많았다. 아이의 마음에 분노가 가라앉고, 내 마음도 차분해진 뒤에 말해야겠다고 그렇게 결심해도 안 되더니 15년이 지나면서 달라졌다.

다음 날 아무 내색하지 않고 지내다가 6교시 끝나고 예지만 남겼다. 무슨 말을 할지 아는 눈치다.

"무슨 일인지 알지?" 그렇다고 한다.

"왜 그랬어?"

눈물을 글썽이며 자기가 잘못했다고 말한다. 자기를 변호하거나 숨기지 않고 솔직하게 말한다. 은진이가 먼저 나쁘게 했다는 식의 말을 전혀 하지 않았다.

"은진이가 힘들지 않았을까?" 힘들었을 거라고 한다.

"동생들이 오빠에게 찾아가서 놀지 말라고 하는 건 아니지!"

그렇다고 한다. 눈빛이 마음을 보여주는 창이라고 한다. 예지의 눈빛을 보면서 감사했다. 자기를 돌아보는 눈빛이었다. 다시는 이러지 않을 거라는 확신이 들었다. 아이의 솔직함과 순수함을 보고 이런 아이를 내게 보내주신 하나님께 감사하고 또 감사했다.

"다른 아이도 아니고 네가 그렇게 행동해서 깜짝 놀랐어. 무섭게 화를 내며 혼낼까, 조용히 말할까 고민했어."

예지도 자기가 그렇게 행동했다는 사실을 돌아보며 놀란 모양이다. 아이와 함께 울었다.

"선생님이 눈물이 많아. 너도 눈물 나지! 은진이 마음이 많이 아팠을 거야. 다른 사람에게 상처 주지 말자. 알았지?" 하니 눈물을 줄줄 흘린다. 눈물이 참 고마웠다. 아이는 어른의 스승이란 말이 있다. 어른은 자신의 잘못을 솔직하게 드러내지 않는다. 어쩔 수 없는 형편을 내세워 자기를 변호하려 한다. 그러나 아이는 잘못을 인정한다. 잘못한 모습으로 다시 돌아가지 않으려는 듯 눈빛이 달라졌다.

가르치는 교사로 아이들 앞에 서지만 내가 더 많이 배운다. 아이들은 내게 지식을 배우지만 나는 아이들에게 삶을 진실하게 대하는 태도를 배운다. 아이와 단둘이 교실에 앉아 눈을 바라보며 함께 울면서 배운 가르침이다. 이럴 때면 아이를 보며 고개를 끄덕일 수밖에 없다.

은진이가 어버이날을 맞아 쓴 편지

은진이가 5학년 때 아빠에게 편지를 써서 상을 받았는데 편지 내용을 잃어버렸다. 6학년 때 엄마에게 쓴 편지를 소개한다.

> 엄마, 안녕하세요. 엄마가 저를 낳아주신 것도 감사하고 키워주신 것도 감사하고 감사한 게 많네요. 엄마와 아빠는 싸우신 적이 많으시죠? 그럴 때마다 저는 마음이 타들어 갔어요. 저를 누구보다 사랑해주시고 지켜주신 건 엄마가 제일 많이 하셨으니…, 아빠보단 엄마가 제일 좋았어요.
>
> 엄마, 옛날에 기억하세요? 엄마랑 아빠랑 싸우셨을 때 엄마가 나가시길래 저도 짐을 싸고 나가서 같이 다른 곳에서 잤을 때요. 그때 전 너무 무서웠어요. 언니, 오빠는 아예 못 볼까 봐. 하지만 지금 생각하면 눈물 나기도 하지만 아빠랑 더 안 싸우니까 좋았어요. 그 뒤로 싸운 적이 많으셔서 **으로 가셔서 제가 항상 편지 써드렸잖아요. 집에 오는 일이 별로 없어서 많이 그리웠었는데….
>
> 솔직히 엄마, 아빠는 많은 힘든 일이 있으셨잖아요. 그런데 엄마가 저희에게 싸우는 거에 휘말리고 힘들게 해서 미안하다고 했을 때 울

음보가 확 터졌었죠. 지금도 이런 일을 생각하면 눈물이 눈에 고여요. 지금은 집에 안 계시고 다른 지역에 계시지만 어쩔 때 만날 수 있어서 기분이 땅에서부터 하늘까지 치솟아요.

옛날부터 엄마가 장난기가 많으셔서 저와 언니를 *** 지역에 많이 같이 데리고 놀러 가주셨죠. 필요한 걸 많이 사주시고 우리 또래에 맞춘 곳에 놀러 가주고 저희를 항상 재미있게 해주셨잖아요. 솔직히 엄마는 언니, 오빠, 저를 열심히 키워주셨는데 제가 엄마에게 드린 건 많이 없네요. 13년 동안 힘드셨을 텐데 항상 제가 힘든 건 다 도와주시고 저를 많이 칭찬해주고 갚기도 힘들 만큼 계속 저 자신을 당당하고 이쁘게 키워주셨잖아요. 엄마가 없었으면 당당하고 이쁜 저는 없었을 거예요.

엄마가 아빠와 싸우셔서 다른 지역에 계셔도 전 엄마가 밉지 않아요. 미울 수가 없죠. 만날 수 있는 것만으로도 하늘에 감사한 일이고 엄마에게 감사한 일인데. 나중에 저도 엄마처럼 훌륭한 엄마가 될 거예요. 많이 만나서 나중에는 더 행복한 삶을 살면 좋겠어요. 항상 감사하고 해줄 수 없는 일이 많아서 죄송하지만 이 편지로 좋아하셨음 좋겠어요. 항상 사랑합니다.

엄마의 소중한 막내 올림

은진이 엄마가 이런 편지를 받을 자격이 있을까? 은진이의 아이다움은 엄마에게서 받은 사랑만 기억하려는 것 같다.

5월에 현장학습을 갔다가 점심 먹을 때 찍은 사진이다. 은진이 옆에는 말하지 않는 아이 동원이가 앉았다. 둘은 늘 붙어 다녔다. 사진을 찍으려 하니 동원이가 뒤로 누워버렸다. 둘이 조곤조곤 얘기하다가도 사진만 찍으려 하면 이렇게 행동했다. 은진이가 밝은 표정으로 브이를 해 보였다. 나는 아빠가 딸에게 장난하듯 아이를 대했다. 내가 장난을 치면 좋아했다.

"은진이는 서로 의지하며 멋지게 클 거야!"

아픈 아이만 자꾸 보내신다

엄마 이야기만 하는 전학생

2013년 3월 31일에 3학년 미희가 전학해왔다. 엄마, 외할머니와 경기도의 대도시 아파트에 살다가 갑자기 아빠와 할머니가 사는 곳으로 오게 되었다. 건물과 가게와 친구가 많은 곳에서 마트 하나 없는 곳으로 와서 힘들어했다. 미희가 시골에서 제힘으로 할 게 없었다. 모두 할머니가 해주어야만 했다. 식물도 화분을 옮기면 뿌리가 자리 잡을 때까지 잘 보살펴주어야 한다. 하물며 이유도 모른 채 갑자기 생활 터전을 옮긴 아이는 더 보살펴야 한다.

엄마와 외할머니가 미희를 무척 사랑했던 모양이다. 미희가 아빠와 할머니에 대해서는 불만만 말하고 엄마와 외할머니에 대해선 칭찬 일색이었다. 미희는 할머니가 자꾸 자기를 의심하며 꾸중한다고 호소했다. 할머니가 아들을 떠난 며느리(미희 엄마)에 대한 감정을 손녀에게 퍼부었다. 미희가 실수하면 "지 애미 닮아서" 하며 듣기 민망한 욕을 해댔다. 혼자 편안하게 사는데 덜컥 손녀가 와버렸으니 할머니도 힘들었겠다. 미희는 엄마와 외할머니, 친구, 살던 도시를 계속 그리워했다.

집에서 위로를 받지 못하면 학교에서 친구들이라도 잘해줘야 하는데 그렇지 않았다. 미희는 쉬는 시간마다 의자 등받이를 끌어안고 꼼짝도 하지 않았다. 친구가 먼저 말을 걸지 않으면 가만히 웅크리기만 했다. 체육 시간에는 자기가 무얼 하러 왔는지도 몰랐다. 공이 오면 '저 공이 왜 나한테 오지?' 하며 바라보는 것 같았다. 다른 아이들은 가만히 있는 미희가 답답해서 힘들어했고, 미희는 친구들이 왜 자기를 답답하게 생각하는지 몰라서 힘들어했다.

말이 없고 느린 아이였다. 가끔 말문이 열리면 엄마 이야기와 도시 친구들 이야기를 많이 했다. 엄마가 얼마나 좋은지, 무얼 해줬는지 쉬지 않고 말했다. 어느 날 오랜만에 입을 열더니 쉬는 시간 내내 엄마 이야기를 했다. 계속하라고 했더니 20분 동안 엄마 이야기만 했다. 국어 시간에 경험을 말하는 내용이 나오면 도시 친구 이야기를 했다. 아무도 모르는 얘기를 혼자 떠들었다.

"엄마가 전학 오기 전에 떡볶이를 해줬어요. 정말 맛있었어요."

"엄마랑 전화했어요. 내년에 다시 데려간대요."

"엄마가 방학 때 오라고 했어요. 친구랑 노래방 갈 거예요."

미희는 우리 반 아이 셋 중 둘이 엄마가 없다는 사실을 몰랐다. 엄마와 잠시 떨어진 아이가, 엄마가 어디에 있는지도 모르는 아이 앞에서 계속 엄마 이야기를 했다. 저녁에 엄마에게 전화해서 하소연하는 아이가, 잠꼬대로 겨우 엄마를 찾는 아이 앞에서 힘들다고 말했다. 수인이 아빠는 화상치료 병원에서 살이 5kg이나 빠질 정도로 수인이를 잘 돌봤다.

그러나 엄마 얘기에는 화를 냈다. 이런 처지에서 계속 엄마 이야기를 들으면 수인이의 마음이 어떨까? 여러 이야기를 하다가 엄마 얘기가 잠깐 나온다면 그나마 다행이다. 그러나 미희는 엄마 이야기만 했다. 엄마가 없는 아이 앞에서 자기 엄마가 잘해준 이야기만 했다.

3학년 두 아이는 입학할 때부터 친구로 지냈다. 공부도 잘하고 운동도 잘한다. 마음이 잘 통해서 이야기도 잘 나눈다. 미희는 공부도 못하고 운동도 못한다. 친구가 말을 걸어도 관심을 보이지 않거나 느릿느릿 말한다. 물어도 대답하지 않으니 두 아이가 답답해했다. 미희는 친구가 하나뿐인 두 아이 앞에서 수정이, 정하, 민지, 지선이 이야기를 했다. 자기들과는 친구가 되지 않는 아이가 도시에 두고 온 친구 이야기만 했으니 친해지기 어렵다.

미희가 또래보다 어린아이 같은 행동을 많이 했다. 스스로 결정하지 못했고 눈치를 많이 봤다. 공부도 어려워했다. 누군가 곁에서 도와주며 기다리면 잘할 아이였다. 그러나 미희가 오고 나서 한 달 뒤에 아빠가 따로 살겠다고 집을 나가버렸다. 탄광에 다니는 다른 아빠들은 모두 집에서 출퇴근하는데 미희 아빠만 회사에서 돌아오지 않았다. 아빠가 엄마에게 결혼하자고 쫓아다녔다는데 엄마는 외할머니에게 돌아갔고, 아빠는 광부로 시골에 남았다. 이젠 딸마저 할머니에게 맡기고 떠나버렸다.

미희에겐 할머니만 남았다. 할머니는 한글을 모르기 때문에 안내장을 보내도 읽지 못했다. 학부모 확인을 받아야 하는 서류를 보내면 할머니가 귀찮다고 미희에게 욕을 했다. 할머니는 미희의 공부나 학교 일에도 관심이 없었다. 집에 찾아가도, 지나가다가 아이들과 함께 인사해도 무덤덤하셨다. 할머니 처지에선 며느리가 아들을 망쳐버렸다. 며느리가 아들만 남기고 떠나갔는데, 갑자기 손녀를 보내더니 이젠 아들이 떠나버렸다. 화가 날 만하다.

스스로 쓸모없다고 생각하는 아이

3학년 두 아이는 글을 쓰거나 수학 문제를 풀거나 사회 시간에 조사하거나 과학 시간에 실험 결과를 정리할 때 재빨리 했다. 그러나 미희는 쉬는 시간, 점심시간까지 못할 때가 많았다. 스스로 '나는 왜 이럴까?' 생각했을 것이다. 집에서는 할머니 앞에서 쓸모없는 아이가 되었고 학교에서도 무엇 하나 제대로 못하는 아이가 될 처지에 놓였다.

국어 시간에 「쓸모없는 못」이라는 시를 배우면서 쓸모없는 못이 무얼 상징하는지 이야기했다. 미희는 쓸모없는 못이 왕따 당하는 친구, 자신감 없는 사람을 상징한다고 말했다. 그러고는 쓸모없는 못이 자기 이야기 같다고 말했다. 이어진 체육 시간에 무언가를 물었는데 예지가 자기한테는 없다고 대답했다. 그러자 미희가 "너는 잘하는 게 많아서 없구나!"라고 말했다. 아이 얼굴에 슬픔이 가득했다.

미희는 마음이 여려서 바닥에 살짝 떨어뜨려도 쨍하고 깨지는 유리 같았다. 누가 쳐다보기만 해도 자기를 미워한다 생각했다. 친구 둘이 이야기하면 자기를 흉본다고 생각했다. 예지는 미희를 배려하지만 수인이는 계속 미희의 마음을 건드렸다. 수인이도 상처를 받았기 때문에 미희에게 상처를 주었다. 아무리 친구와 사이좋게 지내야 한다고 배워도 자신이 사랑을 받지 않았기 때문에 상처를 주면서 미움만 쌓아갔다.

변화는 누구에게나 힘들다. 엄마랑 헤어지고, 아빠마저 떠나는 변화라면 더 힘들다. 중요한 걸 잃은 빈자리를 무엇으로도 채우지 못하는 변화라면 더더욱 힘들다. 미희는 중요한 걸 잃어버린 모습으로 살았다. 말이 없고, 자신감이 없고, 쓸쓸한 표정으로 지냈다. 친구, 선생님, 할머니 누구에게도 마음을 열지 않았다. 미희에게 글을 쓰라고 권했다. 마음을 털어놓으라고 했다. 미희는 마음을 털어놓는 게 무슨 뜻인지 몰랐다. 10월까지 간단한 사실만 썼다.

3년 동안 몰랐던 상처

6월에 1학년 두 아이가 전학해왔다. 원래는 우리 학교에 다녀야 하지만 가스폭발 사고 때문인지, 다른 이유 때문인지 읍내에 있는 큰 학교에 입학했다. 광부 아파트 놀이터에서 우리 학교에 다니는 아이들과 같이 놀면서도 다른 학교에 다녔다. 그런데 입학한 학교에서 친구 때문에 힘들어 석 달 만에 우리 학교로 전학해왔다. 전교생이 열 명이 되었다.

내가 3-4학년 넷을 가르쳤고 후배가 5-6학년 넷을 가르쳤다. 교사 한 명이 세 학년을 가르치지 못하기 때문에 1학년을 위해 기간제 교사를 구했다. 기간제 교사 채용 과정이 복잡했다. 채용 비리를 막기 위해 만든 서류가 발목을 잡았다. 여러 가지 절차를 거쳐 퇴직한 선생님이 6-7월

두 달 동안 1학년 두 아이를 가르쳤다. 9월에 신규 교사가 발령받아 오면서 학교 업무에 숨통이 조금 트였다.

1학년 두 아이는 가스가 폭발할 때 문 뒤쪽에 있어서 사고를 직접 당하지 않았다. 외상이 없어서 상처가 있을 거라고는 생각하지 못했다. 더구나 우리 반 아이들을 돌보는 것만으로도 벅차서 1학년 두 아이에게 관심을 기울이지 못했다. 2학기에 온 신규 교사가 1학년을 맡아 잘 가르쳐서 아이들이 건강하게 자란다고 생각했다. 가스폭발 트라우마가 있다는 걸 3년 뒤에 알았다.

3년 뒤 두 아이가 4학년이 되었다. 과학 시간에 알코올램프에 불을 붙이고 끄는 연습을 했다. 지금까지 만난 아이들은 서로 불을 붙이겠다고 나섰다. 특히 불이 붙은 알코올램프에 뚜껑만 덮으면 불이 꺼지는 게 신기해서 몇 번이나 해보자고 졸랐다. 그러나 두 아이는 알코올램프에 불을 붙이려고 하면 문까지 도망갔다. 절대로 하지 않겠다고 움츠러들었다. 뚜껑만 덮어도 불이 꺼지는데 문밖에서 불이 꺼지기를 기다렸다. 몇 번이나 뚜껑을 덮어 불이 꺼지는 모습을 보여줘도 불에서 멀어지기만 했다. 알코올램프의 작은 불빛을 보고도 떨었다.

왜 그러느냐고 물었더니 가스폭발 사고 때문이라 대답했다. 두 아이는 작은 불만 봐도 가스폭발의 위협을 느꼈다. 가스폭발로 피해를 입은 아이들은 피부를 떼어내는 아픔에 온몸을 떨면서도, 이미 벌어진 일에 대한 두려움을 극복해갔다. 오히려 화상으로 힘들어하는 언니, 오빠의 모습을 보면서 두 동생이 불에 대한 두려움을 그대로 간직했다. 이미 일어난 일을 받아들이기는 쉽지만 '내가 다음 차례가 될 수 있다'는 두려움은 떨쳐내지 못했다.

두 아이도 아빠가 광부다. 가정이 평안하면 두려움이 줄어들 텐데 그렇지 않았다. 혜정이(가명) 엄마는 마음이 아픈 병을 앓았다. 아빠는 잘하려고 노력하면서도 갑자기 솟구치는 화를 잘 다스리지 못했다. 혜정이는 작은 일에도 불안해했고 쉽게 울었다. 혜정이가 쓴 글이다.

슬픔

난 슬픔이 많다. 엄마가 때릴라 하면 울고 아빠가 때릴라 해도 울고 그래서 울보쟁이 같다. 내가 슬픔도 많고 스트레스도 많은 것 같다. 진짜 울음이 없으면 좋겠다. 울음이 많으면 불편하고 울음이 없으면 불편하지 않는데 울음이 없으면 좋겠다. 진짜 지금도 울 것 같다. 참아야지! 3학년이라 안 울 수 있어.

정화(가명)도 불안한 가정에서 살았다. 자기 소개글을 이렇게 썼다.

우리 가족이 몇 명이냐면 엄마, 아빠, 나, 오빠 있는데 오빠는 할머니 집에 있다. 엄마, 아빠도 사랑하지만 나는 오빠가 더 좋다. 왜냐하면 나보다 오빠를 더 좋아하니까! 나는 왜 싫어할까? 나는 오빠가 제일 보고 싶다. 그리고 열 살 때 오빠 데려가라 했는데 또 중학교 때 데려가라고 했다. 아마도 안 될 것 같다. 오빠 보고 싶다. 나는 오빠를 엄청 사랑한다. 왜냐하면 오빠 좋아하니까. 엄마, 아빠도 사랑하지만 오빠가 더 좋다. 내 오빠니까. 오빠가 같이 있으면 좋은데 오빠가 정말 보고 싶다. 우리 오빠 이름은 ***이다. 우리 오빠가 우리 집에 가서 자면 좋았다. 오빠랑 자고 싶다. 오빠 사랑해!

할머니가 정화 오빠를 데려가서 따로 키운다. 할머니가 오빠를 데려가도 아빠와 엄마 모두 아무 말도 하지 않았다. 자식이 둘인데 오빠는 할머니가 키우고 동생은 부모가 키우다니 이상하다. 열 살에 오빠가 집으로 돌아온다고 하더니, 다시 중학생이 되면 할머니가 오빠를 보낸다고 말을 바꿨다. 부모가 아이를 제대로 돌보지 못하는 걸 보고 할머니가 손자를 직접 키우는 것 같았다. 정화가 잠깐 다닌 읍내의 학교에 오빠가 다녔는데 장난이 심하고 공부를 하지 않는다고 들었다.

정화가 2학년 2학기에 『괜찮아』를 읽고 이렇게 썼다.

내가 집에 혼자 있을 때 용감하자. 밤에 술 먹은 아저씨가 올까 봐 무섭고 또 아빠하고 아저씨가 싸울까 봐 그래서 무섭다. 난 너무 무서워서 집에 혼자 못 있는다. 꼭 엄마와 아빠랑 같이 가는 게 좋다.…내가 우리 오빠 집에서 자는데 운다. 내가 색칠을 하고 있는데 자라고 해서 잤다. 근데 눈물을 흘렸다. 왜 흘렸냐 하면 오빠랑 자고 싶었는데 오빠가 거실에서 자서 슬퍼서 눈물을 흘렸다. 울지 말고 용감하게 꾹 참자. 이제는 틀려도 괜찮다고 용기를 내자. 틀려도 괜찮아!

광부인 아빠는 평소 이해하기 어려운 행동을 했다. 회사에서도 동료와 갈등이 많은 것 같았다. 아빠 친구가 술 먹고 집에 찾아와서 소리를 지르면 아이가 무서워했다. 분리 불안을 가진 아이를 더 힘들게 하는 일이었다. 가끔 할머니 집에 가서 오빠와 지냈는데 오빠도 아이에게 마음을 내주지 않았다. 아이는 하소연할 데가 없었다. 아무도 아이의 마음을 몰랐고, 알려고 하지도 않았다.

부모가 없어서 힘든 아이, 부모가 있어서 힘든 아이

소달초에서 아이들과 같이 먹고, 같이 놀고, 같이 여행하고, 같이 울었다. 부모 없는 처지를 바꾸지는 못하지만, 아빠나 엄마가 없어서 누리지 못한 걸 조금이라도 해주고 싶었다. 아이들이 조금씩 자라는 게 보였다. 그러나 부모 때문에 힘들어하는 혜정이와 정화에겐 어떻게 해줘야 할지 몰랐다. 오빠 이야기를 하며 우는 아이를 달래주는 일 외에는 아무것도 못 했다. 슬픔이 많은 아이를 위해 무얼 해야 할지 몰랐다. 우리 반이 아니어서 두 아이의 담임 눈치가 보였다. 신규 선생님이 아이들과 이것저것 하는데 끼어들면 안 되었다.

부모가 없어서 힘든 아이는 부모가 없는 자체가 결핍이었다. 부모가 주는 영향은 아이들 곁에 없다는 사실뿐이다. 반면 부모가 있어서 힘든 아이는 부모의 존재가 결핍을 만들어냈다. 부모를 아이에게서 떼어낼 수도 없거니와, 그렇게 해도 아이가 건강해지지 않는다. 부모의 가치관을 바꾸기도 어려웠다. 그래도 무언가를 해야 했다. 가족 독서캠프, 가족과 함께 가는 현장체험학습을 했다.

가족 캠프 날, 아이들과 독서캠프를 먼저 시작했다. 부모들은 저녁 7시부터 참여했다. 부모님들이 오기 전까지 그림책 『선생님은 너를 사랑해. 왜냐하면』으로 독서 활동을 했다. 그림책을 읽어주고 우리 학교 선생님들이 아이들을 사랑하는 까닭을 생각해보라 했다. 아이들 대답, 선생님들 대답, 책에 나온 대답을 견주어보았다. 부모님들이 오신 뒤에는 선생님이 아이들을 사랑하는 이유를 발표했다. 아이들과 선생님이 사랑하는 모습을 바라보는 학부모들의 표정이 밝고 따뜻했다.

이어서 그림책 『엄마를 화나게 하는 10가지 방법』을 부모와 아이들에게 읽어주고 엄마들과 아이들의 생각을 발표했다. 아이, 어른 모두가 즐거워했다. 이를 응용해서 아빠를 화나게 하는 10가지 방법, 선생님을 화나게 하는 10가지 방법도 찾았다. 마지막으로 그림책 『엄마 까투리』로 가족의 소중함을 느끼는 활동을 시작했다.[3]

『엄마 까투리』는 권정생 선생님의 그림책이다. 영화로도 제작되었다. 엄마 까투리가 새끼 아홉 마리를 기르는 산에 산불이 났다. 엄마 까투리는 새끼를 놔두고 혼자 도망갈 수 없어 새끼를 깃털 아래 품는다. 산불이 꺼진 뒤에 엄마 품에 숨어 있던 새끼 꿩들은 모두 살아나지만 엄마는 죽었다. 새끼들이 엄마의 흔적 곁에서 점점 자라 꿩이 되었다는 이야기다.

---

3 『책벌레 선생님의 행복한 책놀이』(행복한아침독서, 2020), 239-243쪽 내용을 인용했다.

그림책을 스캔해서 큰 화면에 한 장씩 보여주었다. 표지부터 보여주며 새로운 이야기로 바꿔서 들려주었다. "엄마 까투리가 새끼와 함께 살았어요. 그런데 그만 불이 나고 말았어요. 불타기 전에 귀중한 물건부터 챙겨가려고 집안을 살펴보았어요. 여러분이라면 무얼 가져갈지 열 가지로 적어보세요"라고 했다. 아이들은 모두 아빠, 엄마, 오빠, 누나 등 가족을 먼저 쓰고 일기장, 장난감, 사진첩 등을 썼다.

그림책을 한 장 더 넘겨 읽어주고 "점점 위험해지죠? 여러분이 선택한 것을 모두 가져가기 힘들겠어요. 하나를 버리세요"라고 했다. 아이들이 하나를 포기하면 그림책을 한 장 넘겨 읽고 다시 하나를 버리라고 했다. 이렇게 그림책을 넘기면서 물건을 버리다 보니 가족만 남았다. 누굴 남길지 선택하기 어려우면 게임을 포기할 권리를 주었다. 혜정이와 정화, 나중에 전학 온 아이까지 4학년 셋이 끝까지 남았다.

남자아이가 동생을 포기하고 아빠를 포기해서 마지막 한 사람으로 엄마를 남겼다. 혜정이도 아빠를 포기하고 마지막으로 엄마를 남겼다. 정화는 엄마와 아빠, 성경책을 남겼을 때 하나를 더 포기하라고 하자 고민했다. 아빠가 정화에게 눈치를 주기에 아이와 아빠 사이를 가로막고 서서 "정화야, 네가 결정해. 정말 네가 아끼는 걸 남겨!" 했다. 정화는 성경책을 포기하고 아빠와 엄마를 남기려 했다. 그러나 아빠가 계속 눈치를 주자 엄마와 성경책을 남겼다. 마지막 한 가지를 고르라고 할 때도 아빠가 계속 눈치를 주었다. 정화는 결국 성경책을 남기고 아빠와 엄마를 포기했다. 아이의 아빠는 좋아했지만 아이는 엄마와 아빠를 버렸기 때문에 서럽게 울었다.

어리석은 믿음이 자녀를 향하면

『장미의 이름』에서 수도사 윌리엄은 가짜 그리스도가 지나친 믿음에서 나올 수도 있고, 하느님이나 진리에 대한 지나친 사랑에서 나올 수도 있다고 경고한다. 저 나름의 진리를 지나치게 사랑한 나머지 허위로 여겨지는 것과 몸 바쳐 싸울 각오가 되어 있는 사람이 얼마나 위험한지 보여준다. 정화 아빠는 정화에게 부모를 포기하고 성경책을 선택하라고 강요했다. 이것이 하나님을 잘 믿는 태도라고 생각했다.

성경을 가슴에 품고, 진지하게 웃으며 하나님 이름을 말하고, 만날 때마다 하나님 이야기를 꺼낸다고 좋은 믿음이 아니다. 아이는 부모가 하는 말이 아니라 행동을 보고 자란다. 정화 아빠는 정화가 날마다 아빠를 보며 하나님을 알아가고, 믿음이 자란다고는 생각하지 못했다. 정화 아빠는 결정적 순간에 성경책을 선택하는 것보다 일상이 중요한지 몰랐다. 아이가 부모를 버리고 성경책을 선택하도록 강요하지 말고, 술 취한 친구가 밤에 찾아오지 않게끔 해야 했다.

3학년 과학에 나침반 실험이 나온다. 실험하려면 나침반이 작동하는지 확인해야 한다. 나침반 바늘이 북쪽을 가리키며 떨어야 정상이다. 바늘이 북쪽을 가리키고 있지만 흔들리지 않으면 고장이다. 제대로 작동하는 나침반은 지구가 보내는 자력에 반응해서 좌우로 계속 흔들린다. 계속 흔들린다 해도 하나님이 보내는 신호에 반응해서 흔들린다면 제대로 작동한다고 봐야 한다. 아무리 확고하게 북쪽을 가리킨다고 해도 하나님이 보내는 신호를 받지 못하고 멈춰 있으면 정상이 아니다.

바리새인은 흔들림 없이 무조건 북쪽을 가리키라고 주장했다. 북쪽을 가리키고 있다는 걸로 확신의 근거를 삼았다. 북쪽은 십일조였고, 안식일 준수였다. 바리새인은 자기 확신에 매여 하나님의 신호를 놓쳤다. 흔들리면 의심한다고 비난했고, 자리를 찾지 못해서 빙글빙글 돌고 있으면 죄인이라고 손가락질했다. 한참 기다리면 흔들리던 바늘이 북쪽을 찾아갈 텐데 그새를 못 참고 고장 났다고 손가락질했다.

예수님은 우리가 북쪽을 향해 얼마나 굳건하게 서 있는가를 확인하지 않으셨다. 흔들리는 제자들에게 "나의 안에 거하라" 하셨다. "내가 너희 안에, 너희가 내 안에 있으면 열매를 맺는다" 하셨다. 예수님은 세리와 죄인의 친구가 되셨으며, 도마와 베드로를 받아주셨다. 예수님을 배신하고 십자가를 지게 만든 유다라 할지라도 회개하고 돌아왔다면 용서하고 받아주셨을 것이다. 유다는 마음에 찔림을 받아 돈을 돌려줬지만 하나님께로 돌아오지 않았다. 의심이 문제가 아니라 하나님 안에서 흔들리느냐가 중요하다.

정화가 아빠 때문에 성경책을 선택하고 울 동안 미희도 마음이 많이 흔들렸다. 캠프가 끝나고 쓴 글이다.

가족

오늘 독서캠프 마지막은 가족과 함께하는 활동이다. 하지만 우리 집은 가족이 안 와서 **이네 엄마가 일일 엄마이다. 처음엔 율동하다 쉬었다. 가장 재미있던 건 1년 동안 할 일 적기다. 나는 방학 때 하고 싶은 것을 적었다. 제일 하고 싶은 건 가족 노래방 가기이다. 노래 부르고 싶은 것도 있지만 제일 좋은 건 화풀이하는 데 가장 적당하다. 나는 화날 때 화풀이할 데가 없다. 나에게 화풀이할 곳은 노래방이다. 여러 가지 노래를 하고 싶다. 옛날 노래랑 지금 노래 둘 다 좋다. 어쨌든 제일 하고 싶은 건 노래방 가기. 나는 엄마랑 수영장에 꼭 가보고 싶다. 첫 번째로 노래방에서 부르고 싶은 건 엄마가 잘 안다. 수영장은 내 친구 **랑 제일 같이 가고 싶고 가장 재미있었던 거다. 나머지는 그냥 그럭저럭했다. 방학이 되면 엄마랑 꼭 노래방 가고 싶다.

미희는 노래방에 가고 싶어 한다. 친구와 수영장에도 가고 싶어 한다. 소박한 꿈이다. 엄마가 있다면 당장이라도 할 텐데 엄마가 곁에 없어서 노래방에 못 간다. 미희도 교회에 다닌다. 미희에게 "하나님을 위해 목숨을 바쳐라"고 할 수 있을까? "엄마보다 예수님을 더욱 사랑하라"고 할 수 있을까?

인동초

점심시간에 아이들을 데리고 산길을 자주 걸었다. 인동초꽃을 따서 꿀을 빨아 먹었더니 아이들이 따라 했다. '학교 안 나오던 아이'가 위에 섰

고, 전학 온 1학년 두 아이가 아래에서 꽃을 땄다.

인동초는 겨울을 견디는 풀이라는 뜻이 있다. 서리가 내릴 때까지 자라며, 생명력이 강해 여간하면 죽지 않는다. 흰색(은색) 꽃이 폈다가 노랑(금색)으로 변해서 지기 때문에 금은동이라고도 한다. 기둥을 감고 자라며 꽃을 빨면 단맛이 난다.

아이들에겐 감고 올라갈 기둥이 필요하다. 기둥이 있으면 몸을 기대고 자라서 꽃을 피운다. 한번 뿌리를 내리면 서리를 견디고 꽃과 꿀을 준다. 우리 아이들도 잘 자라 금과 은처럼 빛나는 꽃을 피울 것이다.

상처가 아물어갈 때 딱지를 뜯어내면

업무에 치이면서도 일주일에 한 번씩 전교생이 모여 글을 썼다. 아이들은 자기 이야기를 조금씩 꺼냈다. 엄마 이야기를 쓰는 아이도 생겼다. 아팠던 이야기를 쓰고 다른 아이의 아픈 기억을 읽으며 서로 위로받았다. 공부할 때도 점점 마음을 열었다. 3월에 전학 온 미희도 뒤늦게 10월부터 마음을 털어놓기 시작했다.

8월 27일 도덕 시간에 '소중한 나'를 가르치며 화상 이야기를 했다. "화상이 많이 좋아졌지? 몇 년 지나면 다 낫겠지? 몸에 난 상처는 보이니까 치료해. 하지만 마음에 담아둔 상처는 보이지 않아서 자기도 모를 때가 많아. 그런 상처 때문에 자기를 소중하게 여기지 않을 수도 있어.… 너흰 모두 소중한 존재야. 정말 소중하단다"라고 말했다. 화상을 입지 않은 아이가 "얘 얼굴이 빨갰는데 지금은 많이 좋아졌어요. 처음에 병원에 가서 봤을 때는…" 하며 울었다. 나는 "울어, 괜찮아. 우린 모두 소중하지. 서로를 소중히 여기자" 말했다.

보이는 상처보다 보이지 않는 상처가 더 크다. 부모의 이혼과 이별, 가시 돋친 말, 사랑받지 못한 외로움을 어린아이가 어떻게 감당할까! 너무 아파서 어떤 아이는 친구를 괴롭히고, 다른 아이는 세상을 미워한다. 다른 사람에게 상처를 되돌려주건, 자기 상처를 긁어내건, 모두 아프다는 몸부림이었다. 아이들이 아픈 몸부림을 글로 써냈다. 아프다고 썼고, 힘들다고 썼다. 글을 쓰면서 아이들이 회복되어갔다.

10월 21일, 한 아이가 전학해오기 전까지만.

학교폭력 권고 전학

10월 21일에 지훈이(가명)가 전학해왔다. 학교폭력으로 권고 전학 조치를 받은 아이였다. 초등학생이 학교폭력으로 전학한 경우를 처음 봤다. 4학년이 무얼 했기에 학교폭력 처벌 중 가장 강한 징계를 받았을까? 이전 학교 담임 교사에게 전화했다. 아이가 한 짓을 들으면서 '4학년이 설마?' 했다. 화장실에서 볼일 보는 친구를 촬영하고, 자기가 한 짓을 말하면 손목을 잘라놓겠다고 칼을 들고 위협했다. 나중에 지훈이가 한 짓을 제 입으로 말해줬는데, 초인종 누르고 도망가는 건 애교 수준이었다.

- 지나가는 사람과 차를 향해 창문에서 BB탄 총을 쏘았다.
- 친구들과 함께 택시를 세운 뒤에 네 아이가 사방에서 택시 문을 다 열어놓고 도망갔다.
- 아래층 베란다로 라면 국물과 찌꺼기를 쏟아버렸다.
- 친구가 사는 아파트 놀이터에 라면을 부었다.
- 낚시하는 할아버지 어망이랑 낚싯대를 발로 차고 도망갔다.

- 교회의 대형 유리창에 돌을 던져 유리를 깨뜨리고 도망갔다.
- 집에서 불장난하다가 집을 다 태워버릴 뻔했다.

눈이 온 날 육교 위에서 아래로 지나가는 차 위에 눈 뭉치를 떨어뜨렸다. 운전자가 차를 세우면 도망쳤는데 우연히 경찰차에 맞아서 경찰이 집에 찾아온 적도 있다. 이런 이야기를 그저 "장난이었다니까요!"라고 말했다. 그 장난이 다른 사람을 얼마나 괴롭게 하는지 모르는 아이였다. 키도 몸짓도 작은 아이가 유독 눈빛이 살아 번뜩였다.

아이가 만만찮았다. 계속 시비 걸고 욕하고 장난을 쳤다. 누군가를 괴롭히지 않으면 못 견디는 모양이다. 그러지 말라고 하면 왜 하지 말아야 하느냐고 되물었다.

"다른 사람이 너한테 똑같이 하면 좋겠어?" 하니 "좋아요. 재미있잖아요!"라고 대답했다. 아이는 다른 사람의 행동에 상처를 받지 않았다. 그래서 다른 사람이 상처받는다는 생각을 아예 하지 않았다. 격투기 선수가 아무나 붙잡고 싸우자는 식이었다.

지훈이는 1분도 가만히 있지 않았다. 손가락을 계속 물어뜯었다. 피가 날 때까지 물어뜯다가 속살이 드러나면 가장자리를 조금씩 끊어냈다. 피부가 껄끄럽지 않게 될 때까지 물어뜯었다. 가만히 놔두면 새살이 올라 부드럽게 바뀌겠지만 그때까지 참지 못했다. 지훈이는 인간관계에서도 계속 물어뜯었다. 장난치다가 때리고 욕하며 괴롭혔다. 약한 아이들을 더 괴롭혔다. 피가 날 때까지 피부를 뜯어내듯 상대를 괴롭혔다.

공부 시간에는 똑바로 앉아 있지 않았다. 그네 타듯 의자를 흔들어 댔다. 지우개 가루를 만지거나 교과서 끝을 뭉갰다. 무엇이건 자기 위주로 생각하고 이기적으로 행동했다. 다른 아이의 마음을 긁어 기어코 상처를 내고야 말았다. 목소리를 높여 꾸짖으면 조용했지만 잠시뿐이었다. 조용한 목소리로 왜 그랬는지 물으면, 자기는 잘못이 없고 상대가 잘못해서 반응했을 뿐이라고 대답했다. 지훈이의 잘못을 지적하면 싸움이라도 하려는 듯 목소리를 높였다.

다른 사람의 처지에서 생각하는 게 뭔지 전혀 몰랐다. 배려, 양보, 기다림 같은 단어를 모르는 아이였다. 내가 강하게 대하면 점잖게 행동했고, 약하게 반응하면 목소리를 높였다. 내게도 이렇게 행동했으니 아이들에게는 얼마나 심했을까! 초임 교사일 때는 지훈이 같은 아이를 혼내주기만 했다. 그때는 아이가 인격으로 보이지 않았다. 아이가 잘하거나 잘못한 행동만 보고 상이나 벌을 주었다. 그때 나는 평가하는 사람이었지 아이의 마음을 살피는 사람이 아니었다.

아이들을 만나는 횟수가 많아지고, 마음을 드러낸 글을 읽으면서 아이의 마음을 살피기 시작했다. 행동을 바꾸려 하지 않고 행동을 일으킨 원인을 찾으려고 노력했다. 그래도 지훈이를 이해하기가 어려웠다. 내 이해의 범위를 벗어난 행동을 자주 했다. 그나마 학교폭력 권고 전학 사건처럼 큰일을 벌이지는 않았기 때문에 달래가며 지냈다.

11월 28일, 아주 큰소리로 혼냈다. 점심시간에 오목을 두다가 마음대로 안 되자 바둑알을 던졌다. 친구가 왜 그러냐고 하자 "내가 뭘?" 하며 계속 신경을 건드렸다. 6학년 형이 친구 편을 들어주어도 계속 그러기에 화를 냈다. 뜨끔 하는 눈치다. 그러곤 곧바로 공부 시간이 되었다. 나는 마음이 진정되기까지 시간이 걸린다. 이 녀석은 아니다. 금방 멀쩡하다. 또 손을 물어뜯고 의자를 흔들어댔다.

기울어가는 학교에 전학생이 네 명 왔는데 모두 상처받은 아이들이다. 처음 온 미희는 쉽게 깨지는 마음을 가졌다. 이번에 온 지훈이는 무엇이든 깨버리는 아이다. 쉽게 깨지는 아이가 10월에 겨우 마음을 열었는데 며칠 지나지 않아 깨뜨리는 아이가 전학 왔다. 둘이 같은 교실에서 지낸다. 지훈이가 전학 오자 미희가 정말 힘들어했다. 두 아이 모두 엄마랑 살다가 아빠에게 보내졌다. 둘 다 아픈 아이였다. 미희는 아파서 움츠러들었고, 지훈이는 아파서 주먹을 휘둘렀다.

상처가 너무 많아 힘들어하는 소달 아이들에게 또 아픈 아이가 찾아왔다. 이럴 수는 없다. 이러면 안 된다. 화상, 부모 이혼, 몇 안 되는 아이들 사이의 다툼으로 힘든 곳에 왜 이런 아이를 보내셨을까? 쉽고 편한 자리를 포기하고 여기 왔는데 또 이런 아이를 보내셨다. 하나님은 내게 도대체 무얼 바라실까?

아파서 폭력을 행사하는 가해자

지훈이는 서해안에 있는 도시에서 엄마와 살았다. 엄마가 바빠서 아이를 잘 돌보지 못한 것 같다. 엄마 가게에서 혼자 텔레비전을 보거나, 아는 이모 가게에서 엄마를 기다리는 날이 많았다. 부모가 이혼해서 엄마

밖에 없는데 엄마가 바쁘니 지훈이도 힘들었을 것이다. 엄마가 아이를 돌보지 않으면 선생님의 영향이 커진다. 지훈이 선생님은 지훈이 마음을 알아주었을까?

11월 어느 날 미술 시간에 지훈이가 뜬금없이 전에 다니던 학교의 미술 시간 이야기를 했다.

"선생님, 전에 학교에서는 미술을 안 했어요."

"뭐야? 미술을 안 하다니! 그런 학교도 있나?"

"미술 시간에는 계속 벌 받았어요."

"무슨 벌?"

"뒤에 나가서 벽 보고 서 있거나, 복도에 나갔어요."

"왜?"

"몰라요."

국어, 수학 같은 과목 시간에 아이는 자기 자리에서 꼼지락거렸다. 음악 시간에는 노래를 부르면서 꿈틀댔다. 미술 시간에는 돌아다니면서 장난을 쳤다. 그림 그리기나 만들기를 하면 재료를 가지러 다니기 마련이다. 지훈이가 이 틈을 그냥 지나칠 리가 없다. 서른 명이나 되는 아이가 있는 좁은 교실에서 교사가 한 아이 한 아이를 상대하기 어려웠을 것이다. 이때 말썽 부리는 아이를 교실 뒤나 복도로 떼어버리면 편해진다.

"여기서 미술 처음 해봐요!"

"그래? 여긴 좋지?"

"예. 도덕 시간에도 많이 혼났어요."

"도덕 시간에는 왜?"

지훈이는 자기가 왜 혼났는지 몰랐다. 누구나 알 거라고 생각하는 걸 지훈이는 몰랐고, 선생님은 지훈이가 왜 모르는지 알려고 하지 않았다. 지훈이는 계속 혼나고 벌을 받았다. 벌을 받으면 화가 나서 말을 듣지 않았고, 그래서 또 혼났다. 물론 미술 시간마다 계속 벌을 받지는 않았을 것이다. 그러나 지훈이의 기억에는 온통 벌 받았던 시간만 가득했다.

"좋은 선생님은 없었어?"

"** 선생님은 엎드려뻗쳐 시켜놓고 때렸어요."

나쁜 아이로 낙인찍혀 조금만 잘못해도 벌을 받은 것 같았다. 지훈이는 벌을 받을 때마다 화가 나서 또 나쁜 짓을 했다. 벌과 분노의 악순환이 거듭될수록 행동이 점점 거칠어졌다. 학교폭력은 사랑받지 못한 증거요, 제대로 배우지 못한 결과였다.

지훈이가 잘못할 때마다 소리를 지르며 혼내줄까, 조용히 타이를까 고민했다. 소리를 높이면 잠시나마 말을 들었다. 조용히 타이르면 계속 '왜 그래야 하는지' 묻는 말에 대답해주어야 했다. 4학년을 1학년 대하듯 가르쳐야 했다. 가끔은 자기가 잘못하고도 화를 참지 못하는 모습을 봐야 했다. 덤벼드는 아이를 앞에 두고 울컥 올라오는 화를 누르며 '화를 내는 건 잠깐 효과가 있을 뿐이다. 참고 계속 타일러야 아이가 변한다'라고 생각했다. 다른 아이에겐 이 생각이 맞지만, 지훈이에게도 이렇게 해야 하는지 고민했다. 어느 날 지훈이가 이렇게 말했다.

"선생님은 화를 내지 않고 설명해줘서 좋아요!"

지훈이도 아픈 아이였다. 3학년 아이는 아파서 움츠렸고, 지훈이는 아파서 폭발했다. 표현 방법이 다를 뿐 둘 다 아픈 아이였다.

전학 오고 한 달 뒤에 지훈이 엄마가 브라질로 이민을 간다고 했다. 지훈이가 학교폭력을 저지르기 전부터 브라질 이민을 생각했던 것 같다. 아이를 어떻게 할까 고민하다가 아이가 학교폭력 권고 전학 조치를 받으니 아빠에게 보내고 브라질로 가는 것 같다. 지훈이는 엄마의 관심을 받지 못하고 살다가 갑자기 아빠에게 보내진 셈이다.

찾아갈 수 없는 곳으로 엄마가 떠난다

전학 오고 5주 뒤인 11월 28일 사회 시간에 가족의 형태(핵가족, 확대가족, 한부모가족 등)를 배웠다. 가족이 어떤 형태인지 찾다 보니 아이들 가족 이야기가 나왔다. 지훈이가 갑자기 "선생님, 저 어제 울었어요" 했다. 엄마가 내일 브라질로 이민 가는데 엄마를 보러 가지 못해서 울었다면서 다시 눈물이 맺힌다. 날마다 아이들을 힘들게 하던 아이가 울면서 엄마 얘기를 하니까 애들이 당황했다.

우리 반 다섯 아이 중에 넷이 엄마가 없다. 화상 환자 둘은 엄마와 헤어진 기억도 잊을 만큼 오래되었다. 미희는 엄마와 헤어진 기억이 생생해서 계속 엄마 이야기만 했다. 10월을 지나면서 미희가 엄마와 헤어진 충격에서 벗어나기 시작했는데, 지훈이를 만났다. 지훈이 때문에 많이 힘들었는데 이제 지훈이가 엄마와 헤어진다고 운다. 엄마를 잃은 슬픔을 힘들게 겪은 아이들 가운데 엄마를 잃은 슬픔을 겪는 아이가 차례대로 왔다.

'지훈이도 아이였지! 엄마와 살다가 학교폭력 가해자로 덜컥 아빠에게 왔으니 힘들 만도 하겠다' 싶어서 지훈이를 위로했다. 수업 끝나고 지훈이만 남겨서 엄마에게 편지를 쓰라고 했다. 모차르트 클라리넷 협주곡을 편곡한 "Stay With Me Till The Morning"(영화 〈아웃 오브 아프리카〉 주제곡)을 들려주었다. 사나운 야생동물 같던 아이가 엄마 품에 안긴 아기 호랑이처럼 얌전해졌다.

엄마, 저 지훈이에요. 지금까지 제일 감사한 건 저를 낳아주시고 길러주신 거예요. 그리고 제가 다른 반 친구를 괴롭혀서 학교폭력을 해서 학교폭력위원회가 열려서 징계를 받았는데 그게 엄청난 징계였어요. 바로 강제 전학이었죠. 정말 하늘이 무너지는 듯했어요. 엄마랑 떨어지고 싶지는 않았는데 그때 마침 엄마가 브라질을 갈 계획을 하고 있었죠. 그때 또 아빠가 절 데리고 가려고 했었죠. 그래서 전 어쩔 수 없이 아빠한테로 오게 되었어요. 그땐 정말 아빠고 뭐고 다 없었어요. 오직 엄마만 생각했죠.

지금 무슨 노래가 나오는데 멜로디가 너무 슬퍼요. 자꾸만 엄마 생각이 나요. 너무 울고 싶어요. 제가 엄마를 생각하는 만큼 저도 생각해주세요. 제가 학교폭력 했을 때 제가 상처받을까 봐 혼을 별로 안 내시고 오히려 보듬어주셔서 감사해요. 그리고 이제 엄마가 한국에 왔다가 다시 브라질로 가셨잖아요. 다시 한국 오면 브라질 가지 말고 저랑 같이 살아요. 브라질 가서도 절 많이 많이 생각해주세요. 사랑해요.

다음 날인 금요일 아침에 지훈이 아빠에게 전화가 왔다. 지훈이가 결석할 거라고 했다. 엄마랑 헤어지는 게 슬퍼서 그러냐고 했더니 저녁부터 계속 울더니 아침에도 운다고 했다. "우리는 다 양 같아서 그릇 행하여 각기 제 길로 갔지만"(사 53:6). 우리 마음에는 여전히 우리를 사랑하는 사람을 그리워하는 마음이 있다. 탕자가 아버지의 집을 그리워하듯, 지훈이는 엄마 품에 돌아가기를 바랐다.

탕자는 잃어버린 아이가 아니다

예수님이 하신 이야기 **3편은** 집 나간 탕자를 받아주는 아버지 이야기(눅 15:11-32)다. 어떤 사람에게 아들이 둘 있다. 그는 자식이 다른 나라에 가서 허랑방탕하게 쓸 돈을 내줄 정도로 부자였다(13절). 양식이 풍족한 품꾼(17절)을 두었고, 이후 돌아온 아들에게 좋은 옷과 가락지를 마련해줬다(22절). 이스라엘에서 귀한 송아지를 잡고 잔치를 벌였으니(23절) 굉장한 부자였다. 둘째 아들은 자기 몫을 미리 달라고 했다. 지금도 자식이 부모에게 재산을 나눠달라 하면 아버지보다 돈을 더 좋아한다고 생각해서 싫어한다. 하물며 아버지의 권위가 막강했던 이천 년 전에 아들이 재산을 달라고 했다니 말이 안 되는 일이다.

아버지에게 재산을 미리 받은 둘째 아들은 혼자 먼 나라로 가버렸다. 혼자 다녔으니 결혼하지 않았을 확률이 높다. 당시에는 결혼도 하지 않은 새파란 아들이 미리 재산을 달라고 말하면 돌에 맞을 수도 있었다. 아들이 유산을 요구한다는 건 아버지에게 빨리 죽으라는 말과 같다. 이야기(눅 15:11-32)에서 딱 두 절(11-12절)까지만 듣고도 바리새인과 율법학자들이 분노했을 것이다. "이런 후레자식이 있나? 당장" 하며 날뛰었을 것이다. 탕자가 성공해서 삼십 배, 육십 배, 백 배를 남겨 돌아온다고 해도 돌을 던졌을 것이다. 돈이 문제가 아니라 아버지에 대한 태도가 잘못되었다.

둘째는 아예 다른 나라로 가서 재산을 다 날려버렸다. 이스라엘에서 다른 나라로 가는 건 믿음을 배반한다는 뜻이다. 유대인이라면 세리와 죄인이 여기 나오는 둘째 아들보다 낫다고 생각할 것이다. 그러나 예수님은 이야기를 더 심하게 이끌어가셨다. 흉년이 들자 둘째는 들에서 돼지를 쳤다. 유대인은 돼지를 끔찍하게 싫어한다. 성경에서 돼지는 단 한 번도 좋은 뜻으로 쓰이지 않았다. 돼지는 부정해서 유대인이 먹지 않는 동물이다(레 11:7; 신 14:8).

기원전 167년에 안티오코스 에피파네스가 이스라엘을 식민 통치했다. 그는 안식일을 폐지하고 유대인들에게 돼지고기를 먹으라고 강요했다. 많은 유대인이 돼지고기를 안 먹겠다고 버티다 죽었다. 그런데 탕자는 돼지우리에서 돼지가 먹는 쥐엄 열매를 얻어먹으려고 했다. 아버지에게 빨리 죽으라는 말이나 다름없는 짓을 하고, 이스라엘을 떠나 믿음을 버리고, 돼지우리에서 뒹구는 사람을 유대인들이 어떻게 생각할까?

타락한 놈이니 당장 죽여버리자고 덤볐을 것이다.

이때 돼지우리에서 뒹굴던 탕자가 아버지께로 돌아올 생각을 했다. 바리새인과 율법학자들은 "뭐? 아버지를 배반하고 이방 땅에 가, 돼지우리에서 뒹굴던 놈이 이스라엘 땅에 돌아온다고?" 하며 돌을 던졌을 것이다. 깨끗하게 자결해도 침을 뱉으며 뒤도 돌아보지 않을 텐데 다시 돌아오다니 상상도 못 할 일이다. 당시 사람은 모두 탕자를 잃어버린 아이가 아니라 율법을 팽개치고 이방인이 된 짐승 같은 놈으로 간주했을 것이다.

하지만 예수님은 아버지가 달려와서 목을 껴안고 입을 맞추며 잔치를 벌이는 장면으로 3편을 끝내셨다. 예수님이 말씀하는 장소인 예루살렘은 구릉이 이어진 유대 광야 고지대에 있다. 아버지는 언덕에서 멀리 내다보며 아들이 오기를 계속 기다리다가 아들이 보이자 달려갔다.

둘째는 나갈 때와 다른 모습이었을 것이다. 탕자의 모습을 상상해 보자. 오래도록 굶고 헐벗었으며 돼지우리에서 뒹굴었다. 돈이 없으니 구걸하며 오래 걸어왔을 것이다. 돼지와 살다가 굶어가며 국경을 넘었으니 꼴이 말이 아니었다. 렘브란트는 머리카락을 밀어버리고, 밑바닥이 구멍 난 신발을 신고, 넝마 같은 옷을 입고 뼈만 남은 모습으로 탕자를 그렸다. 한마디로 거지꼴을 했다. 모습이 완전히 달라졌고 온몸에서 '부정함'이 줄줄 흐르는데도 아버지는 아들을 알아봤다.

바리새인과 율법 학자들뿐만 아니라 유대인이라면 누구나 탕자 이야기를 받아들일 수 없었다. 살아 있는 아버지한테 유산을 달라고 하고,

다른 나라로 가고, 돼지를 치고, 그러고도 돌아올 마음을 먹다니 생각만 해도 속이 뒤집혔을 것이다. 더구나 아버지가 이런 놈을 받아준다고? 예수님은 '은혜'를 사람들이 끔찍하게 싫어하는 이야기로 설명하셨다. 그만큼 은혜는 받아들이기 어려운, 놀랍고 파격적인 말이었다.

상처가 아물 때까지 기다리는 사랑

헤밍웨이가 쓴 『세계의 수도』(*The Capital of the World*)에 이런 내용이 있다. 한 아버지가 집 나간 아들을 찾는 광고를 신문에 냈다.

> 사랑하는 아들 파코야, 다 용서했다.
>
> 화요일 오후 몬태나 호텔 정문에서 만나자.

아버지가 몬태나 호텔 앞에 갔을 때 800명의 파코가 아버지를 기다리고 있었다. 파코는 스페인에서 아주 흔한 이름이다. 아버지를 기다린 800명의 파코 중 딱 한 명만 용서받았다. 799명의 파코는 쓰라린 가슴을 안고 돌아가야 했다. 예수님 시대에도 집 나간 아들은 버림받은 존재였다. 그때 예수님은 끝까지 아들을 기다리는 아버지를 이야기했다.

지훈이 엄마가 브라질로 갔다. 지훈이는 돌아갈 집이 사라졌다. 아빠가 곁에서 잘 대해주었지만, 엄마를 잃은 아픔을 덮어줄 정도는 아니었다. 그래서 지훈이는 상처가 아물기 전에 딱지를 뜯어냈다. 누군가가 엄마 같은 마음으로 참고 다독이며 기다려야 했다. 상처 입은 산골 아이들이 참고 기다리는 엄마 역할을 했다. 오래전에 엄마를 잃은 아이가 지훈이의 장난을 견뎌내며 아픔에 공감해줬다. 얼마 전에 엄마와 헤어진 아이가 자기를 괴롭히는 오빠의 마음을 알아주었다.

지훈이가 괴롭히면 아이들이 내게 힘들다고 말했다. 그때마다 지훈이와 상담하거나 아이를 혼내기도 했다. 그러나 지훈이의 폭력성을 문제 삼아 민원을 넣는 학부모가 한 명도 없었다. 소달 아이들이 집에 가서 말하지 않았거나, 지훈이 이야기를 들은 분들이 '선생님이 알아서 하실 거야!'라고 이해하신 것 같다. 만약 누군가 내게 전화했다면 내 속도에 맞춰, 내가 생각한 대로 지훈이를 가르치기 힘들었을 것 같다. 묵묵히 기다려준 할아버지와 아빠들이 정말 고마웠다.

지훈이가 심하게 행동한 날에는 기도가 저절로 나왔다. 집에 와도 지훈이가 생각났다. 꿈에도 나타났다. 그래도 학교에 가면 웃으려고 노력했다. 만 달란트를 탕감받은 사람 앞에 백 데나리온 빚진 지훈이가 왔다고 생각하려고 노력했다. 2013년을 마칠 때 지훈이는 많이 부드러워졌다. 2014년에는 6학년 누나와 같은 반이 되어 젊은 선생님과 즐겁게 지냈다. 2015년에 다시 우리 반이 되어 내가 지훈이를 졸업시켰다. 폭발할 때도 있었지만 지훈이는 서서히 산골 아이로 변해갔다.

2014년 여름방학을 앞두고 독서캠프를 했다. 우리 민속, 전통을 주제로 활동하면서 『아카시아 파마』를 읽고 아카시아 줄기로 파마를 했다. 사진에서 머리를 땋은 예지가 지훈이 머리를 아카시아 줄기로 땋아주었다. 이어서 근석이가 앞에 있는 지훈이 머리를 땋았다. 지훈이 머리에 아카시아 줄기가 보인다. 지훈이는 이 파마를 좋아했다. 이때까지 힘든 순간이 참 많았다. 아이들도, 나도 잘 견뎠다.

2.

약자와 강자를 하나로 만드는 이름, 엄마!

송아지

우리 집에는 소가 많다.

어미가 계속 새끼를 낳기 때문이다.

너~무 많아서 몇 마리인지도 모른다.

올겨울 추운 날 소가 새끼를 낳다가 죽었다.

새끼가 새끼를 낳다가 죽었다고 한다.

다른 새끼 소는 어미가 있는데

그 새끼는 없어서 축 늘어져 있다.

태어날 때 잠깐 어미를 보고

지금까지 못 봐서 그런 거 같다.

그래서 그런지 기운도 없어 보인다.

할아버지가 어미 대신 계속 우유를 준다.

할아버지를 잘 따른다.

할아버지를 아빠로 보는 것 같다.

송아지가 엄마 없이도 걱정 없이 잘 살면 좋겠다.

근석이가 5학년 때 쓴 글이다.

근석이 할아버지는 소를 기른다. 서른 마리 정도 된다.
추운 날, 어린 소가 새끼를 낳다가 죽었다.
아이를 처음 낳는 소에겐 이런 위험이 있나 보다.

엄마도 그랬을까?
어미가 새끼를 기르기 마련인데
처음 엄마가 되어 아이를 어떻게 기를지 몰랐을까?
그래서 근석이는 할아버지 몰래 엄마를 생각하며 지내야 했을까?
엄마를 대신한 할아버지의 사랑이 엄마의 자리를 대신할 수 있었을까?
근석이는 다섯 살에 엄마와 헤어졌다. 엄마가 없어도 아이들은 살아간다.
그러나 엄마라는 말이 마음에서 떠나지 않았다.
근석이는 꿈에서 엄마를 불렀다.
오지 않는 엄마를 그리워하다 시간이 흘러 이젠 엄마의 얼굴도 잊었다.

엄마와 헤어진 아이, 엄마를 그리워하는 아이들이 함께 지내자
'엄마'가 약자와 강자를 하나로 만드는 이름이 되었다.
"엄마!"

피해자들이 하나 되는 과정

11월 25일(월) 친구 사랑 주간 상품 때문에 3학년 예지가 5학년 은진이(학교에 오지 않았던 아이)에게 따졌다. 오후에 예지와 이야기하다가 함께 울었다. 예지와 함께 울면서 우리 교실에 평소와 다른 은혜가 임했나 보다. 11월 마지막 주에 세 번이나 아이 앞에서 울었다. 12월 첫 주에도 두 번이나 더 울었다. 11월 25일부터 2주일 동안 영화 같은 일을 겪었다.

11월 28일(목), 3-4교시 미술 시간에 지훈이가 미희를 놀렸다. 점심시간에는 지훈이가 친구와 오목을 두다가 바둑알을 던지며 소리를 질렀다. 5교시 사회 시간에는 엄마가 이민 간다고 말하며 지훈이가 울었다. 29일(금)에는 지훈이가 결석해서 네 아이와 상담했다. 아이들이 지훈이 때문에 힘들다고 하소연했다. 지훈이가 소달초에 오고 한 달 만에 분위기가 완전히 달라졌다. 주말 내내 지훈이를 생각하느라 잠도 제대로 이룰 수 없었다.

12월 2일(월)에 평생 기억에 남을 순간을 만났다. 그리고 이날 화상 입은 두 아이가 일주일 뒤에 다른 학교로 전학해간다는 소식을 들었다.

11월 28일, 늑대를 잡는 방법

엄마가 브라질로 간다며 지훈이가 운 날이다. 3-4교시에 그림을 그렸는데 미희가 한 장소에 자기를 두 명 그렸다. 그걸 보고 지훈이가 놀렸다. 잠깐 사이에 일어난 일이라 무슨 일인지 몰랐다. 미희는 마음이 약해서 눈치를 보며 힘든 이야기를 삼킨다. 미희의 표정이 갑자기 어두워져서 무슨 일이 있었냐고 물었더니 "그런데~ 그런데~"만 되풀이했다. 미희는 생각을 꺼내기까지 시간이 오래 걸리는 아이다. 지훈이가 곁에 있기 때문에 나중에 이야기하자고 했다.

지훈이가 손가락을 물어뜯다가 살을 너무 많이 뜯어내서 피가 나려 했다. 수업을 마치고 지훈이만 남겼다. 마주 앉아 겨울에 늑대 잡는 법을 알려주었다. 칼날에 고기와 피를 발라 얼린 뒤에 걸어두면 늑대가 와서 칼날을 핥는다. 언 고기와 피를 핥으며 혀 감각이 마비되면 칼날에 자기 혀가 베여도 모른다. 혀의 감각을 잃은 늑대는 자기 피인 줄도 모르고 계속 칼날을 핥아먹다가 피를 많이 흘려 결국 죽는다. 자신을 뜯어먹는 짓을 그만두지 못해서 죽는 늑대처럼 되지 않으려면 결심하라고 했다. 지훈이가 고개를 끄덕이며 그러겠다고 했다.

오늘 지훈이는 미술 시간에 미희를 놀렸고, 점심시간에 친구 근석이에게 바둑알을 던졌고, 말리는 6학년 형에게도 덤볐다. 하지만 엄마가 이민을 간다고 운 상황에서 잔소리로 들릴 이야기를 할 때가 아니라 생각했다. 엄마에게 전화해서 엄마 목소리를 들으라고 말하며 그냥 집으로 보냈다. 집에 가는 지훈이의 뒷모습이 참 작아 보였다.

방과 후 수업까지 끝나고 아이들이 집에 돌아갔다. 미희는 집이 가까워 걸어간다. 지훈이가 떠난 뒤에 미희가 엉거주춤 서서 나를 기다렸다. "선생님, 그 이야기 있잖아요" 하며 머뭇거린다. '미술 시간 말이구나! 지금이 이야기할 때일까?' 잠깐 고민하다가 내일 이야기하자 말하고 집에 보냈다. 마음이 무거웠지만 엄마와 헤어지는 지훈이의 잘못을 또 듣고 싶지는 않았다.

11월 29일, 늑대가 없는 곳에서

다음 날 아침에 지훈이가 학교에 못 온다는 전화를 받았다. 순간 '엄마가 그리워서 못 오는구나!' 생각했다.

"엄마가 6시에 출국하는데 얼굴 못 본다고 하도 울어대는 통에요"

"그러리라 생각했습니다. 오늘은 집에 있게 해주세요."

미희가 계단 앞에서 나를 기다리다가 "선생님, 어제 그" 하는데 '아침부터 마음 상하는 이야기하면 안 되겠다. 오늘은 지훈이가 없으니 재량 시간에 이야기해야지' 생각하고는 "계속 마음에 두고 있었던 거야? 잊어봐. 자꾸 생각하면 너만 힘들어" 했다. "네" 하면서 들어가는데 서글픈 눈치다. '안다. 얘야, 네 마음 안단다.'

5교시 재량 시간에 네 아이와 마주 앉았다. 네 아이는 지훈이가 전학 온 뒤로 많이 힘들어했다. 미희는 지훈이 때문에도 힘들지만, 수인이 때문에 더 힘들다. 지훈이는 남자아이들과 운동장에서 노는 날이 많았다. 그러면 여자아이 셋이 놀아야 하는데 그럴 때마다 수인이가 자꾸 화를 냈다. 그럼 미희는 의자 등받이를 끌어안고 혼자 있었다.

수인이는 직설적이다. 대놓고 표현한다. 미희는 소심하고 내성적이라 자기 생각을 제대로 말하지 못했다. 미술 시간에 놀림당한 걸 내내 고민하다가 다음 날 아침에 나를 기다리는 아이였다. 게다가 무슨 주제이든 예전에 겪은 일만 이야기했다. 2학기가 되어도 소달 친구 이야기는 거의 하지 않고 엄마가 있는 도시 친구 이야기만 했다. 소달 아이들이 전혀 모르는 도시 이야기만 하니 수인이와 예지가 듣지 않으려 했다.

"가장 슬펐던 일을 말해볼까?" 하니 의외로 수인이가 말을 꺼낸다. "어제 도미노 쌓는데 지훈이 오빠가 넘어뜨렸어요. 그래서 뭐라 했더니 저보고 '개지랄한다'며 욕하고 막 뭐라 했어요" 한다. 5교시에 엄마 생각하며 울었고, 6교시에 늑대 이야기 듣고 고개를 끄덕인 아이가 교실을 벗어나자마자 동생에게 욕하며 도미노를 집어던졌다. 엄마와 상관없이 화가 끓어 넘치는 아이다. 교무실에서 행정 업무를 하는 방과 후 시간이라 아이들이 내게 말하지 않아서 몰랐다.

"방과 후 선생님 안 계실 때야?" 하니 선생님이 계셔서 오빠를 꾸중했다고 한다. 이게 도화선이 되었나 보다. 아이들 모두 지훈이의 잘못을 말한다. 30분 동안 지훈이가 나쁘게 행동한 일을 계속 꺼낸다. 지훈이는 욕하고 놀리고, 위협하고 툭툭 치고, 자기 마음대로 행동했다. 엄마와 헤어지며 운 모습은 사라지고 학교폭력 가해자가 둥둥 떠올랐다.

공문을 처리하느라 바빠서 쉬는 시간에 아이들끼리 놀 때가 많았다. 그때 일어난 작은 다툼을 아무도 나에게 말하지 않았다. 도미노를 던지며 개지랄한다고 욕한 건 큰일이다. 그런데도 왜 선생님한테 말하지 않았느냐고 하니 지훈이가 뭐라고 할까 봐 무서웠다고 한다.

"하지 말라고 하면 더 심하게 욕하고 괴롭히지?"

맞다고 한다. 지훈이는 공동의 적이다. 공동의 적이 생기면 상처받은 아이들은 서로 뭉친다. 그러나 뭉친 아이들도 계속 서로에게 상처를 준다. '그걸 알까? 오늘 거기까지 말하게 될까?' 싶었다. 어떻게 이야기를 끌어가야 할지 몰라서 계속 들어주었다.

"내일 지훈이와 함께 다 같이 이야기할까?" 하니 싫다고 한다. 넷 다 그건 안 된다고 한다. 4학년 근석이가 "지훈이는 우리와 달라요" 하자 모두 고개를 끄덕였다. 그러면서도 예지가 "지훈이 오빠가 달라지긴 했어요. 처음 왔을 때보다는 괜찮아요"라고 했다. 수인이도 "지훈이 오빠도 참는 것 같아요"라고 했다.

한 아이의 마음에 엄마에 대한 그리움이 가득하다. 부모가 이혼해서 엄마와 살다가 학교폭력 가해자가 되어 아빠가 있는 곳으로 왔다. 엄마와 살 때도 이사를 몇 번이나 다녔고, 학교에서 천덕꾸러기 대접을 받았다. 잘못할 때마다 아무런 설명 없이 "엎드려!" 있어야 했다. 상처가 깊다. 분노도 쌓여 있고 자기방어가 강하다. 그래서 억울하고 화난 마음을 아이들에게 푼다.

전학해오고 계속 동생과 친구를 괴롭히는 일이 이어졌다. 어찌나 화내고 욕하고 괴롭히는지 조용히 지나는 날이 드물었다. 이야기하려고 부르면 교묘하게 속였다. 자신을 믿어주며 '대화'하는 상대를 만난 적이 없기 때문이다. 그동안 겪은 일을 생각하며 속이고 피하려고 했다. 하나를 당하면 둘 아니, 셋으로 보복했다. 손해를 당하지 않으려고 날을 세웠다. 상처를 받아서 상처를 줄 수밖에 없는 아이였다.

너도 아파서 그랬구나!

한 시간 정도 지훈이 이야기를 하다가 수인이에게 "너는 다른 사람에게 상처를 주지 않았을까?" 물으며 미희에게 "이야기해봐" 하니 눈을 수인이 쪽으로 슬쩍슬쩍 돌리며 "어, 그게" 한다. 예지가 "괜찮아. 말해봐" 하니 미희가 이야기를 꺼낸다.

이틀 전에 미희는 별것 아닌 오해로 마음이 괴로웠다. 실수로 모래를 뿌렸는데 일부러 그랬다고 수인이가 화를 내며 사과를 받아주지 않았다. 이 말을 듣고 수인이가 "모래를 뿌려서 화가 난 게 아니에요. 내 몸을 만져서 그러지 말라고 했는데 계속 만져서" 하면서 갑자기 눈물을 흘렸다. 예지가 미희를 바라보며 말했다.

"얘는 마음이 너무 약해요. 유리 같아요. 살짝만 건드려도 깨져요."

"맞아, 전학 올 때부터 알았어. 너무 약해서 상처를 쌓고 있지" 하니 미희가 머리 위로 손을 들며 "이만큼 쌓였는데 푹 줄었어요" 한다. 이 말을 듣고 예지가 "괜찮아. 다 얘기해. 상처가 0이 되도록 말해봐!" 하니 또 이야기한다.

미희는 수인이가 오해해서 자기를 미워했던 몇 가지 일을 꺼냈다. 그때 예지가 "수인이는 한번 화나면 먼저 사과할 때까지 마음을 닫아버린다"고 말했고 미희는 지금도 무얼 잘못했는지 모르는 일에 대해 미안하다고 사과했다. 그렇게 꺼내고 또 꺼내면서 시원해지는 눈치다. 다행히 수인이는 눈물을 그치고 미희와 화해했다. 미희가 지나간 일을 하나씩 말했고, 수인이는 조용히 들었다. 예지가 괜찮다고 하면서 계속 말하라고 하자 하나를 더 꺼냈다. 꺼내고 또 꺼내고….

수인이가 오해한 까닭은 자기 몸을 만져서다. 수인이는 화상 환자다. 몸을 만지는 일에 민감하게 반응한다. 조용하던 수인이도 울먹이며 말하는데, 전학 온 친구를 비난하는 마음은 아니다. 미희가 "현장학습 가서 수인이 피부를 봤는데" 하면서 이젠 수인이를 이해하겠다는 뜻으로 말한다. 그러자 예지가 "선생님, 수인이도 약해요. 상처받기 쉬워요. 진짜 약해요" 한다.

"맞아, 약한 사람은 두 가지로 반응하기 쉬워. 하나는 너무 약해서 아무 말도 못 하는 모습으로, 또 하나는 약한 걸 감추려고 강한 모습을 보이지!" 하니 맞다고 한다.

수인이 부모님은 오래전에 이혼했다. 유치원 때 엄마가 전화해서 한 번 만났는데 그때 아빠는 엄마 얼굴도 보지 않으려 했다고 한다. 수인이가 엄마를 만날 동안 아빠는 차에서 나오지 않았다. 엄마와 만나고 온 뒤에 차 안에서 아빠와 한참 울었다고 했다. 그때 이후로 수인이는 한 번도 엄마를 보지 못했다. 수인이의 돌잔치 때 할머니가 오셨는데 엄마가 문을 잠그고 열어주지 않은 일도 있었다고 한다.

3학년 때는 가스폭발로 화상을 입었고 지금까지 계속 화상 치료를 받고 있다. 상처가 얼마나 깊을까! 그 슬픔이 느껴져 눈물이 났다. 수인이는 같이 화상 치료를 받으며 스트레스가 극에 달한 오빠가 날마다 폭발하는 모습도 봐야 했다. 5학년 오빠는 화상 후유증을 함께 겪는 3학년 동생을 위로해야겠다는 마음을 갖지 못했다. 둘 다 아팠고, 너무 아파서 서로 아프게 했다.

미희가 이번엔 수인이 오빠 이야기를 한다. 수인이와 예지가 미희 집에 놀러 갔다가 밖에 나갔는데 수인이 오빠가 자기에게 심하게 화를 냈다고 한다. 미희는 영문도 모르고 오빠에게 욕을 먹었다. 나는 "수인이 괴롭히거나 건드리면 가만 안 둬!"라는 뜻으로 들었는데, 수인이가 "그때 오빠가 막 화낸 건 오빠가 화가 나 있어서 그래" 한다.

"왜 화가 났어?" 하니 "할아버지가 저를 찾아오라고 했는데 아무리 찾아도 못 찾겠어서 그냥 집에 돌아갔대요. 그랬더니 할아버지가 막 화를 내셨대요. 우리가 어디 간다고 말 안 하고 왔는데 오빠가 혼난 뒤에 우릴 보고 화가 나서 그렇게 말한 거예요!" 한다. 가스폭발 사고를 당한 뒤에 할아버지는 아이들이 보이지 않으면 불안했나 보다. 할머니가 뇌경색 때문에 한쪽이 마비되어 할아버지가 힘들어했다. 할아버지도 부드럽게 표현하지 못해서 안타까울 텐데 아이들은 할아버지의 마음을 모른다.

수인이 말을 듣고는 미희가 고개를 끄덕였다. 수인이 말에 미희가 고개를 끄덕이는 게 참 오랜만이다. 하나 됨이란 게 이런 걸까? "네가 준 상처로 내가 아팠어"라고 말하는데 자기를 방어하지 않고 들어준다. 아팠다고 말하는 아이, 아프게 했던 아이, 지켜보는 아이, 함께하는 교사 모두 서로가 얼마나 아팠을지 느낀다. 미안해하고, 미안해하는 아이를 보며 함께 안타까워했다.

미희가 상처받은 일을 이야기하는데 듣는 수인이의 눈빛이 예전 같지 않다. 수인이는 웃고 즐겁게 지낼 때도 눈빛에 어둠이 깃들었다. 웃음을 살짝만 밀어내면 어둠으로 둘러싸인 담이 턱 나타나는 눈빛이다. 할아버지는 소리를 지르고, 할머니는 한쪽이 마비되어 힘들어하고, 아빠는 아이들의 마음을 잘 모르고, 오빠와 수인이는 화상 치료를 받으며 힘들어했다. 엄마가 꼭 필요한 집인데도 가족들 모두 엄마에게 받은 상처가 커서 엄마라는 말도 꺼내지 못했다.

학기 초에 가정방문을 하고 수인이와 오빠가 가장 걱정스러웠다. 4학년 아이는 꿈에서라도 엄마 이름을 부르지만 수인이는 엄마라는 낱말을 지워버려야 할 지경이었다. 힘들 때 안아주는 엄마 품이 없는 아이는 스스로 자신을 지키려 했다. 수인이의 눈빛이 '건드리지 마세요. 전 상처받지 않기 위해 무슨 짓이든 할 거예요'라고 말했다. 이 눈빛을 보고 학기 초부터 줄곧 고민했다. 담을 헐어주고 싶은데 기회가 나지 않았다. 글에도 그림자가 보였다.

언젠가 공부하다가 수인이가 뭔가를 잘못했다. 장난으로 "머리 대. 딱밤 때려줄 거야!" 했는데 정색하며 째려봤다. 아이의 눈빛이 아니었다. 예지에게 "그럼 네가 대신 맞아라" 하며 딱밤 때리는 시늉을 하니 머리를 대며 맞을 준비를 했다. 세게 때리는 척 흉내만 내고 톡 건드리는 모습을 보여준 뒤에 다시 수인이에게 "너도 대라!" 했더니 험악한 눈빛으로 또 째려봤다. 수인이와 장난을 받아줄 정도로 친해졌다고 생각했는데 그게 아니었다. 수인이는 눈을 부릅뜨고 버텼다.

그날 알았다. 내가 느낀 친밀감은 아이가 느끼는 친밀감과 다르다. 아이는 상처가 많다. 상처를 뛰어넘지 못한다. 그 뒤로 줄곧 이걸 말해줄 기회를 기다렸다. 오늘이다 싶어 "전에 네 눈빛을 보고 놀란 적이 있어" 하며 그때 일을 이야기했다.

"눈빛을 보고 네게 상처가 많다는 걸 알았어" 하면서 내가 소달초등학교에 오게 된 이야기를 해줬다.

하나님, 상처가 남지 않게 해주세요

"나는 예전에 나쁜 교사였어. 아이의 뺨을 때려서 안경을 부러뜨린 적도 있고, 한번은 아이를 발로 막 걷어찼어. 선생님 화낼 때 정말 무섭지?" 하니 "맞아요. 선생님 화낼 때는 정말 무서워요" 한다.

1년 동안 딱 두 번 화를 냈다. 지훈이에게 한 번, 또 한 번은 화낼 만한 상황이어서 아이들에게 "내가 지금 얘에게 화를 낼 거야. 엄청 크게 소리를 지를 거야. 너희에게 하는 건 아니지만 놀랄지도 몰라. 그래서 미리 말하는 거야" 해놓고 꾸중한 적이 있다.

아이들은 이것으로 나를 무섭다고 하지 않을 거다. 내게도 눈빛이 여전히 남아 있는 모양이다. 자상하게 대해줬고, 장난치며 놀아줬는데, 교사가 아니라 아빠처럼 해줬는데도 무섭다고 하는 건 여전히 내게 남아 있는 과거의 모습 때문일 것이다. 계속 말했다.

"안 변하더라. 아무리 노력해도 안 변하는데 '예수님이 나를 사랑하신다. 나를 위해 대신 죽으셨다'는 게 어느 날 느껴졌어. 나는 나쁜 교사인데 예수님이 나를 사랑하신대. 그래서 나도 아이들을 사랑해야겠다고 생각했어. 화가 치밀어 오를 때마다 '예수님이 나를 위해 대신 죽으셨는데 내가 아이들을 사랑하지 않으면 안 되지!' 하면서 참았어."

"은총교회에서 가스폭발 사고가 났잖아. 화상은 너무 힘들잖아. 교회에서 화상을 당했으니 하나님을 원망하고 교회를 싫어하겠지. 나를 나쁜 교사에서 구한 예수님이 가스폭발 사고를 막지 않았다고 미워하겠지. 내가 사랑하는 예수님을 너희가 미워하지 않도록 '가서 사랑해줘야지!' 하는 마음을 먹었어. 그래서 너희에게 오게 된 거야!"라고 말했다.

그 이야기를 하며 울었다. 3학년 아이랑 말할 때도 울었고, 지훈이가 엄마 이야기할 때도 눈물을 글썽였으니 일주일 동안 벌써 세 번째다. 네 번째네. 글을 쓰며 또 눈물이 났다. 수인이가 펑펑 운다. 미희도 눈물을 글썽이고 예지도 운다. 이때는 몰랐는데 지금 생각하면 수인이가 왜 펑펑 울었는지 의아하다. 가스폭발 사고를 당한 당사자였기 때문인지, 마음에서 어떤 변화가 일어났기 때문인지 모르겠다.

미희가 수인이의 등에 손을 대자 예지가 "위로할 때는 등을 톡톡 두드려 주는 거야!"라고 말했다. 미희가 수인이의 등을 톡톡 두드렸다. 예지도 수인이의 등을 톡톡 두드리는데 수인이는 계속 울기만 했다.

미희가 "수인아, 울지마!" 해서 내가 "슬플 때는 울게 놔두는 거야.

괜찮아, 울어. 마음껏 울어!" 하며 같이 울었다. 그리고 기도해줬다.

"하나님, 우리 아이들 너무 사랑스러워요. 너무 귀해요. 상처를 만져주세요. 마음에 상처가 남지 않도록 만져주세요. 서로 사랑하고 아끼게 해주세요. 앞으로 다시는 가스폭발 같은 일을 겪지 않게 해주세요."

4월 소달초등학교의 모습이다. 벚꽃이 흐드러지게 필 때마다 사람들이 모여든다. 소달초등학교를 검색하면 대부분 벚꽃 관련 사진이다. 벚꽃이 피면 활기가 넘친다. 그러나 벚꽃이 활짝 핀 모습은 1년 52주 중 2주뿐이다. 2주일이 지나면 사람들이 오지 않는다. 사진에는 한순간의 화려한 모습이 남지만, 아이들은 꽃이 진 뒤에 50주를 더 살아야 한다. 엄마를 기다리는 아이 곁에서 살아가는 나날이 이어진다.

아, 엄마 생각난다

금요일은 5교시까지 수업인데 6교시 끝날 때까지 아이들과 울었다. 아이들을 방과 후 수업에 보내고 교무실에 내려가지 않았다. 네 아이와 마음을 터놓고 이야기하며 울었지만, 지훈이가 남았다. 우리나라를 떠난 엄마를 그리워하며 집에 혼자 남은 지훈이는 우리 마음을 모른다. 지훈이까지 마음을 터놓아야 하는데 불가능할 것 같았다. 다른 사람의 처지를 생각하지 못하는 아이와 어떻게 마음을 나눌까?

뒤척이며 주말을 보내고

주말 내내 불편했다. 계속 지훈이가 생각났다. 지훈이는 오전에 3학년 동생을 놀렸다. 친구와 놀다가 점심시간에 바둑돌을 던졌다. 방과 후 시간에 동생에게 도미노를 던지며 개지랄한다고 욕했다. 엄마 없는 세 아이의 마음을 아프게 해놓고는 엄마가 그리워 학교에 나오지 않았다. 다른 아이에게 상처를 주는 아이가, 엄마 잃은 아픔 때문에 울면서 학교에 못 나왔다. 어떻게 해야 할까?

상처받은 아이들 역시 엄마가 없고, 가스폭발에, 가정환경이 만만찮다. 갑자기 분노가 치민다. "이 녀석을 그냥~" 하며 숨을 훅 내뱉고는 "얘도 상처받아서 그런 건데" 하며 다시 숨을 들이쉬었다. 화가 났다가 딱한 마음이 들었다가, 이해해야지 했다가는 다시 화가 났다. 마음의 요동이 가라앉지 않는다. 아이 앞에서 화내고 달래고 을러대는 장면을 수도 없이 상상한다. "이러지 말자. 평안하자" 해도 평안해지지 않는다. 홀로 성을 쌓았다 부쉈다, 산에 올랐다 내렸다 하다가 월요일 새벽 4시 34분에 잠이 깼다. 기도를 드렸다.

"지훈이 마음을 위로해주세요. 분노를 팍 터트리기 전에 한 번 더 생각하게 해주세요. 아이들을 괴롭히는 나쁜 습관이 가라앉게 해주세요. 제발 아이들을 모두 불쌍히 여겨주세요. 은혜를 내려주세요."

지난주부터 일주일 동안 아침마다 하나님은 내게 기가 막힌 말씀을 들려주셨다. 고갈될 만하면 채워주셨다. 감정이 올랐다 내렸다 해도 바닥까지 떨어지지 않은 건 하나님이 들려주신 말씀 때문이다. C. S. 루이스 사후 50주년이라 11월에 루이스의 책을 15권 정도 무작정 읽은 것도 도움이 되었다. 루이스는 합리적으로 하나님을 변증한다. 논리를 놓치면 이해하기 어렵다. 논리를 따라가다 보니 감정을 추스르게 되었다.

월요일이다. 교실까지 계단을 하나씩 오를 때마다 발걸음이 무겁다 가볍다 무겁다 가볍다 한다. 아이들은 교실에서 잘 놀고 있다. 욕도 없고 싸움도 없고 티격태격도 없다. 지훈이가 전학 온 뒤로 이런 평안은 처음 느꼈다. 싸우지 않는 날도 많았지만, 그런 날도 불안했다. 또 어떤 일이 일어날 거라는 불안이 떠나지 않았다. 그런데 오늘은 다르다. 하나님이 주시는 평안이 마음을 인도하시나 보다.

지훈이가 양보하는 모습이 보인다. 아름답다. 전에도 같은 모습을 보았지만, 오늘은 다르게 느껴진다. 카메라가 줌인해서 아름다운 모습을 눈앞에 들이대는 느낌이다. 누군가 건들기만 해도 눈물이 쏟아질 것 같은 마음이다. 이럴 때 지훈이와 이야기할까 하다가 그냥 뒀다. 상처를 만져주거나 잘못을 지적할 때 기다리지 못해 그르친 일이 얼마나 많은지 다시금 생각했다.

수업 시간이 순식간에 지나갔다. 지루할 틈도 없이 아이와 감정 다툼을 단 한 번도 하지 않고 평안하게 점심시간을 맞았다. 체육 시간도 다툼 없이 끝나고 계획에 없던 6교시 수업도 했다. 내일 출장이라 시간표를 바꾸어 월요일부터 6교시를 하는데도 아이들은 불평하지 않았다. 6교시 음악 수업으로 자장가를 배우는 내용이 나왔다. 다섯 아이가 긴 의자에 한 줄로 앉아 자장가를 배웠다. 이때만큼은 내가 먹이를 기다리며 고개를 내미는 제비들의 아빠가 된 마음이었다.

아, 엄마 생각난다

음악 수업을 거의 마칠 때 "엄마가 부르는 자장가 들려줄게. 들어봐라"고 했다. 주말에 잠도 못 자고 뒤척일 때 미리 준비한 계획이 아니다. 내일 출장이라 오늘 갑자기 6교시를 했고, 내일 6교시 수업이 음악이라 오늘 음악을 했다. 마침 교과서 내용이 자장가였고, 음악과 미술과 체육은 3-4학년이 함께 공부하기 때문에 다섯 아이가 같이 자장가를 불렀다.

엄마가 부르는 자장가도 우연히 들려주었다. 이 과정 전부를 하나님께서 은혜로 인도하셨다.

엄마 없는 네 아이가 한 줄로 앉아 엄마가 부르는 자장가를 듣는다. 다섯 아이가 나란히 앉아 자장가 듣는 모습을 보면서 나는 아무 생각도 하지 않았다. 해가 밝게 빛나고 바람이 살살 부는데 갑자기 교실이 진공 상태로 변하는 것 같았다. 조용히 자장가가 흘러나오는데 지훈이가 말했다.

"아, 엄마 생각난다."

그러자 미희도 "나도 엄마 생각난다" 했다.

차 안에서 아빠와 울면서 엄마 이야기를 한 뒤로 엄마를 만나지 못하고, 목소리도 듣지 못했던 수인이도 "엄마 생각난다" 하며 운다. 한 명이 훌쩍이다가 옆자리 아이가 울자 점점 울음소리가 커진다. 아이들 모두 억억대며 울었다. 그냥 울게 두었다. 울음을 멈춘 아이와 다시 자장가를 불렀다. 울라고 해야 하나 울지 말라 해야 하나 고민하지 않았다. 우는 아이는 자연스럽게 울었고, 나는 자연스럽게 가르쳤고, 울음을 멈춘 아이는 자연스럽게 자장가를 불렀다. 울던 아이가 노래 부르다 또 울고, 잠시 울음을 그친 아이가 노래하고, 그렇게 수업이 끝났다.

지훈이의 어깨를 붙들고 이마를 맞댄 채 지훈이에게만 들리게 조용히 말했다. "자꾸 눈물 나지? 네 마음 알아. 울어. 우는 건 마음이 풀리는 거야. 상처가 낫는 거야. 그동안 너무 힘들었던 거야. 힘들면 돌봄 교실에 가서 쉬어. 방과 후 수업은 하지 말고. 알았지?" 하니 울음을 그친다.

아이는 울지만 나는 마음이 따뜻하다. 우리 교실에 천사들이 왔다. 네 아이는 금요일에 나와 함께 울었으니 마음이 통해서 그렇다 쳐도 지훈이는 왜 변했을까? 『수요일의 전쟁』이라는 책에 "함께 촛불을 켠 사람을 떠나보내는 일은 없는 법이다"라는 말이 있다. 지훈이는 함께 촛불을 켠 아이가 아니다. 오히려 촛불을 불어 끄려고 안달인 아이라고 생각했는데 녀석도 함께 촛불을 들고 싶어 하는 건 아닐까 하는 생각이 들었다.

6교시가 끝나고 청소를 했다. 마침 지훈이가 청소 당번이다. 내가 청소기를 맡으려 했더니 자기가 하겠다며 지훈이가 청소기를 잡았다. 한번 해보라 했더니 장난꾸러기 학교폭력 가해자는 어디 가고 봉사왕처럼 청소한다. 청소를 잘한다고 칭찬하며 또 울 뻔했다. '이 녀석에겐 눈물이 안 통할 수도 있는데….' 청소하면서 지훈이가 예전 선생님 이야기를 했다. 3학년 때 잘못 행동하면 엎드려 뻗쳐를 했다고 한다. 지훈이가 엎드려서 장난치면 선생님이 발로 막 걷어찼다고 한다.

"나보다 나이가 많아 적어?" 하니 잘 모르겠지만 적을 거라 한다. '이런 느낌 뭐지? 아이가 소달 친구들을 힘들게 해서 혼내주려고 불렀는데 예상치 못한 마음이 올라온다. 사랑해야 하는 아이! 얘도 그냥 아이인데….' 청소를 끝내고 마주 앉았다. 새벽에 기도할 때 갑자기 비커 두 개가 떠올랐다. 지훈이에게 보여주라는 뜻인가 고민했었는데, 하나님이 준 생각이라 믿고서 비커 두 개에 각각 물을 담아오라고 시켰다.

하나님이 보여주신 장면을 그대로

"지훈아, 두 비커가 어때?"

"둘 다 깨끗해요."

비커 하나에 화분에 있던 흙을 섞었다.

"이젠 비커가 어때?"

"한쪽은 더럽고 한쪽은 깨끗해요."

"왜 그렇지?"

"한쪽엔 흙이 있어서 그래요."

"소달 아이들은 어느 비커 같아?"

"깨끗한 쪽이요."

"왜 그렇게 생각해?"

"욕도 안 하고 나쁜 장난도 안 하고 잘 도와줘요."

"그래서 행복해?"

"네, 행복해요."

"네가 지내던 곳은 어땠어?"

"더러운 쪽 같아요."

"어땠는데?"

"툭하면 싸우고 괴롭히고 거칠고."

더러운 쪽 물을 깨끗한 쪽으로 조금 옮겨 부었다. 깨끗했던 비커가 아직도 맑지만, 찌꺼기가 조금 뜬다.

"더러워졌어?"

"아니요, 깨끗한데 찌꺼기가 있어요."

"네가 소달 아이들이랑 다른 건 알겠지?"

"네."

"넌 잘하고 있어. 인천에 있을 때보다 깨끗해졌어. 아이들이 그러더라. 지훈이 오빠도 노력하고 있다고. 참고 있다고. 잘하고 있는 거야. 하지만 소달 아이들이 너무 깨끗하기 때문에 네 찌꺼기가 금방 눈에 띄어. 애들 마음에 상처 주지 말자. 친구에게 돼지 같다고, 바보라고 하지 말자."

"네."

"도미노 넘어뜨린 걸 뭐라 했다고 개지랄이라 말하면 안 되지?"

공손하게 "네" 한다.

"미희는 마음이 유리 같아. 살짝만 건드려도 깨져. 무슨 말이냐 하면, 네가 왼쪽 어깨를 다쳤다고 하자. 내가 모르고 오른쪽 어깨를 툭 치면 어때, 아파?"

"아니오!"

"이번에는 왼쪽을 쳤어. 오른쪽 어깨 치듯 툭 쳤어. 어때?"

"아프죠."

"많이 아프겠지."

"그럴 거예요."

"네 왼쪽 어깨가 아프다는 걸 안 뒤에 나는 어떻게 해야 할까?"

"조심해야죠."

"너도 조심해줘. 미희는 마음에 아픔이 많아. 아픈 줄 알면 그 부분을 건드리지 말아야 해. 알았지?"

알았다고 한다. 이민 간 엄마 얘기를 더 하고 따뜻하게 돌려보냈다. 뒷모습이 짠하다. 지훈이를 보내고 나니 마음이 울렁인다.

돌봄 교실에 내려가니 수인이와 예지가 풍선을 입에 물고 고무찰흙으로 무언가를 만들고 있다. 나를 보며 씩 웃는다. '그 웃음, 무슨 뜻인지 알겠다.'

돌아서 나오는데 예지 엄마가 복도로 따라 나온다. 웃으며 "왜 아이들 울리고 그래요?" 하더니 수인이가 전학 간다고 한다. 며칠 전에 수인이가 전학 간다는 이야기를 들었다. 정확하게 언제 가는지 말하지 않았기 때문에 '3학년을 마치고 가나 보다'라고 생각했다. 그런데 수인이가 12월 말쯤에 전학 간다는 말을 전해주었다. 이어서 대뜸 예지도 전학 갈 수 있다고 말했다. 수인이가 전학 간다는 말도 믿기지 않았는데 예지까지 간다니 뒤통수를 한 대 맞은 기분이다. '오늘처럼 좋은 날, 왜?'

예지 엄마는 돌봄 선생님이다. 2013년에 돌봄 교사는 학교와 1년씩 계약하는 비정규직이었다. 우리 학교는 학생 수가 적어서 해마다 통폐합 회의를 했다. 주민들이 반대해서 분교로 바뀌거나 폐교하지 않았지만, 교육청에서 학교를 꼭 유지해야겠다고 생각하지도 않았다. 예지네 가족은 학교 앞 광부 아파트에 살았는데 2013년에 새로운 광부 아파트가 생겼다. 예지네 가족은 새 아파트에 당첨되어 얼마 전에 이사를 갔다.

새로 생긴 아파트 바로 앞에 학교가 있다. 예지네 집에서 교실까지 300m도 안 된다. 만약 소달초 돌봄 교사 자리가 사라지면 예지도 전학을 가야 한다. 엄마가 근무하지 않으면 광부 아파트 바로 앞에 학교를 두고, 시내 학교를 지나 소달초까지 올 까닭이 없다. 학교 버스도, 시내버스 노선도 없다. 선생님들 출퇴근 방향과 정반대로 7.5km를 가야 해서 태워주지도 못한다. 내년 2월에 교육청 발표에 따라 예지도 전학 갈 수 있다!

예지 엄마가 "그렇다고요!" 하며 전학 이야기를 한 뒤에 덧붙였다.

"애들이 엄마가 생각나서 울었다는 얘기를 들었어요. 수인이 아빠는 아이들이 엄마 얘기하는 거 진짜 싫어해요."

나도 알고 있었다. 가정방문 가서 들었다. 하지만 아빠가 싫어하더라도 나는 얘기를 해야 했다. 예지 엄마에게 이런 이야기를 들으니 '내가 엄마 얘기를 해서 수인이가 전학 가는 건가?' 하는 생각이 든다. '굳이 방학을 며칠 앞두고 서둘러 전학 갈 필요가 없는데…, 예지도 전학을 갈까?' 마음이 복잡해졌다.

긍휼

1996년에 지역 기독교사 모임을 만들었다. 모임에서 우는 날이 많았다. 울다가 회복되었고, 울면서 다시 아이들을 사랑해야겠다고 생각했다. 자장가 부르며 울던 날 저녁에 교사 모임을 했다. 친구가 학교에서 너무 힘들다며 마음을 토로했다. 치밀어 오르는 분노와 자신에 대한 실망, 왜 그랬을까 하는 마음이 겹쳐 말하다 울다를 반복했다. 이어서 다른 선생님이 아픈 마음을 꺼냈다. 누구 하나 힘들지 않은 사람이 없다. 우리 모두 힘든 일을 겪었기 때문에 더 공감되었다. 모일 때마다 힘든 일을 나누었는데 이번에는 더 아프게 느껴졌다.

'아, 사람 사는 게 이렇게 힘들구나!' 문득 『산둥 수용소』가 생각났다. 살아오면서 감정의 격동이 이렇게 강한 적이 있었던가! 선생님들의 아픔이 느껴졌다. 난 사랑이 없는 사람이다. 사랑이 많아지게 해달라고 오랫동안 기도했다. 누군가 힘들다고 말하면 단순한 해결책을 생각하며 '이렇게 하면 되는데 왜 저러지?' 정도로 생각했다. 교사 모임에서 만난 선생님들은 아이를 사랑했다. 아이를 사랑해서 울었고, 울면서 견뎠다. 그분들의 이야기를 들으며 내게도 사랑이 조금씩 자랐다. 힘들다고 말한 친구의 아픔이 깊이 느껴졌다.

모임이 끝나고 친구를 따로 불러 소달 아이들 이야기를 들려주었다. 하나님의 말씀에 순종해서 화상 환자 돌보려고 간 학교에서 어떤 아이들을 만났는지 말했다. 그리고 금요일부터 월요일까지 아이들에게 일어난 일을 써놓은 글을 친구에게 보내주었다. 친구가 다음 날 오후에 메시지를 보냈다.

> 내 맘에 제일 선명하게 떠오른 것 하나는, 아이에게 화내지 않고 하루를 묵히는 그 긴 시간(긴 시간 맞지? 감정을 누른다는 건 정말 어려운 일이니까)을 통해 하나님께서 너에게 눈물을 주셨다는 것, 아이들 삶을 아파할 수 있는 눈물. 또 하나는 너에게 아이들이 진정한 소울메이트가 되어가고 있다는 것. 선생인 우리에게 어쩌면 가장 마땅하고도 당연한 사건이 지금

일어나고 있다는 것. 아름답고 놀라운 변화, 그런 교실을 보는 걸 오히려 불편해하는 시대니까.

소달초에 그 마음을 안고 갈 수 있었다는 것이, 하나님이 주신 그 용기와 긍휼이 참 아름답다, 존경스럽다 말하면 네가 너무 큰 부담을 가질 거 같아서^^ 아이들 생각이 날 거야. 아마도 내가 기도하도록 이 글을 읽게 하셨겠지.…마지막으로 간만에 정말 간만에 아이들 영혼을 만지는 교사의 삶을 나누고 고민할 수 있어서 많이 감사하다는 말을 전하고 싶다.

금요일에 네 아이와 이야기하며 울었다. 주말 내내 고민하며 끙끙댔다. 월요일에 자장가를 들으며 지훈이까지 모두 울었다. 같은 날 저녁에 교사 모임에서도 울었다. 그리고 화요일, 친구에게 메시지를 받았다. 하나님의 은혜 외에는 설명이 안 되는 일이다.

수인이와 오빠가 전학 간 이듬
해 봄에 찍은 사진이다. 왼쪽부
터 미희, 은진, 1학년 입학생, 예
지, 혜정, 정화, 지훈, 근석이다.
내겐 이 사진이 긍휼로 보인다.

그 아이가 남긴 흔적

갑작스레 맞은 전학

12월 3일, 화요일이다. 학교에 오니 수인이가 다음 주 토요일에 전학해 간다고 했다. 얼마 전에 아빠가 다른 나라 여성과 결혼했다. 아빠 표정이 밝아졌다. 그러나 수인이와 오빠는 말이 통하지 않는 젊은 엄마가 생겨 힘들어했다. 할아버지와 할머니도 답답해했다. 한국 문화를 모르는 며느리에게 할아버지가 화를 자주 냈다. 아이들은 화내는 할아버지와 어색한 새엄마 사이에서 힘들어했다. 그래서 아빠가 이사를 생각했나 보다.

수인이도 얼마 전에 새로 지은 광부 아파트로 이사했다. 광부는 삼교대로 일한다. 아빠가 아침에 쉴 때는 수인이를 학교에 태워주었지만, 다른 날에는 예지네 엄마가 데리고 왔다. 예지네 엄마가 소달초로 출근하면서 같이 다니면 되는데도 수인이 아빠는 전학을 가겠다고 했다. 뭔가 해야 했다. 화요일 첫 시간은 도덕이다. 수인이가 화상 이야기하며 처음 울었던 때가 몇 달 전 도덕 시간이다. 책을 펴는데 "어제 운 거 있잖아요. 아빠에겐 말하지 않았어요. 아빠가 싫어해요" 한다.

"아빠도 상처받아서 그래. 아빠도 엄마 얘기하면 힘들어서 말하지 않으려는 거야. 아빠도 많이 힘들었잖아."

"네, 아빠도 힘들었어요."

"아빠에겐 말하지 않는 게 나을 것 같아. 아빠는 직접 겪은 당사자니까."

수인이 엄마는 다른 곳에서 재혼했다고 들었다. 수인이는 엄마 없이 자라면서 상처를 입었지만, 엄마에게 직접 받은 상처는 없다. 그러나 아빠는 이별을 직접 겪었다. 누구 잘못인지 나는 모른다. 그러나 옳고 그름을 떠나 당사자들은 서로 상처를 남긴다. 객관적으로 3:7이나 6:4라고 판정할 수 없는 찌꺼기가 마음에 남아 있기 마련이다. '이 아이, 곧 전학 간다. 엄마 얘기하지 않고 버틸 수 있겠지.' 퇴근한 뒤에 문자가 왔다.

"선생님, 저 전학 가는 거 이번 주 금요일이래요."

3일 남았다. 두 가지 생각이 든다. "진로 교육으로 제과제빵 실습하러 갈까 했는데 다른 거라도 빨리 해야겠다." 와, "어떡하지?"

정말 어떡해야 할까? 5시 8분에 일어났다. 조금 더 자려고 웅크렸다가 48분에 깼다. 그 뒤척이는 잠깐 사이에 꿈을 꾸었다. 마읍 동네가 보인다. 시골 분교인데 나에겐 갈릴리 같은 곳이다. 고향처럼 푸근한 산골 마을이다. 꿈에선 많이 다르게 보인다. 산이 이어진 곡선이 줄어들고 산이나 개울까지 거리가 더 짧아 보인다. 미래인 것 같다. 함께 지낸 아이 집이 보이고 앞 개울에 물이 꽤 많이 흐른다.

나는 두 아이와 함께 개울물을 보고 있다. 수인이는 확실한데, 다른 아이는 예지 같기도 하고 아닌 것 같기도 하다. 개울에 물고기 한 마리가 헤엄친다. 짙은 색에 60cm 정도 된다. 곁에 있던 누군가가 "알 낳는다" 외쳤다. 물고기 배 아래에서 줄이 길게 붙어 늘어져 나왔다. 물 위에 지름 1cm 조금 안 되는 알이 몇 개 떠 있다. '물고기는 알을 한꺼번에 많이 낳는데 왜 저렇게 조금 낳지? 게다가 바닥에 낳지 않고 물 위에 알이 둥둥 뜨게 하네. 저러면 다른 물고기가 먹어버릴 텐데' 하는 생각이 들었다. 물고기가 알을 몇 개 더 낳더니 끝이다. 배에 붙어 있는 줄이 더 길게 나오지만, 알은 낳지 않는다.

어디선가 30cm쯤 되는 물고기 두 마리가 다가온다. 만화 영화에 나오는 것처럼 뼈만 보이는 물고기다. 세로로 긴 머리 위쪽에 커다란 눈이 하나 있다. 보통 물고기 눈의 5배는 되어 보인다. 눈 바로 아래 입이 있는데 입을 벌리니 눈도 사라지고 커다란 구멍이 보인다. '알 다 먹어버리겠네!' 그러나 물고기는 알 앞에서 입만 벌리고 빨아들이지 않는다. 알은 둥둥 떠 있고 물고기는 주위를 돌았다. 이때 알을 낳은 물고기 주변에 같은 종류 물고기 세 마리가 덤벼든다. 1m 정도 되는 것도 있다. 셋이 위, 아래, 옆에 붙어서 알을 낳은 물고기를 껴안는다.

장면이 바뀌어 개울 옆에 있는 집이 보인다. **이 집처럼 보인다. 언뜻 얼굴이 스치는데 마읍분교에서 만난 **이 같다. 아버지가 보상금을 받고 도망가 버려서 엄마가 아들 셋을 데리고 고향 산골로 돌아왔다. 스물일곱인 엄마가 온갖 고생을 겪으며 다섯 살, 세 살, 한 살 삼 형제를 길렀다. 내가 그중 두 형제를 가르쳤는데 형은 글쓰기 전국대회 대상, 동생은 최우수상을 받았다.

"**아!" 부르니 다가온다. 서른 살 정도 돼 보이는데 골격이 크고 키도 굉장히 크다. 가까이 올수록 키가 점점 커져 허리춤에서 한참 올려다봐야 할 정도다. "**이 반갑다. 얼마 만이지?" 하면서 "좀 낮춰봐" 하니 허리를 숙이고 눈높이를 맞춰준다. **이를 끌어안았다. 뭔가 더 이야기하려는데 **이는 그냥 가버렸다. 뒷모습을 보며 "저기, 어~" 하다가 개울을 보면서 '얘가 여기서 뭐 하는 거지?' 생각하다가 잠이 깼다. 깨는 순간 갑자기 비커 두 개가 생각났다.

꿈을 다시 생각해보았다. 내가 가르친 아이, 특별한 마음을 품고 도와준 아이 앞에서 나는 아주 작아졌다. 마읍은 아이들을 특별하게 사랑한 곳이다. 목욕탕에 데려가서 등을 밀어주었고, 미용실에 데려가서 머리도 몇 번 깎아주었다. 내가 사랑으로 낳은 알이 물 위에 둥둥 떠다니며 공격을 당하는데 나는 아무것도 하지 못했다. 발을 동동거리며 지켜보기만 했다. 이런 일이 다가온다는 뜻인가?

이상한 편지

화요일이 속절없이 지나갔다. 수요일에 관내 글쓰기대회 수상 소식이 들려왔다. 우리 반 두 명이 상을 받았는데 수인이는 아니다. 전학을 앞두고도 수인이 얼굴에 표정이 없었다. 무슨 마음인지 모르겠다. 전학에 대해서 한마디도 하지 않았다. 수인이 때문에 많이 힘들어한 미희가 목요일 글쓰기 시간에 편지를 썼다.

수인아 안녕! 나 미희야.

그동안 많은 일이 있었는데 전학 가니까 아쉽다. 너도 전학 갈 때 많이 힘들고 불편하겠지만 걱정 마. 나도 소달초등학교에 전학 오고 처음에는 많이 힘들고 불편했어. 하지만 어떤 일이 있을 때마다 조금 앞으로 나아가고 친구들이랑 친해졌어. 너도 나처럼 모르는 친구들하고 말도 걸고, 친해져. 현장학습은 공부지만, 전학 가는 너에게는 공부가 아니라 추억이야. 그리고 전학 가서는 우는 모습 보이지 마. 너는 너답게 행동해. 너라면 모르는 친구하고 친구가 될 수 있어. 전학 가는 학교 가면 찡그린 표정 말고 항상 웃으면 좋겠어.

수인아, 전학 가서도 우리 잊지 마.

미희는 10월부터 글이 바뀌었다. 자기가 전학해왔을 때를 돌아보며 수인이에게 마음을 전했다. 수인이도 편지를 썼다. 그런데 예지에게 하는 말뿐이다. 미희에게는 한마디도 남기지 않았다. 입학할 때부터 놀아주었고 가스 폭발사고를 함께 겪은 근석이에게도 전혀 말이 없었다. 이때는 갑자기 전학을 맞아 편지 내용이 이상해 보이지 않았다.

예지야, 나 전학 갈 날이 얼마 안 남았어. 나 너하고 같이 있었을 때, 슬프고 가끔은 화도 났어. 하지만 즐거웠어. 너는 항상 밝고 씩씩하고 나에게 듬직한 친구가 돼주었어. 하지만 이제 떠나야 해. 너는 나를 위로해주고 토닥여 주고 그랬는데, 이제 전학 가면 내가 힘들 때 누가 나를 위로해주고 토닥여 줄까? 그리고 내가 기쁠 때 너도 같이 기뻐해줬잖아. 나 그게 좋았어. 하지만 전학 가면 같이 웃어 줄 친구도 내가 웃는 웃음이 이상하다고 비웃을 거야. 너는 같이 웃어줬잖아. 내 웃음에 대해 비웃지도 않았어. 난 그래서 네가 좋아.

전학을 가면 이 좋은 시간도 없을 거야. 너와 함께 있었던 시간은 최고였어. 재작년인가? 그때 수영장에 놀러 가서 노는데 너를 못 찾을 뻔했잖아. 아슬아슬했고, 오월드 갔을 땐 너의 용감함 덕분에 나도 바이킹도 타고, 후룸라이드도 탈 수 있었어. 다 네 덕분이야. 그 점은 정말 고마워. 오월드 놀러 갔다가 숙소 돌아올 때 되게 힘들었는데, 결과도 좋지 않았어. 난 되게 실망했어. 그때 생각하면 짜증나. 너와 같이 있었던 시간이 재미있었어.

수인이는 마지막 편지에 비로소 감춰둔 마음을 드러냈다.

“너하고 있을 때 슬프고 가끔은 화도 났어!”

‘예지는 한 번도 화내지 않고 수인이에게 친절했는데 왜 화가 났을까? 예지는 화상으로 얼굴이 일그러져서 이상하게 웃는 수인이를 단 한 번도 이상하게 보지 않았다. 오히려 웃어주었다. 그런데 수인이는 뭐가 슬펐을까? 11월 대전 현장체험학습 갔을 때 숙소 올라가며 깔깔대고 웃었는데 무슨 결과가 좋지 않았다는 걸까? 왜 짜증이 났을까?’

수인이와 헤어지는 금요일, 진로체험학습을 했다. 리스 공예 강사가 와서 아이들과 크리스마스 장식을 만들었다. 수인이 목에 장식품을 걸어주고 잘 가라고 인사했다. 사흘 동안 편지 써주고, 리스를 만들어 전학 이벤트를 했다. 돌이켜 보니 다른 걸 해주었다면 수인이가 아픈 흔적을 남기지 않았을지도 모른다. 엄마 없는 아픔을 위로하려고 노력했지만, 아이의 마음 깊이 감춰진 다른 상처를 보지 못했다. 며칠 뒤에야 알게 되었다.

수인이가 남긴 흔적

2013년 전교생 일곱으로 시작해서 여덟(3학년 미희), 열(1학년 혜정이와 정화), 열한 명(4학년 지훈이)으로 늘었다가 다시 아홉이 되었다. 화상 환자 둘이 떠나 화상 환자는 우리 반 근석이만 남았다. 아이가 한 명씩 늘어날 때는 업무가 아무리 많아도 학교 가는 길이 즐거웠는데 이번엔 기분이 이상했다. 은행잎까지 다 떨어진 학교가 스산했다.

월요일 아침, 교실에 들어섰다. 미희가 지훈이와 이야기하고 있다. 미희가 자기를 자주 괴롭히던 지훈이와 다정하게 이야기하다니 이상하다. 공부 시간에는 묻자마자 미희가 발표한다. 수줍은 머뭇거림은 사라지고 계속 나선다. 예지는 말을 잃었다. 맥없이 그냥 앉아 있다. 물어도 "모른다, 기억나지 않는다"는 말만 한다. 함께 입학한 친구가 모두 떠나고 수인이랑 단짝이었는데 수인이도 떠났다. 더구나 조용하던 미희가 밝은 표정으로 떠들며 나서니 마음이 무거울 것이다.

목요일 글쓰기 시간에 1년을 돌아보는 글을 썼다. 예지는 두 줄만 썼다. 의욕을 잃었다. 미희는 길게 썼다. 미희는 물 만난 물고기처럼 계속 말한다. 편안하게 마음을 털어놓는다. 예지는 자꾸 머리가 아프다고 한다. 함께 졸업할 줄 알았던 단짝 친구가 전학을 갔으니 힘들어서 그런다고 생각했다.

수요일(12월 11일)에 수인이 책상을 정리했다. 책상을 치우는데 수첩이 나왔다. 쓴 부분을 뜯어내고 남은 부분을 재활용하자고 했다. 예지가 수첩 종이를 뜯는데 수인이가 쓴 낙서가 나왔다. 친구들 흉을 써놨다. 아이들이 화풀이로 친구 흉을 적는 일이 종종 있기에 별일 아니라고 생각했다. 무슨 내용인지 알아보지 않고 그냥 버리라고 했다. 나중에 예지가 쪽지를 보여주었다. 제목이 "예지의 비밀"이다. 이것 때문에 예지가 계속 머리가 아프다고 한 것 같다. 종이에는 이렇게 쓰여 있었다.

> 내가 화상을 입어서 힘들어하는데 예지가 병원에 와서 울음을 참느라 말을 못 했다고 한다. 예지는 자기가 잘난 줄 안다. 예지는 바보, 멍청이, 해삼, 너구리, 돼지, 오삼 메롱! 예지는 바보!

글 뒤에 주먹으로 예지 얼굴을 때리는 그림을 그려 놓았다. 둘은 3년 내내 단짝 친구였다. 그냥 친구가 아니라 같은 학년에 아이가 둘뿐이었다. 둘은 함께 울고 웃었다. 예지는 수인이가 힘들어할 때 위로해줬다. 그런데 이런 글을 써놨다. 예지가 아플 만도 하다. 이 낙서를 더 빨리 봤다면 예지에게 도움이 되는 말을 했을까? 잘 모르겠다. 예지에게 수첩을 주고 2주일이 지난 뒤에 예지가 낙서를 보여주었다. 방학이 이틀밖에 남지 않은 날, 너무 늦게. 예지는 한 번도 화내지 않고 수인이에게 친절했는데 수인이는 왜 화가 났을까? 뭐가 슬펐을까? 왜 짜증 났을까? 왜 이런 낙서를 남겼을까?

소달초 전교생이 일곱일 때 다섯 아이가 엄마 없이 살았다. 우리 반에선 예지만 엄마가 있었다. 예지 아빠도 아이들에게 잘했다. 하던 일이 잘 안 되어 광부가 되었지만, 광부 같지 않은 광부였다. 가족을 위해 광부를 선택했을 뿐이다. 예지 아빠는 친절하게 말했고, 잘 웃었으며, 학교 행사가 있을 때마다 간식을 갖고 왔다. 미희와 지훈이가 전학 와서 우리 반이 다섯 명이 되었을 때도 예지만 아빠, 엄마와 살았다.

수학여행 가기 일주일 전 국어 시간에 부탁하는 글을 배웠다. 수인이는 자기를 남기고 떠나버린 엄마에게 부탁하는 글을 쓰고 싶다고 했다. 외할아버지와 외할머니를 본 기억이 없다며 울었다. 외갓집이 주는 따뜻한 기억을 하나도 간직하지 못했으니 얼마나 슬플까! 안타깝다. 수인이는 예지를 부러워했다. 예지가 아빠에게 사랑받는 모습을 보면서 수인이는 부러워했고 슬퍼했다. 자기가 아무리 노력해도 이루어지지 않는 꿈이었다.

그런데 2학기에 아빠가 새로운 엄마를 데려왔다. 말이 통하지 않는데다가 너무 젊은 엄마였다. 대전으로 현장체험학습 갈 때 남교사만 셋이라 여자아이들을 돌보기 위해 돌봄 강사였던 예지 엄마가 따라갔다. 차가 들어가지 못하는 곳에서 짐을 들고 갔는데 예지 짐을 예지 엄마가 들어주었다. 수인이 짐도 선생님들이 들어주었지만, 엄마가 들어주는 거랑 선생님이 들어주는 건 달랐다. 그래서 수인이는 슬펐고 짜증이 났다.

2학기 시작하면서 수인이와 예지가 같은 아파트로 이사했다. 예지는 엄마가 소달초에 근무하기 때문에 계속 소달초에 다닌다. 돌봄 자리가 없어지면 예지도 전학해가야 하지만 수인이는 이 사실을 몰랐다. 수인이는 전학 가기 전에 예지 엄마의 차를 타고 다녔다. 학교를 오가며 날마다 예지와 엄마 사이에 끼어 모녀 사이를 지켜보았다. 많이 아팠을 것이다. 그래서 입학할 때부터 친구, 화상 입고 아팠을 때 병문안 와서 울었던 친구에게 잘났다고, 바보라고, 돼지라고 썼다.

아빠가 변했으면

우리 아빠는 나와 잘 안 놀아준다. 그래서 슬프다. 예지네 아빠는 예지와 잘 놀아주시고 장난도 많이 쳐주시는데 우리 아빠는 나와 잘 안 놀아주시고 장난도 많이 안 쳐주신다. 우리 아빠가 예지네 아빠처럼 변했으면 좋겠다. 휴일에도 주무시기만 하시고. 나는 예지네 아빠랑 놀 때 좋을 거 같다. 예지는 자기 아빠가 조금 싫다고 하지만 난 그게 더 좋다. 나는 장난기 많은 아빠가 좋다. 우리 아빠는 간질이는 게 놀아주는 거라고 하지만 나는 아니다. 내가 웃어도 아니다. 아빠께서 제발 예지네 아빠처럼 장난기 많은 아빠가 되셨으면 좋겠다.

아무것도 모르는 초등학생일 때가 좋았다. 나나 친구들 모두 형들이 입던 옷을 얻어 입었다. 우리는 모두 보리가 넘치는 밥에 김치를 도시락으로 가져갔다. 다 같이 산에 쏘다니며 썰매를 타고 놀았다. 6학년이던 어느 날 친구가 아파서 결석했다. 친구가 부반장이라 몇 명이 병문안을 가자고 했다. 친구를 위해 가져갈 게 없었다. 할머니가 사둔 과자 한 봉지를 들고 산길을 내려갔다. 신작로 옆에 있는 친구 집이 참 좋았다.

친구 엄마가 과자와 음식을 주셨다. 긴 골목을 내려가서 사온 과자가 아니었다. 보기 좋고 먹음직스러운 음식이 가득했다. 내가 좋아하는 과자와 음식을 먹으며 갑자기 슬펐다. 내가 가져간 선물이 부끄럽게 느껴졌다. 내가 사간 과자는 친구 집에 어울리지 않았다. 내 선물은 할머니가 먹는 과자였다. 그때 처음으로 나와 다르게 사는 사람과의 '차이'가 느껴졌다. 친구는 내 과자에 대해 아무 말도 하지 않았다. 수준이 떨어진다는 내색도 하지 않았다. 그냥 받아주었다. 그러나 나는 참 슬펐다.

수인이도 이런 마음이었을 것이다. 그래서 아픈 흔적을 남겨놓고 떠났다. 이걸 예지가 감당해야 한다. 예지에게 부모가 있는 게 예지 잘못은 아니다. 장난기 많은 아빠가 예지와 놀아주는 것도 예지 잘못이 아니다. 예지는 수인이가 왜 이런 낙서를 남겼는지도 모른다. 3년 동안 단짝이었던 친구가 떠나면서 아주아주 아픈 흔적을 남겼다는 사실만 마음에 남았다.

상처 입은 위로자

방학 날 아침에 예지에게 힘드냐고 물었다. 힘들다고 한다. 그런데도 아파트에서 수인이를 만나면 아무 일 없던 것처럼 지낸다고 했다. 상처 많은 친구가 눈물 흘릴 때마다 예지는 위로자가 되어주었다. 자기에게 상처를 준 친구인데도 내색하지 않고 함께 지낸다. 예지는 이제 '상처 입은 위로자'다.

"사람은 얼굴을 보잖아. 예쁘다, 잘생겼다, 무섭다 그러지? 그건 겉모습이야. 겉모습은 사람들이 눈으로 보는 부분이야. 그래서 사람은 다른 사람에게 잘 보이려고 치장을 한단다. 화장도 하고 옷도 멋지게 입고, 이해하지?" 하니 "네" 하며 듣는다.

"사람은 특별한 존재라서 눈에 보이지 않는 속사람이 있어. 마음이라고도 하고 감정이라고 부르기도 해. 보이는 얼굴은 태어날 때 어느 정도 정해지지만 마음은 다른 사람에게 받은 영향으로 만들어진단다. 예지는 아빠, 엄마와 함께 즐거운 집에서 살잖아. 사랑을 많이 받고 있지. 그래서 마음이 예뻐. 다른 친구가 힘들어할 때 예지는 선생님이 생각한 것보다 훨씬 잘 위로해줬어. 예지의 속사람이 건강하다는 뜻이야.

수인이는 어떨까? 엄마 때문에 힘들어했던 이야기를 같이 들었지? 지난해엔 화상을 입었어. 할머닌 아프고 할아버지는 화를 잘 내잖아. 속사람이 어떨까? 많이 아플 거야. 그럼 올바로 반응하지 못한단다. 자기를 보호하려고 하고 다른 사람을 나쁘게 생각해. 수인이가 예지를 흉보고 욕해서 힘들지. 마음도 아프고. 맞아, 정말 많이 힘들고 아플 거야. 선생님은 예지 마음을 알아. 하지만 이렇게 생각해보자. 수인이는 속사람이 많이 아픈 거야. 쪽지를 그렇게 쓴 건 자기가 아프다고 말하는 거야. 예지가 수인이를 여전히 친구로 생각하고 쪽지를 안 본 것처럼 대하는 건 예지의 마음이 예쁘고 아름답다는 증거야" 하니 운다.

예수님이 예루살렘으로 가실 때 사마리아와 갈릴리 사이로 지나가다가 한 마을에서 나병환자 열 명을 만났다. 그들은 예수님 말씀에 순종해서 제사장에게 가다가 깨끗함을 받았다. 이방인 한 명은 예수님께 돌아왔고 아홉 명은 제사장을 찾아갔다. 예수님께 감사한 한 명이 훌륭하고, 아홉 명은 감사하지 않은 사람이라는 뜻이 아니다.

나병환자 열 명은 함께 살았다. 이방인과 유대인이 함께 살았던 건 그들이 나병환자였기 때문이다. 나병환자는 마을에서 쫓겨나 따로 살아야 했다. 멸시받는 사람이었기 때문에 이방인과 유대인의 장벽을 깨뜨릴 수 있었다. 마을에서 쫓겨나, 가족과 헤어져서, 사람을 그리워하며 살아야 했기에 공동체를 이루었다. 열 명 모두 저주받은 운명이어서 서로 친구가 되었다.

열 명이 함께 예수님을 찾았고, 함께 제사장을 찾아 나섰다. 길을 가다가 병이 나은 순간 어떤 일이 일어났을까? 유대인은 유대 제사장이 있는 예루살렘으로 가야 했다. 그럼 이방인은 어떤 제사장을 찾아가야 할까? 이방인이 유대인 제사장을 찾아가도, 유대인 제사장이 이방인에게 정결해졌다고 판정해줄까? 아니, 만나주기는 할까? 이방인 한 명은 갈 곳이 없어서 예수님을 찾아갔을 것이다. 지금까지 공동체를 이루었던 아홉 명은 '어쩔 수 없이' 자기 길을 갔을 테고.

입학할 때부터 친구인 다른 아이는 엄마가 돌봄 교사로 학교에 근무했고, 오빠가 동생을 잘 돌봤다. 아빠가 광부였으나 아이를 잘 기르는 아빠였다. 하나는 위로받는 처지였고, 하나는 위로하는 처지였다. 3학년이 둘밖에 없어 친하게 지냈지만, 함께할 수 없는 장벽이 점점 높아졌다. 그러다가 헤어져야 할 순간이 오자 유대인과 이방인이 갈라서듯 갈라섰다. 함께 입학하고, 친구들이 전학 가는 걸 함께 보고, 둘만 남아 함께 놀았는데 이젠 서로 다른 길을 가야 한다.

수인이는 깨끗함을 받았을까? 소달초를 생각하며, 하나뿐인 친구를 생각하며 평안할까? 예지는 수인이를 떠나보내고 홀로 남아 "그 아홉은 어디 있느냐?"는 질문을 스스로 했을까? 예수님처럼 "네 믿음이 너를 구원했다"고 아이들에게 말해준다면 좋겠는데 나는 아무것도 못 했다.

10월 29일, 지훈이가 전학 오고 8일 뒤에 3-4학년 공개수업을 하면서 찍은 사진이다. 지훈, 예지, 수인, 미희, 근석이가 차례로 앉았다. 교과서 없이 이야기를 나누며 도덕 수업을 했다. 학교폭력을 이야기할 때 지훈이가 "난 친구 괴롭힌 거 하나도 기억나지 않는데"라고 하자 넷이 동시에 "원래 가해자는 기억 못 해. 계속 기억하는 사람은 피해자야!"라고 해서 아이들과 선생님 모두 웃었다. "아, 엄마 생각난다!" 하며 울었을 때도 이렇게 앉았다.

탕자가 돌아온 뒤에

2014년 2월 7일에 예지 오빠와 말하지 않던 아이 동원이가 졸업했다. 아침부터 눈이 내려 졸업식을 겨우 했는데 일주일 내내 내려 눈이 130cm나 쌓였다. 3월 5일, 14일, 21일에도 눈이 오더니 4월 4일에도 눈이 내렸다. 눈이 드문 곳에서 온 지훈이가 참 좋아했다. 눈 쌓인 학교에 1학년 한 명이 입학했다. 1학년 입학생, 2학년 혜정이와 정화, 4학년 예지와 미희, 5학년 근석이와 지훈이, 6학년 은진이까지 여덟 명이다. 예지는 전학 가지 않았다.

마침 강원도교육청에 교사 두 명 자리가 남았다. 강원도교육청 인사담당자가 우리 학교 처지를 아는 분이라 담임 교사 세 명 외에 전담 한 자리를 마련해주었다. 형은 간 이식 수술하고 건강이 회복되어 전담 교사 겸 교무로 학교에 돌아왔다. 전입 여교사가 1-2학년 담임, 나는 4학년 담임, 지난해 신규로 온 남교사가 5-6학년 담임이 되었다. 근석이는 화상 수술을 하지 않아도 될 정도로 좋아졌다.

▸▸ 벚꽃 위에 눈꽃이 핀 소달초등학교

탕자의 귀환

소달초등학교에 전학 온 뒤에

예전 학교에서 나는 욕도 많이 하고 애들도 때리는 불량 학생이었다. 하지만 소달초등학교에 와서 내가 많이 착해졌다고 느꼈다. 정말인지는 모르겠지만 나는 그렇게 생각한다. 그리고 소달 애들은 예전 애들이랑 완전 딴판이다. 엄청 착하고 순진하다. 예전 학교 애들은 무슨 말만 하면 욕을 한다. 그래서 나는 이 소달초등학교가 엄~청 좋다. 나를 천사의 세상 속으로 데리고 가는 것 같다. 그래서 나는 이

학교가 좋다.

지훈이는 스스로 착해졌다고 느꼈다. 착해지는 것에 관심이 없는 아이였는데 착하고 순진한 게 좋다고 썼다. 지난해 4학년을 마치며 쓴 글에는 제법 괜찮은 다짐을 썼다. 집에서 할머니와 싸우지 않겠다고도 했다. 과연 2014년에 이 다짐을 지킬까?

다툼 없는 생활

난 5학년이 되면 4학년 때보다 동생들한테 더 잘해주고 나쁜 말을 안 하겠습니다. 왜냐하면 나쁜 말은 초등학생 신분에 걸맞지 않고, 애들이 다 날 피할 것 같습니다. 그리고 애들도 때리지 않겠습니다. 왜냐하면 난 애들을 다시는 때리지 않겠다고 부모님과 약속을 했고 아이들을 때려봤자 좋은 점도 없기 때문입니다. 이제는 부모님, 선생님 말씀도 잘 듣고 공부도 열심히 해서 부모님 걱정을 좀 덜어드리고 싶습니다. 그리고 부모님께 잘해드리고 싶습니다. 올해 저의 가장 큰 목표는 게임 조금 하기입니다. 작은 목표는 할머니와 싸우지 않기입니다. 이젠 모든 것을 다 바르게 할 것입니다.

5학년이 된 지훈이는 6학년 은진이와 같은 반이 되었다. 젊은 선생님과 즐겁게 지냈다. 동생들과 감정싸움을 할 일이 줄어들어서 점점 좋아졌다. 2014년에도 글쓰기 방과 후 수업을 했다. 자기소개 글에서 지훈이는

"난 4학년 때 무슨 일이 있어서 소달초등학교로 전학을 왔죠. 근데 놀랍게도 예전 학교에서는 학교가 재미없었는데 소달에 와서 학교가 재미있어졌다. 그래서 난 모든 게 재미있다"라고 썼다. 가끔 동생들을 괴롭혔지만 심하지 않았다. 일주일에 한 번씩 계속 글쓰기를 하며 마음을 나누었다. 6월에 예지가 "지훈이 오빠와 근석이 오빠"란 제목으로 글을 썼다.

우리 학교는 조금 특이하다. 다른 학교는 학생 수가 많은데 우리 학교는 전교생이 열 명이다. 좀 안 좋은 아이도 있지만 대부분 좋은 아이라서 배려하고 존중해준다.

어느 날 지훈이 오빠가 전학을 왔다. **에서 왔는데 정말 세다. 왜 세다고 느꼈냐면 평소에 자기 마음에 안 드는 일이 생기면 욕을 한다. 우리는 마음에 안 드는 일이 있으면 고민을 털어놓는데 다르다. 선생님이 공부 시간에 무얼 하라고 시켜도 "안 해요"라며 반항한다. 물건도 던지고 다투고 아주 난리도 아니다. **에는 사람이 많아 자기들끼리 세 보이려고 욕도 하고 그래서 나쁜 쪽으로 물든 것 같다. 평소에 우리는 선생님 말씀도 잘 듣고 모두 사이좋게 지내다가 안 보던 모습을 봐서 세게 느껴지는 건가 궁금하다.

같은 학년으로 혼자였던 근석이 오빠는 순하다. 우리 학교에 남자는 별로 없고 여자들이 많아서 여자 같아진 것 같다. 웃음소리도 "오홍홍", 하는 짓도 여자! 여자에게 물들어서 사람도 잘 다룬다. 아기가 울거나 찡찡댈 때 엄마가 확실하게 제압하는 것처럼 근석이 오빠는 지훈이 오빠가 짜증 내거나 물건 던질 때 잘 제압한다. 말을 조리 있게 하고 지훈이 오빠 마음을 알아준다. 지훈이 오빠는 근석이 오빠를 눈으로도 안 보고 무시한다. 그렇지만 근석이 오빠는 친구가 생겨서 좋아서인지 참는 것 같다. 지훈이 오빠가 근석이 오빠를 무시하는데 많이 참은 것 같다. 신경질 내는데도 "오홍 괜찮아!"

그런 식으로 시간이 지나가면서 선생님들께서도 조언을 해주시고 다들 도와주니 '애들이 너무 착해서 나도 착해져야겠어'라고 마음먹었는지 지훈이 오빠가 착해졌다. 지훈이 오빠의 나쁜 태도가 조금은 남아 있지만, 지금은 완전 다른 사람이 됐다. 근석이 오빠가 사람을 잘 다뤄서 지훈이 오빠가 사람이 됐다. 나도 많이 참아줬다. 지훈이 오빠가 참 대단하다고 생각한다. 예전 같으면 내가 때리면 욕도 하고 그랬을 텐데 배려해주고 "괜찮아" 그래 주고 정말 바뀌었다.

그에 비해 근석이 오빠는 남자가 돼가고 있다. 나한테 소리 지를 때도 있다. 가끔 욱하는 성격도 생기고 힘이 세지고 승부욕이 생겨 열심히 땀을 흘리면서 도전한다. 상남자는 아니지만 남자, 진정한 사나이가 돼가고 있다. 근석이 오빠가 잘돼서 나까지 기분이 좋다! 친구여서 그런 것 같다. 친구가 성공하면 나도 좋다. 그것 때문에 나는 피해 입어도 근석이 오빠가 잘되면 좋다.

지훈이 오빠와 근석이 오빠는 서로서로 도움을 주었다. 지훈이 오빠가 착해져서, 언제 화낼지 몰라 긴장하는 마음이 사라졌다. 지금 우리 학교 학생들은 모두 행복하다. 가족처럼 지내며 재미있는 일을 함께한다. 슬픈 일이 생기면 함께 걱정해준다. 이렇게 서로서로 배려하고 존중하고 이해하면 서로 배워가며 친해져서 배려하고 존중하는 친구가 된다. 나도 앞으로 배려하고 존중하고 이해해주는 아이가 될 것이다.

달라진 지훈이를 보며 탕자가 생각났다. 탕자처럼 스스로 결심하고 돌아오진 않았지만, 지훈이는 행동이 바뀌었다. 지훈이는 완전히 바뀌었을까? 밖에서 멋지게 보이는 사람이 가정에서 좋은 남편이나 아빠가 아닐 수도 있다. 멀리서 볼 때는 멋져 보여도 가까이에서 사소한 일로 계속 부딪치면 다르다. 예지와 지훈이가 다른 반이 되었기 때문에 부딪칠 일이 줄어들어 좋게 보이는 게 아닐까?

탕자가 돌아온 뒤에

탕자는 아버지가 받아줄 거라고 확신했을까? 아니다. 아버지를 설득할 방법을 생각하지도 못했다. 자기 처지가 너무 비참해서 아버지 집에 있는 품꾼만 되어도 좋겠다고 생각했다. 돼지우리에서 뒹구는 처지에서 벗어나기만 바랐다. 희망도 없이 아버지께 돌아갔는데 상상도 못 할 일이 일어났다. 둘째는 자신을 구할 능력이 없었다. 옷을 갈아입지도, 씻지도, 낭비한 재산을 다시 벌어가지도 못했지만, 아버지가 받아주었다.

탕자가 돌아온 날 어떤 일이 있었는지 상상해보자. 아버지는 탕자에게 제일 좋은 옷을 입히고 가락지를 끼우고 발에 신을 신기고 송아지를 잡고 잔치를 벌였다. 돼지우리에서 뒹굴다가 오랜 기간 걸어오며 거지꼴을 한 탕자에게 명품 코트를 걸치고 귀한 반지를 끼우고 최고급 신발을 신기면 어울릴까? 탕자가 입은 좋은 옷은 탕자를 더욱 비참하게 만들 뿐이다. 뼈다귀만 남은 시커멓고 땟물 흐르는 몸, 손톱 밑이 검다 못해 때가 절어 붙은 손에 귀한 반지라니….

회심은 반드시 변화된 모습으로 드러나야 한다. 그렇지만 회심자의 상태가 회심의 유일한 증거는 아니다. 보이는 모습으로 회심 여부를 확인하면 판단이 흔들릴 수밖에 없다. 아버지가 준 옷과 반지와 신발은 아들에게 어울리지 않았다. 좋은 옷과 장식품을 걸쳤지만 아들의 모습은 여전히 거지꼴이었다. 송아지를 잡은 잔치 역시 합당하지 않다. 첫째 아들이 화를 낸 게 당연해 보인다.

소달초 아이들은 예수님의 비유에 나오는 첫째와 달랐다. 아이들은 지훈이가 달라지기를 바랐다. 내가 지훈이에게 잘해주며 달라질 거라 말할 때, 내 말이 지훈이에게 맞지 않는 옷이라고 생각하지 않았다. 아버지가 껴안고 입 맞추고 옷을 입히고 반지를 끼우고 신을 신기고 잔치를 베풀어주면 탕자의 마음이 어떨까? 미안하고 부끄럽고 낯이 화끈거렸을 것이다. 감사하다는 말조차도 부끄럽다. 지훈이에게는 이런 마음이 없었다. 그래도 아이들은 참고 기다렸다. 지훈이 곁에 형이 있었다면 시간이 더 오래 걸렸을 것이다. 형이 보여준 비교와 비난은 달라진 지훈이를 한 번에 무너뜨릴 수도 있었다.

우리는 탕자였고, 우리도 어울리지 않는 옷을 선물 받았다. 아무리 착한 행동을 해도 하나님 자녀라는 말은 우리의 본질에 어울리지 않는다. 우리는 하나님 나라에서 왕 노릇 할 자격이 없다. 그러나 하나님은 예수님을 보내주셔서 우리가 이 모두를 누리게 하셨다. 그 은혜로 인해 나도 지훈이를 사랑해야 한다. 하나님의 은혜를 믿는 것이 구원받은 우리의 자격이며 새로운 신분이다. 우리가 사랑할 때 이 신분이 드러난다.

탕자가 돌아온 첫날로 가보자. 아버지가 좋은 방에 아들을 데려갔다. 양탄자 위에 양털 깔린 매트를 놓아두었다. 그렇지만 탕자는 푹신한 자리에서 자는 게 불편했을 것 같다. 그동안 돼지우리, 들판, 바위틈과 나무 아래에서 잤기 때문에 푹신한 바닥이 오히려 불편했다. 죽어 마땅한 자신을 받아준 아버지의 은혜에 황송해서 바닥에 웅크리고 잠이 들었다. 꿈인가 생시인가 하며 바닥에서 눈물을 흘리다 잠이 들었을 수도 있다.

밤이 깊어지자 아버지가 아들의 자는 모습을 보려고 찾아왔다. 텅 빈 자리를 바라보면서 눈물짓던 날이 끝나 감사한 마음으로 문을 열었다. 그런데 아들이 바닥에 웅크려 자고 있다면 아버지 마음이 어떨까? 아버지 품에 돌아온 뒤에도 여전히 돼지우리에서 뒹군다고 비난할까? 아들이라는 자격에 합당하지 못하게 행동한다고 징계할까? 주는 밥도 못 먹는 바보 같은 놈이라고 쫓아낼까? 아니면 집 나간 아들이 돌아오기를 기다릴 때의 마음으로 안타깝게 바라볼까?

아버지는 하나님의 권위를 찬탈하고 아버지 몫을 빼앗아 달아났던 탕자, 하나님 것을 훔쳐내서 마음대로 쓰며 방탕하게 지냈던 탕자, 돼지처럼 뒹굴며 살던 탕자를 아들로 받아주셨다. 아버지는 우리를 불쌍하게 여기신다. 말할 수 없는 탄식으로 우리를 위해 간구(롬 8:26)하신다. 탕자는 아버지의 측량할 수 없는 사랑 때문에 구원받았다.

우리도 하나님을 떠나 이방 땅에서 돼지처럼 살았다. 우린 시기하고 질투한다. 지훈이처럼 하지 않을 뿐이다. 거짓말하고 속인다. 지훈이처럼 눈에 보이게 대놓고 하지 않을 뿐이다. 하나님이 주신 것을 내 힘으로 획득했다고 한다. 이웃을 사랑하지 않으며 하나님의 뜻보다 내 뜻을 내세운다. 목록이 끝이 없다. 하나님이 아들로 받아주셨지만 우리 역시 바닥에서 뒹구는 수준이다. 하나님의 품으로 돌아왔지만, 여전히 멋대로 행한다. 바닥에 웅크려서….

변화의 방해물, 죄책감과 교만

일상을 살아가는 태도를 지배하는 것은 의지가 아니다. 일상생활은 관성·습관·성향의 지배를 받는다. 하지만 우리는 그런 것들에 관심을 기울이지 않는다. 자신에게 그런 것들이 있다는 것조차 알지 못하거나 그런 것들이 '나'를 형성하는 한 부분이라는 것을 인정하지 않는다.[1]

탕자도 마찬가지다. 아버지의 사랑에 감사하지만, 과거의 흔적을 쉽게 바꾸지 못한다. 아버지 곁에 돌아온 뒤에도 돼지우리에서 하던 행동을 보인다. 죄는 끊임없이 우리를 사로잡아 탕자의 모습으로 돌려보내

1 그렉 텐 엘쇼프, 『자기기만, 은혜의 옷을 입다』(복있는사람, 2011).

려 한다. 싸워 이겨야 한다. 아버지의 사랑받는 아들로 살아가려고 노력해야 한다. 하나님께서 우리를 아들 삼아주셨으니 아들의 자격을 받아들여야 한다. 이건 뻔뻔한 태도로 당연하게 받아들여도 된다. 다만 자격을 받아들인 뒤에는 과거에서 벗어나, 과거가 기억나지 않을 정도로 변해야 한다.

탕자는 돈만 보고 찾아온 친구들에게 배신당한 기억이 있다. 형이 자기를 노려보던 눈초리도 계속 기억날 것이다. 상처로 가득한 기억은 삶을 쉽게 무너뜨린다. 좋은 옷을 입고, 좋은 반지를 끼고도 돼지우리에서 뒹굴던 모습으로 돌아가기 쉽다. 그럴수록 죄악의 습관을 떨쳐내고 새로운 관계를 만들어가야 한다. 비록 실수하고 후회하고 아버지에게 죄송한 짓을 되풀이하겠지만 다시 시작하고 또 결심해야 한다. 아버지의 아들로 살아가려고 날마다 몸부림쳐야 한다.

탕자가 아버지께 돌아오고 나서 1년이 지났다고 상상해보자. 1년 뒤에는 살이 붙어 보기 좋을 테고, 얼굴이 밝아지고 혈색도 좋아진다. 돼지우리에서 뒹굴던 사람이라고 생각하지 못할 정도로 변했다. 만약 예전과 똑같이 형편없는 모습을 하고 있다면 어떨까? 구원받은 뒤에도 전혀 변하지 않고 거지 같은 모습으로 살아간다면 아버지의 마음이 얼마나 아플까!

죄책감은 변화를 방해한다. 죄책감에 빠진 사람은 자신이 좋은 대접을 받을 자격이 없다고 자책하느라 은혜를 무효로 만들어버린다. 죄책감에 발목 잡히면 몸은 아버지 집에 있어도 마음이 돼지우리로 돌아간다. 자신은 돼지우리에나 어울린다는 생각이 마음에 쇳덩어리를 달아 앞으로 나아가지 못하게 막는다. 그러면 쉽게 무너진다.

죄책감은 은혜를 막는다. '자격 없음'만 생각하는 것은 여전히 자기만 생각하고 있다는 증거다. '괜찮은' 자신이 '그 꼴'을 했다고 탓하는 것과 다름없다. 탕자는 자기가 지은 잘못을 책임지지 못한다. 아버지가 베푼 은혜를 받아들여야 한다. 탕자를 받아준 아버지의 은혜에 감사하는 마음이 죄책감을 끊는다. 죄책감은 하나님 앞에서 자신의 위치를 지나치게 낮추고 나락으로 뛰어내리는 짓이다. 은혜가 죄책감을 부숴버리도록 받아들여야 한다.

교만도 변화를 막는다. 자신에게 무언가 자격이 있어서 아버지가 은혜를 베풀었다고 생각하면 하나님이 되찾아주신 자신을 잃는다. 아버지를 떠날 때 이미 철없이 행동했으니 돌아온 뒤에도 똑같은 수준으로 살아갈 수 있다. 감사가 뻔뻔함으로, 은혜가 안일함으로 바뀔 수 있다. 형을 바리새인이라 비난하고 아버지가 자기를 얼마나 사랑하는지 내세우며 우쭐거릴 수도 있다. 교만해서 자기를 돌아보지 못하고 하나님을 떠날 수도 있다. 교만이 마음에 자리 잡으면 인식 체계를 자기 쪽으로 틀어버린다.

'나는 하나님의 은혜를 받기에 합당하다'는 마음은 하나님으로부터 멀어지게 한다. 하나님의 은혜를 받기에 합당하다고 생각하는 사람은 다른 사람을 판단하고 정죄하며, 합당하지 않은 사람을 비난한다. 아버지의 은혜를 올바로 안다면 교만하거나 방종하지 않는다. 하나님이 교만을 패망의 지름길로 삼는 까닭은 교만이 하나님을 알지 못하는 증거이기 때문이다.

형의 눈치를 보느라 변하지 않을 수도 있다. 구원받아서 하나님을 바라볼 때는 좋지만 구원받은 뒤에 형이 껄끄러워 점점 자유를 잃기도 한다. 예수님은 바리새인들의 지적에 답하기 위해 탕자의 비유를 말씀하셨다. 그렇지만 바리새인들은 비유를 듣고 오히려 예수님을 죽이려 했다. 형도 계속 동생을 비난하고 과거를 들먹였을 것이다. 예수님은 바리새인을 “독사의 자식”(마 3:7; 눅 3:7—우리말로 “개자식”)이라고 욕했다.

하나님은 우리를 노예가 아니라 아들로 받아주셨다. 일 잘하는 노예가 아니라 아들을 원하신다. 형에게 미안한 마음을 갖고 성실하게 일해야 하지만 무엇보다 아버지를 기쁘게 해드려야 한다. 사실 우리는 대부분 형의 마음을 갖고 있다. 공동체 안에서 부족하고 연약한 사람을 참아주지 못하고 배척한다. 아버지가 탕자의 겉모습과 행동을 보지 않으셨으니 형도 아버지의 판단을 믿고 동생을 받아주어야 했다. 동생이 실수하고 혹시 방종하게 행할 때 꾸중할 수는 있겠지만 잔치에 재를 뿌리거나 아버지의 뜻에 반대하지는 말아야 한다. 자기 뜻보다 하나님의 뜻을 먼저 생각해야 한다.

형은 아버지에게서 떠난 사람이다. 육신은 가까이 있지만, 아버지 마음을 모르고 떠나버렸다. 동생은 돼지우리에서 마음을 돌이켜 아버지의 품에 안겼지만, 형은 자기가 아버지로부터 떠나지 않고 늘 곁에 있었다고 생각했다. 아버지를 따르지 않고 자기 생각만 내세우고 있으면서도 몰랐다. 진짜 탕자는 형이다. 육신으로는 아버지 곁을 떠나지 않았지만, 마음이 떠나버렸다. 그러면서도 아버지께로 돌이킬 필요를 느끼지 못했다. 형은 자기 처지를 깨닫고 아버지께로 돌이키는 회심을 경험하기 어렵다. 돌이켜야 한다는 사실 자체를 부인하기 때문이다.

사람은 쉽게 변하지 않는다. 날마다 우리를 쳐서 복종시키지 않으면 습관처럼 나쁜 모습으로 돌아간다. 습관을 깨뜨리려면 첫 마음을 기억하고 날마다 한 발씩 앞으로 나아가야 한다. 앞으로 나가지 않고 멈춰서면 제자리에 서는 게 아니라 뒤처지고 만다. 구원받은 뒤에도 하나님을 바라보며 변하려고 몸부림쳐야 한다. 그 몸부림이 바로 구원받았다는 증거다.

바리새인은 변하려는 몸부림 대신 동생을 비난하는 마음이 앞섰다. 내가 바리새인의 자리에 앉아서 지훈이를 비난했다면 나도 돌아오지 못하는 탕자가 되고, 지훈이도 변하기 어려웠을 것이다. 아이들의 마음을 살피고 참으며 기다렸다. 4년 만에 학교로 돌아온 아이, 은진이가 2014년을 마치며 글쓰기가 어떤 의미였는지 썼다. '형'의 도움으로 학교로 돌아온 아이가 쓴 마지막 문장이 반갑고 고맙다.

1년 동안 글쓰기를 하며

1년 동안 글쓰기를 하며 나는 솔직히 글쓰기를 한 번도 싫다고 생각한 적이 없다. 글을 쓰면서 내 속마음도 다 털어놓고 슬픈 일마저 털어놓으니 시원했다. 선생님께서 글쓰기를 차근차근 알려주시면서 내 속마음 글도 차근차근 늘어났다. 내가 글을 쓰지 않았더라면 답답한 마음으로 지냈을 거다.

나에게 글쓰기란 희망 노트다. 점점 써가면 기분이 좋아서이다. 우리 학교 학생들끼리 쓴 글로 문집을 만들어서 보는 것 자체가 행복하다. 가끔 '내 얘기는 어디 있고 내 사진도 있나?' 하며 찾아보는 시간도 매우 많았다. 선생님이 글쓰기를 가르쳐주실 때 그루터기라는 문집을 보여주시면서 글을 읽어주시는데 힘든 아이들 이야기도 있어서 나 또한 용기를 얻었다. 힘든 일이 많은데 쓰기엔 꺼려지고 가족들이 보면 뭐라 꾸중을 들을 것 같아 못 썼는데 그런 일들을 쓴 애들을 보니 가족들에게 보여주지 말고 나도 써서 답답한 마음을 없애야지 하며 썼다.

글쓰기를 통해 용기를 얻은 일도 많았고 웃은 일도 많았다. 많은 감정을 느끼며 쓴 글들이 큰 행복이었다. 그루터기의 멋진 의미처럼 나도 멋진 글을 쓰고 싶다.

지훈이의 진솔한 얘기를 들어주신 권일한 선생님 감사합니다!

두 가지 목소리

미희는 2013년 3월에 엄마와 헤어졌다. 1학기 내내 무표정하게 의자 등판을 끌어안고 지냈다. 음악 시간에는 입을 겨우 달싹였고, 체육 시간에는 공을 보지 못하는 것 같았다. 글은 대부분 사실만 썼고, 수학 계산이 느렸다. 가끔 엄마와 살던 동네 이야기를 할 때만 수다쟁이가 되었다. 몸도, 두뇌도, 마음도 느렸다.

미희를 볼 때마다 답답한 마음이 컸다. 내색하면 안 된다는 걸 알기에 그냥 지켜봤지만, 너무 답답했다. 미희는 의자에 옆으로 앉아 몸을 기울여 의자 등받이를 잡고 가만있었다. 아이들이 서로 이야기하며 웃고 떠드는데 물끄러미 구경하거나 컴퓨터 화면만 봤다. 켜지지도 않은 화면을. 점심때도 혼자 교실에 남아 또 컴퓨터 화면만 들여다봤다. 뭐 하느냐고, 친구들과 함께 놀라고 하면 작은 목소리로 웅얼거렸다. 동생들과 놀아도 될 텐데 그러지도 않았다.

미희가 말을 굉장히 많이 할 때가 있다. 엄마와 살던 곳에 대해 말할 때다. 평소에는 생각이 나지 않는 듯 머뭇거리며 입술에 손가락을 대고 기다렸다. 다른 사람이 무언가 말하면 비슷하게 말하고는 끝이었다. 그러나 엄마와 살던 곳을 말할 때는 길게 말했다. 소달 친구들과 통하는 이야기는 하지 않고 계속 과거에 어떻게 지냈는지, 거기 친구가 얼마나 좋았는지만 이야기하니 친구들이 지겨워했다.

공부 시간에도 눈치를 보며 따라 하기 바빴다. 자신감이 너무 없다. 친구 눈치를 보며 머뭇거렸다. 언젠가 수인이가 화상 치료하러 서울에 가느라 결석했다. 미희가 이날 활발해졌다. 자기는 오늘 행복하다고 몇 번이나 말했다. 원래 미희는 느렸다. 책에서 한 부분을 찾아 읽는데 친구들이 한참을 기다려도 못 찾았다. 일부러 못 찾은 척한다고 생각할 정도로 둔했다. 그러고는 엉뚱하게 행동했는데 수인이가 없는 날만 똑똑해졌다.

10월에 제안하는 글쓰기를 공부하다가 '이혼' 이야기가 나왔다. 엄마 없이 사는 삶이 아프다 못해 쓰리다. 미희는 엄마 이야기를 하며 울더니 돌변했다. 다음 날 일기는 다른 사람이 써준 것처럼 바뀌었다. 감추어둔 마음을 쏟아놓았다. 가끔 갑자기 달라지는 아이가 있지만, 미희는 너무 변해서 어떻게 받아들여야 할지 몰랐다. 사실만 기록하던 아이가 시인이 되었다. 시를 잘 썼다고 했더니 수첩을 들고 다니며 계속 글을 썼다.

늘 멍하게 있던 아이가 한번 마음을 쏟아놓더니 완전히 바뀌었다. 글이 달라지고 행동이 변했다. '이제 미희에게도 따스한 바람이 불겠구나!' 생각할 때 지훈이가 전학해왔다. 집안에만 있던 아이를 살살 달래서 밖으로 데려갔는데 갑자기 태풍이 닥친 셈이다. 지훈이가 온 뒤에 미희는 등딱지 안에 들어간 거북이처럼 움츠렸다. 예전보다 더 움츠러들었다. "엄마 생각난다" 하며 울고 난 뒤에 조금 달라졌다. 수인이가 전학해가자 많이 달라졌다. 공부 시간에 계속 발표했다. '얘가 이렇게 빨랐나?' 할 정도로 대답했다. 3학년을 마치면 엄마가 데려갈 거라고도 자주 말했다.

미희는 강한 아이 옆에서 마음을 닫는 아이였다. 곁에 있는 사람에 따라 자신을 잃기도 하고 다시 찾기도 했다. 수인이가 전학 가고 나서 미희는 진짜 자기 모습을 드러냈다. 마치 자기 자신을 잃었다가 다시 찾은 것 같았다.

밝은 목소리

2014년 미희가 4학년이 되었다. 지난해에 3-4학년을 동시에 가르치며 온갖 학교 일을 처리하느라 힘들었다고 올해는 4학년만 맡게 됐다. 형이 돌아와서 편해졌다. 미희는 4학년이 되자마자 또 "4학년을 마치면 엄마가 데려가기로 했다"고 말했다. 미희에게 "4학년 동안 잘 지내고 엄마랑 다시 만나겠네!" 말했지만, '초등학교 졸업할 때 엄마가 데려가지 않으면 고등학교 졸업할 때까지 여기 있겠구나!' 생각했다.

지훈이와 다른 반이 되었기 때문에 미희가 교실에서 편안해했다. 미희, 예지 둘만 있는 교실에서 큰소리를 낼 일이 없었다. 마음이 안정되면서 미희가 마음을 담은 글을 쓰기 시작했다. 따뜻한 봄날에 미희가 시를 써왔다. 한 해 동안 잘 자라서 엄마에게 돌아가겠다고 했다. 1년 지나면 데려간다고 한 엄마 말을 아이가 그대로 믿었다.

봄에 따뜻한 바람

급식 시간에 계단으로 내려가면
따뜻한 바람이 솔솔 불어온다.
나한테 나쁜 일이 있을 때
따뜻한 바람이 안정시키는 것 같다.
꼭 엄마 같다.

그 바람을 맞을 때마다
엄마가 날 감싸주는 느낌이 든다.
"엄마, 저 꼭 잘 자라서 돌아갈게요."

올해 미희는 지난해에 잃어버린 시간을 되찾으려는 아이 같았다. 잘 웃고 신나게 생활했다. 어린이날 행사를 하고 "어린이날 행사를 했다. 나는 너무 신나고 즐거웠다"로 시작해서 즐겁다는 말을 몇 번이나 쓰더니 "되게 재미있었다. 방과 후도 재밌고, 다 재미있었다. 오늘은 내게 있었던 일 중 최고로 기쁜 날이다"로 글을 마쳤다. 이동 환경교실을 했을 때도 "오늘 좋은 날이다. 이동 환경교실에서 공부하기 때문이다"로 시작해서 "너무 좋았다. 오늘 정말 재미있었다. 다음에는 더욱 재미있는 게 나올까 기대가 된다"고 글을 썼다.

따뜻한 환경에서 보호를 받으며 자란 아이는 일정하게 자기 목소리를 낸다. 자기 목소리로 기쁨과 슬픔을 표현한다. 기쁠 때와 슬플 때 목소리 크기나 분위기가 달라지지만, 자기 목소리로 말한다. 말과 표정과 몸짓이 아이 자신을 드러낸다. 반면 자기 목소리로 표현하지 못하는 아이도 있다. 거절당한 경험이 많은 아이는 다른 목소리를 낸다. 높고 활기찬 목소리로 말하다가 갑자기 낮고 차분한 목소리를 낸다. 반대로 우울한 목소리로 생활하다가 가끔 크게 말한다. 둘 사이를 왔다 갔다 한다.

미희는 엄마와 헤어지면서 목소리를 낮추었다. 무슨 말을 하는지 잘 들리지 않게 말했다. 지난해에 미희는 낮게, 느리게, 작게 말하는 아이였다. 올해는 다른 목소리를 냈다. 작았던 목소리가 커진 게 아니었다. 낮고 느린 목소리를 버리고 두 번째 목소리를 냈다. 이 목소리는 미희가 힘을 내게 했다. 미희는 교내 과학의 날 그림 그리기 행사에서 우수상을 받았고, 오행시 쓰기에서는 최우수상을 받았다. 그러나 자기 목소리가 아니었다.

여전히 미희가 걱정이 되었다. 자살예방 교육을 하며 스트레스 크기만큼 풍선을 불라고 했다. 미희가 풍선을 크게 불고 스트레스를 많이 받는다고 썼다. 스트레스 내용을 풍선에 쓰고는 속이 시원하다고 말했다. 미희가 즐거워하는 시간이 많아졌지만 스트레스를 제대로 풀지는 못했다. 잊어야 할 일을 여전히 마음에 담아두었다. 미희는 자기 목소리를 찾은 게 아니라 목소리를 바꾼 것뿐이었다. 미희를 힘들게 하는 사람이 가까이 다가오면 낮고 작은 목소리로 돌아갈 것이다.

어두운 목소리

4학년 교과서에 "가끔씩 비 오는 날"이라는 글이 나왔다. 스스로 쓸모없다고 생각하는 못이 자기 쓸모를 찾는 이야기다. 국어 공부를 하면서 쓸모없는 못에게 편지를 썼다.

> 못아, 나는 미희라고 해. 네 얘기를 들으니 네가 쓸모없다가 얼마나 좋아졌는지 알 것 같다. 나도 너처럼 그런 일이 있었어. 체육 시간 때, 엄마랑 있을 때. 부하처럼 누가 시키고 난 그걸 따를 때 여러 가지가 있었지. 하지만 나도 쓸모가 있던 일도 있었어.…이제 소심, 상처 등등에서 벗어나는 거지? 너도 이제 쓸모없는 못이 아닌 쓸모 있는 못이니깐. 좋은 일이 많이 생길 거야. 자신감을 갖자. 다른 못들보다 좋아질 수 있어. 또 너는 죽지 않고 오래 살 수 있잖아. 그것만으로도 좋은 거야. 못아, 이제 상처받지 마. 새로 태어나는 거야. 더욱 많이 필요한 쓸모 있는 못으로.

미희가 자신감이 생기고, 자기 목소리를 낸다고 생각했다. 못에게 상처받지 말고 새로 태어나라고 조언도 했다. 그러나 늘 미희 곁에서 생활하는 예지는 다르게 생각했다. 미희를 여전히 소심하고, 상처받고, 마음의 문을 열어야 하는 아이로 보았다. 새로 태어나라고 말하는 것 같았다. 미희와 예지가 생각하는 '새로 태어남'이 다른 것 같았다.

미희에게

미희야, "가끔씩 비 오는 날"에 쓸모없는 못이 나왔는데 그게 꼭 너 같아서 이렇게 편지를 써. 미희야, 체육 할 때 ** 오빠가 괘씸한 못이야. 그렇지? 이젠 걱정하지 마. ** 오빠가 갔으니까. 이젠 너도 체육 시간이 좋지 않아? 난 작년보다 백배, 천배 재미있고 좋더라. 이젠 너도 체육을 편히 할 수 있을 것 같아.

그리고 네 마음의 문을 닫지 말고 활짝 열어봐. 5, 6학년 언니, 오빠, 1, 2학년 동생들도 네가 마음의 문을 열었으면 좋겠다더라. 그러니 생각을 해보았으면 해. 미희야, 너의 놀라운 발전을 기대하고 있을게. 그래도 네 마음의 문을 많이 연 거 같아. 이젠 너도 쓸모없는 애라고 생각하지 마! 넌 이제 쓸모 있는 애야. 알겠지?

미희에게는 여전히 어두운 목소리가 있었다. 밝은 목소리가 나올 동안 저 아래에 감춰져 있을 뿐이다. 착해진 지훈이의 어두운 목소리도 똑같이 감춰졌을 뿐, 마음에는 여전히 어둠이 남아 있다고 생각한다. 아이가 상처받은 기간이 길수록 두 목소리도 다시 튀어나올 기회를 오랫동안 기다린다. 미희와 지훈이는 엄마와 떨어져 살면서 엄마를 그리워한다. 생각보다 빨리 어두운 목소리가 다시 드러날지도 모른다. 그러면 미희와 지훈이가 어떻게 될지 모르겠다. 마음을 헤아리는 은진이 같은 사람이 늘 곁에 있지는 않기 때문이다.

우리 학교 다툼 끝

우리 학교는 강원도 산간 지역에 있다. 오기도 힘들고 시내와도 멀어서 전교생 수가 적다. 여덟 명뿐이어서 그런지 아이들끼리 다툼이 적다. 싸운다고 해도 바로 화해하고 정말 내가 봐도 착한 아이들이다.

갑작스럽게 누가 내려준 선물인지 미희와 지훈이란 동생이 전학해왔다. 수도권에 살다 와서 이곳이 많이 지루할 것 같았다. 아이들이 많던 곳에서 와서 많이 지루하고 허전했을 거다. 수도권에 살던 애들이니 둘 다 활발할 것 같았지만 둘의 성격은 정반대다. 지훈이는 활발하며 시끄럽고, 미희는 많이 조용했다. 당연히 시끄럽지만 재미있는 지훈이와 노는 시간이 많았다. 즐거워지기 때문이었다. 우리는 거의 다 지훈이와 놀고 미희와는 말수가 줄어들며 신경을 별로 안 썼다. 어떤 애들은 미희 겉모습만 보고는 "못생기고 성격이 안 좋아!"라고 뒷담화도 했다.

나도 미희 성격이 싫었다. 답답하고 항상 조용해서 재미가 없었다. 지금 생각하면 이건 우리 학교 다툼의 시작이었다. 배려하고 존중하던 우리가 순식간에 따돌리고 무시하는 우리로 변했다. 지훈이는 우리를 따라서 더 험하게 말하고 무시하였다. 갑자기 전학해와서 적응하기 어려운데 우리가 미희를 따돌리게 돼서 지훈이도 따라서 따돌리게 됐다. 뭐만 잘못하면 "아니, 그게 아니잖아. 아, 진짜"라는 식으로 꼬투리를 많이 잡았다. 자신과 너무 달라서 이해할 수 없었나 보다.

나는 지훈이와 애들이 하는 짓이 점점 이해가 안 갔다. 미희와 사이가 틀어지면 좋을 게 없다. 전교생이 적어서 놀 사람이 없어지면 안 되기 때문에 좋을 게 없다는 뜻이 아니다. 우리가 친구, 동생, 언니, 오빠들과 사이가 나빠지고 다투고 서로 이해하지 못하면 상대방 성격도 안 좋아지고 내 성격마저 바뀐다. 그러나 다시 화해하고 놀면 모두 기분이 좋을 거다. 이 생각에 미희와의 사이를 다시 꿰매보기로 했다.

애들이 뭐라 할 때 위로해주고 "나도 그럴 때가 있었어. 나처럼 활발하게 극복하자"라며 말해주었다. 집에 놀러 가서 같이 얘기도 나누고 밖에 나가서 놀고! 내가 개그도 해주면서 놀게 되니 미희 성격이 전과 다르게 활발해졌다. 학교에서도 많이 활발해져서 다른 동생들도 미희와 더 많이 놀게 되었다.

우리의 생각이 짧았다. 미희가 재미없을 거란 보장도 없고, 이기적인 애라는 보장도 없었다. 우린 그저 겉모습만 보고 잘 놀아주지도 잘 대해주지도 않았다. 그때를 생각하면 우리는 집단 따돌림을 한 거나 마찬가지였다. '나 하나쯤' 하는 마음은 다툼을 일으킨다. 긍정적인 생각으로 '미희와 놀면 미희도 바뀌어서 친구들이 좋아하겠지!' 란 생각을 하고 친하게 지내다 보니 모두 바뀌었다.

이때부터 난 미희가 아닌 다른 동생들한테도 칭찬을 받아 기분이 좋았다. 미희와 친하게 지내고, 아이들에게 배려해주고 하다 보니 지훈이도 많이 착해졌다. 도시 물을 먹어서 험하던 애가 착해진 걸 보니 신기했다. 미희랑 지훈이 둘 다 성격이 바뀌었다. 지훈이도 미희를 많이 이해하고 배려하게 되었다. 도와줄 때도 있고, 전보다 말도 부드럽게 한다.

무조건 착해지라는 말이 아니라 이해하고 존중하면 누가 봐도 행복하고 기분 좋은 웃음이 넘치는 학교가 된다. 모두 이런 학교를 만들면 즐겁지 않을까? 따돌리고 괴롭히는 일이 일어나지 않도록 노력할 거다. 물론 우리 모두 다 함께!

자기 목소리

학교 올 때부터 집에 갈 때까지 내내 신나게 생활하는 아이(6학년)를 만난 적이 있다. 작은 일에도 흥분하는 아이와 진지한 이야기를 가장 많이 했다. 아이가 많이 울었다. 욕하고 싸우며 나쁘게만 생각한 아이도 있었다. 아이는 상담 치료를 받으러 다녔다. 이 아이의 눈물도 몇 번 보았다. 첫째 아이는 아빠의 무관심, 엄마의 요구에 눌린 마음을 학교에서 풀어버리려 했다. 방방 날뛰며 자기 마음대로 행동했다. 둘째 아이는 1학년 때 따돌림 받았던 기억을 영원히 간직하려고 했다. 절대 손해 보지 않겠다고 덤벼들었다. 두 아이는 진짜 자기 목소리를 내지 못했다.

마음이 건강한 사람은 아플 때 아프다 하고, 기쁠 때 환하게 웃는다. 기쁠 때 언젠가 다가올 슬픔을 걱정하지 않으며, 아플 때 자신을 비하하거나 한탄하지 않는다. 너무 힘들어서 자책하더라도 다시 일어난다. 미희는 글을 쓰면서 조금씩 자기 목소리를 내기 시작했다. 미희가 6월에 "슬픔"이란 제목으로 시를 썼다. "나는 슬프다"고 표현한 게 좋았다. 아플 때 아프다고 하는 게 중요하다. 견디지 말고, 견디지 못하는 자신을 비난하지 말고 그냥 아프다고 말해야 한다. 그게 자기 목소리다.

슬픔이란 아픈 걸까?
상처, 우울 등이 바로 슬픔이다.
친구가 있지만 어쩔 땐 슬프기도 하다.

나는 슬프다.
엄마하고 떨어져 있고
아무것도 아닌 거에 울고
슬픔… 누가 만든 걸까?
마치 한 송이 풀처럼 쓸쓸하게 슬프다.
슬픔이란 누가 만든 걸까?

이 시를 쓸 때 아빠에 대한 불만도 글에 드러냈다. 사람을 봐가며 말하던 아이가 자기 마음을 꾸준히 드러냈다. 마음이 편안해지면서 자기 목소리를 찾아가는 것 같았다. 아빠에 대한 불만, 할머니에 대한 불만을 쓴 글이 보기 좋았다. 길러주시는 아빠와 할머니에게 나쁜 말을 하면 안 된다고 말하지 않았다. 내가 하고 싶은 말은 달랐다.

"네 목소리를 내!", "계속 말해!", "감추지 말고 드러내!"

7월에 미희 할머니가 개를 팔았다. 백구가 팔리던 모습을 기억하며 미희가 글을 썼다. 입 다물고 숨죽이며 살던 아이가 "나라면 짖겠다"고 썼다. 지난해에는 미희가 이런 글을 쓸 거라고 상상을 못 했다. 글을 잘 썼다고 칭찬했다. 미희가 자기 목소리를 내는 게 보기 좋았다.

> 백구는 생긴 모습이 귀엽다. 귀가 아래로 내려져 있어서 귀엽다. 할머니는 백구가 싫다며 욕을 한다. 냄새난다고 하고 갖다 판다고도 한다. 욕 듣는 게 꼭 나 같다. 나는 할머니한테 욕을 듣는다. 내 모습이 꼭 백구 같다. 백구 마음을 알 것 같다. 백구는 얌전하지만 속으론 스트레스가 많이 쌓였을 것 같다. 나라면 나중에 짖을 것 같다.
>
> 어느 날 백구가 팔리는 걸 봤다. 목줄을 매단 채 팔렸다. 철 목줄이라 목이 아플 텐데…. 차라리 내가 잡혀가는 게 낫다. 다음 날 백구를 보려고 창문 밖을 봤다. 하지만 없다. 아직도 창문 밖에 백구가 있다고 생각했다. 백구가 팔릴 때 마음은 어땠을까? 강아지가 팔리면 슬프다.

부모의 목소리

엄마에게

엄마, 안녕하세요. 저 미희예요. 예전에는 같이 살아서 같이 놀러 다니고 친구도 만나고 놀이공원도 갔잖아요. 지금은 이렇게 떨어져서 사니까 슬퍼요. 엄마랑 자꾸 살고 싶어져요. 엄마도 저 보고 싶고 많이 힘드시죠? 저도 엄마를 보고 싶고 많이 힘들어요. 엄마랑 같이 살고 싶은데 전학 때문에 문제예요. 엄마가 없을 때 잘 때도 꿈에서도 엄마 생각이 나요.

저 이제 친구들이랑 잘 지내요. 여기서도 많이 힘들지만 친구들이랑 같이 있으면 행복해져요. 예전의 소심했던 미희가 아니에요. 엄마가 없으니 할머니가 힘들어하셔서 할머니를 보살펴 드리고 싶어져요.

엄마가 저한테 메시지를 보냈을 때 엄마가 얼마나 힘든지 알 것 같네요. 엄마도 저 보고 싶죠? 저도 엄마가 보고 싶어요. 할머니도 혼자 있으시니 힘들대요. 저는 엄마랑 떨어져 사는 것도 싫지만 엄마가 절 낳아주신 것만으로도 행운이에요. 태어나서 아빠 만나고 할머니도 만나고 많은 경험을 할 수 있잖아요. 전 이것만으로 감사해요.

솔직히 전 엄마랑 아빠랑 같이 살고 싶어요. 엄마랑 아빠랑 떨어져 사니까 저까지 힘들어져요. 엄마랑 아빠랑 같이 살면 안 돼요? 아빠랑도 살고 싶고 엄마랑도 살고 싶어요. 엄마가 회사 때문에 힘드신 거 아는데 엄마랑 같이 살고 싶어요. 솔직히 여긴 너무 무서워요. 친할머니가 혼내고 어디 갈 데도 없고…. 여기 소달초등학교 처음 왔을 때 많이 힘들었어요. 하지만 점점 좋아졌어요. 친구들이랑 지금은 잘 지내요.

엄마는 절 똑바로 된 아이가 되도록 어릴 때 많이 가르치셨죠. 어릴 때는 왜 혼내는지 몰랐는데 학교 가니 다 알게 됐어요. 전 그때부터 감사했어요.

전 솔직히 학교에 처음 갔을 때 가슴이 두근두근했어요. 제가 이렇게 많은 걸 배우고 볼 수 있었던 건 다 엄마 덕분이에요. 떨어져 살고 있지만 엄마한테는 제 편지가 있고 저는 엄마한테 전화할 수 있어요. 제가 보고 싶을 때 제 편지를 보세요. 힘드실 때 편지 보면 힘이 나실 거예요. 엄마, 많이 보고 싶어요. 우리 꼭 방학 때 만나요.

엄마가 미희에게 들려주고 싶은 목소리는 무엇이었을까? 미희가 어리다고 엄마가 말하지 않았던 목소리가 있을 것 같다. 엄마가 감추지 말고 미희에게 들려주는 게 낫지 않았을까?

금요일에 겨울 방학하고 곧바로 스키캠프를 열었다. 미희가 스키캠프에 갈까 말까 망설였다. 방학하면 그리운 엄마를 만나는데 스키캠프가 무슨 소용이 있겠나! 미희 엄마에게 전화했다. 미희가 엄마 없이 힘들어한다고, 엄마가 돌봐주어야 한다고 말했다. 미희는 엄마를 만난다고 캠프가 눈에 들어오지도 않았다. 엄마는 스키캠프 다녀와도 시간이 충분하다고 캠프에 보내달라고 했다. 미희는 토요일에 만나면 되니까! 미희를 데려와서 엄마랑 통화하게 했더니 스키캠프 가겠다면서 눈물이 가득했다.

며칠 뒤에 미희는 스키캠프를 떠났다. 그날 오후에 미희 아빠에게 전화가 왔다. 언제 방학하냐고, 미희가 언제 집에 오냐고. 1박 2일로 스키캠프 갔다고 하니 "아이 데리고 어디 가려고 했는데 무슨 스키캠프냐고?" 화를 냈다. 며칠 전부터 몇 번이나 얘기했는데 모르냐고 하니 모른다고 했다. 미희 아빠는 안내장을 나눠줘도 안 보고, 숙제와 일기도 한 번도 묻지 않았다. 미희에게 나눠주는 안내장은 보는 사람이 없었다.

아빠는 미희랑 같이 지내기 싫어 집을 떠나 회사 관사에 가버렸다. 할머니도 미희를 귀찮아했다. 미희는 학교 왔다가 집에 가면 텔레비전 외에 아무도 없다. 따뜻하게 맞아주는 사람도, 학교에서 무얼 배웠으며 친구와 무얼 했는지 묻는 사람이 전혀 없다. 평소에 미희에게 아빠 목소리를 들려주지 않다가 필요할 때만 아이를 찾는 아빠가 답답했다.

"그동안 뭐 했어요? 낳기만 하면 자식인가? 아이 생각을 해야지!" 하면서 호통치고 싶었다. 정말 호통이라도 칠 걸 그랬다. 혼자 씩씩대더니 알았다고 하면서 끊었다. 잠시 뒤에 할머니가 전화했는데 할머니는 더하다. 아이가 스키캠프 간다고 떠났는데 언제 오는지 물었다. 할머니는 손녀에게 "옛날에 호랑이가 살았는데" 같은 목소리를 들려줘야 하지 않나? 아빠는 "스키캠프 잘 갔다 와라. 친구들과 즐겁게 지내고"라고 말해야 하지 않나?

미희는 부모에게 들어야 할 목소리를 제대로 듣지 못했다. 그나마 엄마가 전화로 따뜻한 목소리를 들려주어서 미희가 견뎠다. 부모가 목소리를 제대로 들려주었다면 미희가 아프게 자라지 않았을 것이다. 자기 목소리를 찾느라 고생하지 않아도 되었을 것이다. 상처와 우울을 생각하며 누가 슬픔을 만들었는지 고민하지 않았을 것이다. 미희는 전화로 들리던 엄마 목소리를 기억하며 견뎠다.

그리운 우리 엄마

교회 때문에 아빠랑 이혼한 우리 엄마
날 할머니, 할아버지, 아빠에게 버리고 간 우리 엄마.
할머니, 할아버지, 아빠가 나쁘다고 해도 우리 엄마.
날 버리고 가도 언제나 보고 싶은 우리 엄마.
날 떠나고 가도 언제나 그리운 우리 엄마
우리 엄마 이름 가물 가물 기억 안 나는 엄마 이름.
우리 엄마 얼굴 가물 가물 기억 안 나는 엄마 얼굴
그립고, 또, 그리운 우리 엄마.
어딨나요? 어딨나요? 우리 엄마.
어딘가에서 행복하게 살고 있을 우리 엄마
다시 만나보고 싶은 우리 엄마
사랑해요!
엄마!
보고 싶어요!
엄마!

'형'이 소달초등학교를 떠나 다른 학교로 옮기고 몇 년 뒤에 형네 반 아이가 쓴 글을 보내주었다. 교회 때문에 아빠랑 이혼한 엄마를 그리워하는 내용이었다. 교회 때문에 이혼한 아빠와 엄마에게 하나님이 뭐라 말씀하실까? 자기를 두고 떠난 엄마를 그리워하며 "사랑해요, 엄마!" "보고 싶어요, 엄마!" 외치는 아이를 외면한 엄마는 어떤 하나님을 믿을까?

탕자가 다시 폭발하다

탕자가 집에 돌아온 뒤에 일어날 일을 상상해보자. 형이 동생을 계속 탕자 취급하면 어떨까? 동생에게 한마디도 하지 않거나, 동생을 피해 다니면 동생이 견딜 수 있을까? 형이 종들에게 동생을 무시하라고 시킨다면? 몇 년이 지나도 끈질기게 동생을 비난한다면? 형의 태도가 동생의 반발심을 폭발시키지 않을까? 동생이 다시 집을 떠나고 싶은 유혹을 받지 않을까?

2015년에는 전담 교사 자리가 다시 없어졌다. 형이 4학년, 새로 온 여교사가 1-2학년 담임이 되었다. 근석이와 지훈이를 내 손으로 졸업시키고 싶어 5-6학년 담임은 내가 맡았다. 5학년 예지와 미희를 3년째 만났다. 그동안 지훈이가 많이 달라졌다. 이젠 잘 화내지 않는다. 얼굴에는 화가 보이는데 말을 참는다. 예전 같으면 곧바로 폭발할 상황인데도 웃어넘긴다. 활화산이 꺼지고 휴화산이 되어가나 보다. 한 번도 화내지 않고 5월을 맞았다. 그러다가 5월 어느 날 지훈이가 이상하게 폭발했다.

멀리서 볼 때는 좋았는데

아내 친구가 독일 사람과 결혼해서 독일 슈투트가르트에 산다. 그 친구가 2013년 5월에 아들을 데리고 우리 집에 놀러 왔다. 한국 학교 생활을 경험하고 싶어 해서 일주일은 우리 학교에, 일주일은 큰 학교에 다니게 해줬다. 금발이 섞인 머리카락에 독일어를 하면서 한국말도 어설프게 하는 아이를 보고 소달 아이들이 좋아했다. 함께 찍은 사진을 복도에 걸어놓았다. 늦게 전학 온 지훈이가 부러워하며 독일 동생을 만나고 싶어 했다.

2015년 5월에 아내 친구의 어머니가 돌아가셨다. 그 친구는 홀어머니가 키운 유일한 딸이라 다른 가족이 없었다. 친구가 한국에 올 때까지 장례 준비를 해주었다. 장례식을 마치고 친구 가족이 우리 집에 머무는 동안 친구 아들을 학교에 데려갔다. 지훈이가 굉장히 좋아했다. 둘은 첫날부터 친형제처럼 지냈다. 동생이 형한테 반말해도 이해해주었다. 아이는 집에 돌아와서 지훈이가 좋다고 지훈이 집에서 자겠다고 졸랐다. 지훈이도 동생을 자기 집에 데려가면 안 되냐고 졸라댔다. 내가 없는 곳에 두 아이를 함께 두면 예상치 못한 일이 생길 것 같아 허락하지 않았다.

> 독일에서 교환학생이 왔다. 피부도 하얗고 한국말도 잘한다. 엄청 귀엽다. 축구도 잘하고 되게 적극적이다. 운동도 좋아한다. 하지만 단점이 하나 있다. 자꾸 나한테 "야!"라고 한다. 뭐, 처음에는 그냥 웃기고 귀여웠는데 이제는 뭔가 기분이 이상하다. 간식을 먹을 때는

"꼭 꼭!" 이런 말을 한다.

"와, 이 학교 정말 좋다!"라고 하면서 흥분한다. 엄청 귀엽다. 음식 먹을 때는 너무 흥분하고 먹을 때 엄청 쩝쩝거린다.

단점이 있으면 장점도 있는 법! 뭐냐 하면 **이가 오고 나서부터 학교 다니는 게 더 더 재미있다. 하지만 같은 반이 아니라서 좀 실망이다. 나는 **이를 처음 본다. 그래서 두근두근한다. 서울 갔다 오고 나서 독일에 가지만 그때 동안 엄청 많은 추억을 쌓을 것이다. **아, 고맙대이.

5월 26-29일까지 "도서벽지 어린이 서울 초청행사"에 우리 학교가 초대를 받았다. 3-6학년이 가는 현장학습이라 4학년 나이인 친구 아들도 데려갔다. 버스를 타고 가는 4시간 동안 지훈이가 동생과 같이 앉았다. 첫날 일정을 마치고 숙소에서 둘은 즐겁게 지냈다. 둘째 날에는 경복궁을 보고 키자니아에 갔다. 저녁을 잘 먹고 숙소에 왔는데 둘이 약간 티격태격했다. 지훈이는 동생이 까분다고 하고, 친구 아들은 지훈이가 화를 낸다고 했다.

셋째 날에 에버랜드에 갔다. 지훈이가 점점 더 짜증을 낸다. 왜 짜증 내는지 이해한다. 친구 아들은 한국 문화를 모른다. 점잖고 조용한 나라 독일에서 얌전하게 살다가 한국에 오니 완전히 신났다. 장난이 점점 심해진다. 게다가 지훈이가 당연하게 생각하는 걸 계속 묻는다. 한국이 좋고, 형들이 좋고, 현장학습이 좋아서 계속 묻지만 지훈이는 슬슬 짜증이 난다. 학교에서 쉬는 시간에 잠깐 만나고 헤어졌다가 다음 날 다시 만날 때는 보고 싶은 동생이었지만, 계속 옆에 붙어 있으니 단점이 점점 커진다.

지훈이는 자기가 한 말을 동생이 이해한다고 생각하고 간단하게 말하지만, 한국말이 어설픈 독일 아이는 모르는 내용이 많다. 자기가 잘못 알아들은 줄 모르기 때문에 엉뚱하게 해석하고는 "지훈이 형이 이렇게 말했잖아" 했다. 그러면 지훈이는 동생이 거짓말한다고 화를 냈다. 그럼 "난 거짓말 아냐. 지훈이가 거짓말이야!"라고 했다.

"형이라고 하라 했잖아!" 하면 "지훈이 형이 화내고 거짓말해!" 했다. 얘는 아무리 생각해도 지훈이가 왜 화를 내는지 모른다. 그러면 지훈이는 답답해서 더 화가 났다.

가까이에서 보니 비극이 생긴다

셋째 날 저녁에 다섯 학교 학생 160여 명이 모여 장기자랑을 했다. 전문 MC가 진행해서 분위기가 활기찼다. 아이가 펄쩍 뛰며 소리를 질렀다. 3학년 정화도 과장된 몸짓으로 분위기를 탔다. 지훈이는 동생과 정화를 보며 계속 짜증을 냈다. 두 아이가 신나게 소리 지를수록 더 화를 냈다. 벌레 보듯 하며 노골적으로 반감을 표현했다. 둘 다 피해를 주는 행동을 하나도 하지 않았지만 지훈이는 아이들의 행동 하나하나가 다 맘에 들지 않는 모양이다. 팔짱 끼고 다리를 의자에 올리고 잡아먹을 듯이 노려봤다.

눈치가 있다면 지훈이 곁에 가지 않거나 행동을 작게 했을 테지만 이 동생은 순진한 독일 아이다. 장기자랑 분위기가 얼마나 활기차고 요

란한가! 계속 펄쩍펄쩍 뛰고 소리를 질렀다. 바로 옆에 앉은 지훈이는 시끄럽다고 하고, 가만히 있으라고 했다. 아이는 즐겁고 신나는데 형이 왜 그러는지 모른다. "형, 왜 그래?" 하면서 계속 떠들고 뛰었다.

결국 지훈이가 동생을 때렸다. 동생이 지훈이를 밀어서 때렸다는데 서로 말이 다르다. 아이들 사이의 다툼은 대부분 상대방의 의도를 오해하고 자기 생각을 덧붙여 행동하기 때문에 생긴다. 왜 이런 일이 일어났는지 대충은 드러나지만, 무엇 때문에 일이 생겼는지 명확하지 않다. 지훈이는 흥분했고, 친구 아들은 이런 상황을 제대로 표현하지 못한다.

지훈이에게 이해해주지 못하겠느냐 하니 절대로 이해하지 못하겠다고 한다. 이건 지훈이가 동생을 얼마나 이해해주느냐의 문제다. 순진한 동생은 자기가 잘못했다고, 미안하다고 한다. 그러나 지훈이는 동생 말을 들으면서도 계속 짜증을 낸다. '거봐! 또 저런다니까! 말을 들을 필요도 없어!' 하는 표정이다. 아예 말도 하기 싫어한다. 자기는 다 옳고 동생은 무조건 잘못했다고, 싫다고 한다. 눈빛과 태도가 처음 전학 온 그때로 돌아갔다.

지훈이가 말하면 동생은 아니라 하고, 동생이 말하면 지훈이가 소리쳤다. 그나마 동생은 감정 없이 말하는데 지훈이는 계속 독기를 내뿜었다. 동생은 형을 화나게 해서 미안하다는 뜻으로 사과했다. 세 번이나 사과할 동안 지훈이는 계속 씩씩거리며 분노했다.

"동생이 계속 미안하다고 하는데도 이해 못 하겠냐?" 하니 이해 못 하겠다고 대답했다.

친구 아들은 한국말로 자기 의도를 정확하게 전하지 못한다. 한국에 와서 음식이 너무 맛있고, 형과 동생이 있어 좋다. 선생님이 친절하고 학생들도 모두 잘해준다. 그래서 마음대로 행동한다. 지훈이가 이해하기엔 너무 순진한 아이이다. 자기도 모르게 형을 화나게 했지만 지금 형이 왜 화를 내는지도 잘 모른다. 친절하게 대해주고 놀아주던 형이 왜 때리기까지 하는지 전혀 모른다. 형이 계속 화만 내니 답답하다.

장기자랑이 끝나고 아이들과 모여 이야기를 나누었다. 아이들이 모두 지훈이 눈치를 본다. 친구 아들은 계속 미안하다 하고 지훈이는 계속 거절한다. 시간이 지날수록 관계가 꼬여서 글을 쓰고 각자 방으로 돌려보냈다. 무슨 일이 있었는지 모르는 아이들은 평소 마음에 담아둔 이야기를 썼다. 사소한 내용이지만, 지훈이와 친구 아들 사이에 생긴 어려움만 생각하다가 아이들 관계의 작은 틈을 보게 되어 힘들었다. 한 번만 귀 기울여 들으면 해결되는 일인데 지훈이가 듣지 않는다. 마음이 무거워지며 아이들 간의 갈등에서 벗어나고 싶었다. 2년 전에 겪은 일을 되풀이하고 싶지 않다는 거부감이 올라왔다.

어색한 헤어짐이 남긴 것

『백년 동안의 고독』에 집을 반으로 갈라버린 부부가 나온다. 지훈이와 친구 아들을 보면서 서로의 진짜 모습을 알아버린 부부가 생각났다. 두 남녀가 결혼하기 전에는 낭만이 가득한 시간을 보낸다. 저녁에 헤어질 때 곁에 더 있고 싶은 마음을 가진다. '이 시간이 계속될 수만 있다면' 하다가 결혼한다. 함께 살기 전에는 서로를 그리워하며 상대의 장점을 주로 봤지만 결혼하고 같은 공간에서 지내면서 마음이 달라진다. 단점이 보이고 짜증 낼 일이 생긴다. 그러다가 "당신 이럴 수 있어? 그만 헤어져!" 하는 지경에 이른다.

같은 반에서 공부하지 않고 쉬는 시간에만 만났을 때가 좋았지! 함께 현장학습을 오지 않고 그냥 헤어졌다면 좋았을 것이다. 다른 아이들도 지훈이 때문에 힘들다고 하지만 지훈이가 받아들이지 않는다. 시골 학교에서 뾰족한 모서리가 둥글둥글해졌는데 여행 다니면서 다시 날카로워졌다. 우리 학교 아이들 때문만은 아니다. 심하게 장난치는 다른 학교 아이들과 부딪치며 화가 났을 것이다. 즐겁게 노는 현장학습이지만 3박 4일 동안 밖에서 생활하면 피곤하고 지칠 것이다. 그래서 예전 모습으로 돌아갔다. 너무 빨리!

착하고 순진해서 보고만 있어도 하나님의 사랑을 생각나게 하는 아이가 있다. 반면에 악의 실체에 닿았다고 믿을 수밖에 없는 아이도 여럿 만났다. 그 아이들은 다른 사람을 먼저 생각하지 않았다. 지훈이에게도 선한 면이 있다. 우리 학교 학생들이 장기자랑을 하다가 너무 긴장해서 모두 순식간에 얼어버려 다음 순서를 잊어버렸다. 그때 지훈이가 울었다. 열심히 준비했는데 갑자기 생각나지 않는다고 울어버렸다.

그러나 자기를 보호하고 자기가 옳다고 말할 때는 상대방이 죽어도 괜찮다는 눈빛을 보냈다. 아이들에게 좋은 경험을 하게 해주려고 왔는데 괜히 왔다는 생각이 계속 든다. 셋째 날에는 친구 아들을 따로 데리고 잤다. 순진해서 형이 왜 미워하는지도 모르는 착한 아이의 마음에 상처를 준 건 아닐까 하는 마음이 들었다. 마지막 날에는 지훈이가 친구 아들에게 가까이 가지 않았다. 떨어져서 지내는 게 나을 거다. 아이들이 부부싸움을 심하게 한 것처럼 어색하게 지냈다.

현장학습이 끝나는 시간이 왔다. 우리는 학교로 돌아가지만, 친구 아들은 서울에서 헤어진다. 현장학습이 끝나면 독일로 돌아가려고 서울에서 내리기로 했다. 답답했다. 남은 시간이 짧아서 일어난 다툼을 해결하지 못한다. 다시 못 볼지도 모르는데 싸운 채로 헤어져야 한다니. 지훈이에게 작별 인사를 하라고 했다. 동생 엄마가 보고 있어서인지 모르겠지만, 광화문 도로 한가운데서 지훈이가 동생에게 뽀뽀했다. 다시는 못 본다고 하니 '선함'을 쥐어짜내 다가간 것 같다.

우리가 버스에 오른 뒤에 아들이 엉엉 울었다고 친구가 전해주었다. 지훈이는 아무 내색을 하지 않았다. 버스에서 다른 아이들과 놀았다. 일기장에도 독일 동생 이야기는 쓰지 않았다.

3박 4일 동안 3-6학년 일곱을 데리고 은행(후원기관), 소리아트홀, 경복궁, 키자니아, 에버랜드, 청와대에 다녀왔다. 6시에 일어나 큐티하고 아이들을 챙겨 아침을 먹였다. 소리아트홀에서는 눈치를 보며 가장 앞자리를 잡아주었다. 덕분에 아이들이 출연자들과 악수하며 좋아했다. 경복궁에서는 아이들을 데리고 다니며 해설사 노릇을 했다. 다른 학교 선생님들은 아이들에게 알아서 다니라 하고 편하게 구경하는데 나는 하나라도 더 알려주려고 했다.

키자니아에서는 아이들이 활동할 동안 다음 활동할 자리를 알아보러 다녔다. 아이들이 활동을 마치면 다음 활동에 데려다 놓고 또 다음 활동을 찾으러 다녔다. 내 자녀들을 데려왔을 때보다 더 열심히 다녔다. 에버랜드에선 T-express를 같이 타고 다리가 아프도록 걸었다. 저녁을 먹은 뒤에는 핸드폰 게임하는 다른 학교 아이들 사이에서 우리 학교 아이들만 모아놓고 일기 쓰기를 지도했다.

학교 장기자랑에서는 연극을 발표했다. 4개 학교 모두 가수를 따라 춤을 추었는데 우리 학교만 강원도 사투리로 연극을 했다. 사투리 연극을 내가 지도했다. 사흘째부터는 친구 아들과 지훈이의 다툼을 중재하며, 지훈이 때문에 힘들어하는 아이를 다독였다. 그리고 틈날 때마다 책을 읽었다. 가는 버스에서 한 권, 도중에 한 권, 오는 버스에서 한 권! 4일 만에 2kg이 빠졌다.

돌아오는 버스에 타며 "다시는 현장학습을 가고 싶지 않다"는 말이 절로 나왔다. 버스에서 내린 뒤에 부모들이 마중 나오지 못한 아이들을 내 차로 데려다주었다. 지훈이가 내리면서 물었다.

"선생님은 우리 내려주고 나서 집에 가요?"

"그래!"

"다들 열심히(힘들게, 라고 말한 것 같기도 하다) 사는구나!"

지훈이에게 이렇게 말해주고 싶었다.

"애야, 열심히 사는 사람은 참 많단다. 하지만 그렇지 않은 사람도 많아. 내가 너희들 앞자리 앉히려고, 하나라도 더 체험하게 해주려고 이

리저리 찾아다닐 동안 다른 학교 선생님은 커피 마시며 쉬었단다. 에버랜드에선 교사들끼리 다녔지. 장기자랑은 춤추는 거 아이들에게 맡겼고, 내가 너희들 일기 쓰기를 지도할 동안 술 마시러 갔단다. 평소에 줄도 안 세우고 구경만 하더구나! 그 사람들이 없었으면 마음이라도 편했을 텐데. 이런 생각을 하는 내가 싫다."

가시를 다시 곤두세운 지훈이를 감당해야 한다. 학교폭력으로 권고 전학을 받고 온 지훈이를 참고 기다리는 건 잘 해냈다. 그러나 6학년이 돼서 다시 폭발한 지훈이를 상대하는 건 싫어졌다. 돌아온 탕자가 다시 집을 나가려고 하는 걸 보는 마음이랄까! 3박 4일 동안 아이들을 데리고 다니며 지쳤기 때문이기도 하다.

무너지는 공든 탑 부여잡고

서울에서 돌아온 뒤에 지훈이가 계속 폭발했다. 크고 작은 사건이 끊이지 않았다. 공든 탑이 한순간에 무너져 버렸다. 6월 내내 학교에 가기 싫었다. 지훈이가 괴롭힌다고 아이들이 계속 일렀다. 지훈이는 자기는 아무 잘못이 없는데 애들이 먼저 잘못하고서는 자기한테 덮어씌운다고 했다. 이젠 아이들을 막 괴롭힌다. 얼마 전까지 서로 웃고 장난치며 지내던 교실이 먹잇감을 노리는 사냥터로 바뀌었다. 처음 우리 학교에 왔을 때보다 더 심하다. 그때는 친하지 않은 어색함 때문에 조심하는 마음이라도 있었는데 지금은 알 것 다 알아버린 사이라 뻔뻔하게 괴롭힌다.

아이들을 지켜보며 심장이 터져버릴 것 같았다. 지훈이가 소리 지르고 짜증 내고 애들을 놀릴 때마다 바늘로 심장을 찌르는 것 같았다. 지훈이가 날카롭게 변하자 미희가 무기력해졌다. 자기가 한 말을 기억하지 못하고 누가 불러도 대답을 안 한다. 반응 없는 미희에게 지훈이가 왜 무시하느냐고 소리 지르면 미희는 못 들었다고 했다. 그러면 지훈이는 소리 지르며 화를 냈고, 미희는 입을 닫았다. 미희가 아무 말도 하지 않으면 지훈이는 또 무시한다고 찌르고 미희는 안으로 더 숨어버렸다.

지훈이와 자주 상담했다. 남자와 여자가 다르다고 아무리 말해도 이해하지 못했다. 점심시간에 특히 괴롭히기 때문에 지훈이와 근석이 둘만 데리고 운동을 시작했다. 탁구, 프리테니스, 패드민턴을 했다. 동생들은 괴롭히는 오빠가 없어서 좋아했고, 둘은 실력이 맞는 나와 운동해서 좋아했다. 그래도 쉬는 시간이나 방과 후 시간에는 또 부딪쳤다. 애들은 계속 지훈이를 일러주러 오고, 지훈이는 동생들 잘못이라 했다.

새로운 걸 도전해보라고 외발자전거를 샀다. 밖에서 타라고 당부했는데 교실에서 운동장까지 나가면서 계속 외발자전거를 탔다. 어느 날 복도에서 자전거를 타는 지훈이에게 교장 선생님이 그러지 말라 했다. 지훈이는 친구 대하듯 교장 선생님께 따졌다. 교장 선생님이 지훈이가 왜 그러냐며 나를 불렀다. 학교가 전쟁터 같았다. 3박 4일 여행이 뭐라고, 공든 탑을 한순간에 무너뜨린단 말인가!

아이들과 글을 쓰며 학기마다 한 번씩 가장 많이 변한 사람을 골라서 글을 쓴다. 10년 동안 한 번도 나쁘게 변한 내용이 없었는데 나쁘게 바뀌었다는 내용을 처음 만났다. 예지가 쓴 글이다.

정말 변한 사람

지훈 오빠가 서울 다녀와서 정말 달라졌다. 사람이 사나워지고 신경질적으로 변했다. 애들도 느끼는 것 같다. 서울 가기 전에는 장난도 조금씩 없어지더니 서울 다녀와서 엄청 장난이 많아졌다. 그리고 점점 머리가 아프다. 애들을 너무 많이 놀린다. 그만하라고 얘기하면 입으로 방귀 소리 내고 "싫은데" 하면서 도망간다. 제일 싫은 건 비트박스, 나 보고 이상한 표정 짓기 제일 싫다.

아, 지훈이 오빠가 정말 변해서 애들도 지훈이 오빠가 조금씩 싫어지는 것 같다. 오빠가 원래대로 돌아오면 좋겠다. 그럼 지훈이 오빠와 싸움이 벌어지지 않을 테니까. 그리고 지훈 오빠, 근석이 오빠한테 짜증 났던 것은 오빠들이 장난쳐서 여자애들이 복수하고 뭐라 그러니까 오빠들이 자기들이 더 짜증 난다는 듯이 막 화내고 짜증을 냈다. 그 점이 싫다.

내가 너무 예민한 걸까? 그래서 아무 일도 아닌 걸 붙들고 끙끙대며 문제를 만드는 걸까? 지훈이를 불러서 단단히 혼내주려고 했다. 그러나 아이를 보는 순간, 상처받은 아이 생각이 또 떠올랐다. 하나님이 이런 마음을 주지 않으면 아이에게 화내고 편하게 지낼 텐데 아이를 사랑하라고 하시니 힘들다. 혼내고 지적해서 보내면 틀림없이 동생들의 마음을 또 찌를 거다. 다시 뛰쳐나가려는 탕자를 어떻게 해야 할까?

참기 어려운 날, 방과 후 수업에 가지 말라고 했더니 알겠다고 대답하는데 눈빛에서 독을 내뿜는다. 눈을 바라보는데 눈물이 핑 돈다. 6학년 아이가 왜 이런 눈빛을 갖게 되었을까? 2년 만에 왜 다시 불타는 화산이 되었을까? 사춘기라고 보기엔 너무 사악하다. 완전히 나쁜 행동을 한다면 따끔하게 혼내주겠는데 그런 건 아니다. 그저 툭툭 치며 장난 섞인 말로 괴롭힌다.

"지금 동생들 미워하지? 복수하고 싶지?" 고개를 끄덕인다.

"네 눈에 독이 가득 찼어. 오늘도 복도에서 뛰었지? 계단 난간에 매달렸지? 똑바로 앉으라 해도 안 앉았지. 책 펴라 해도 안 펴고, 숙제도 안 해오지. 일기는 잊은 지 오래고…. 내가 화낸 적 있어?"

"없어요."

"계속 뛰지 말라고 타이르잖아. 숙제는 학교에서 하라고 말하고, 기다려 주잖아. 내가 참는다고 생각하지 않아?"

"맞아요."

"그런데 너는 왜 동생을 참아주지 못해. 내가 널 사랑하는 것처럼 너도 동생을 사랑할 수 없어?" 하는데 눈물이 난다. '아이 앞에서 눈물을 보이는 게 역효과를 내는 건 아닐까?' 생각하면서도 눈물이 난다.

"네 생각만 하지 마라. 동생들이 모두 널 무서워하잖아. 점심시간마다 내가 왜 너와 운동할까? 동생들과 부딪치지 않게 하려는 거야. 방과 후 수업할 때마다 동생들과 부딪치잖아. 1학년 동생을 놀리고 괴롭히잖아. 1학년은 뛰기 마련이야. 너는 더 뛰었잖아."

호소하고 타일렀다. 행동으로 빌지 않았을 뿐이지, 거의 싹싹 빈 거나 다름없다. 내 말이 무능한 자의 변명 같았다. 내 눈물을 봐서인지, 그래도 지훈이 눈빛이 조금 부드러워졌다. 아이를 보내며 '그만두고 싶다. 집에서 받은 상처를 학교에서 쏟아내는 아이들 달래주는 아버지 노릇을 그만하고 싶다. 내 아이도 아닌데' 하는 생각이 확 들었다. 23일만 견디면 방학이라는 생각도 든다. 이런 생각을 하는 내가 마음에 들지 않지만 어딘가에 울분을 토해내고 싶다는 마음이 가득했다.

엄마 아빠가 애들을 방치하고 자기들 좋아하는 길로 가버리는데 내가 뭐라고 애들 앞에서 울면서까지 이 짓을 해야 할까? 그냥 소리 지르고 자기들끼리 찌르든지 말든지 콱 눌러버리면 편한데 왜 이러고 있는지 모르겠다는 생각이 든다. 동시에 자신을 내어주면서까지 이웃을 사랑하는 사람도 많던데 나는 왜 안 될까? 지훈이를 마음에 품고 사랑해야 하는데 왜 안 될까? 예수님의 사랑이 없는 사람이 혼자 끙끙대며 사랑하지 못하는 아이를 사랑하게 해달라고 발버둥쳤다.

완전히 소모된다는 것

오스 기니스는 『소명』에서 파스칼의 『팡세』를 인용하며 고갈되는 것이 무엇인지 설명한다. "나는 저 나무들이 왜 탁탁 소리를 내는지 안다. 나는 완전히 소모된다는 것이 무엇인지 안다."[2] 이 문장을 읽을 때 나 자신을 만난 것 같았다. 나도 아이들을 돌보느라 소모되어버렸다. '탁탁' 소리를 내면서 속에서부터 타버렸다. 아침마다 말씀을 묵상하며 하나님께 감정을 쏟아냈지만 채워지지 않았다.

"의지로 감정을 이기려고 하니 너무 힘들어요. 하나님! 저는 상처받은 아이 한 명조차 감당하지 못해요. 애들을 떠나서 편히 살고 싶어요. 그런데 왜 저를 이곳에 보내셔서 힘들게 하세요? 저는 사랑할 힘이

---

2 오스 기니스, 『소명』(IVP, 2019).

없어요. 예수님을 생각하며 여기 왔는데 너무 힘들어요. 한량없는 사랑으로 지훈이를 사랑하고 아이들을 보듬으며 지내야 하는데 제게는 그럴 능력이 없어요. 제 마음을 갉아먹으면서 겨우겨우 버팁니다"라고 고백했다.

소심한 사람은 계속 소심하고 시끄러운 사람은 계속 시끄럽다. 한 귀로 듣고 흘리는 사람과 말을 신중하게 하는 사람이 같이 지내면 어떨까? 가벼운 사람이 뜻 없이 한 말을 신중한 사람은 심각하게 고민한다. 한 사람이 고민하며 이야기해도 다른 사람이 가볍게 들으면 서로 힘들다. 한 사람은 별것 아닌 걸로 트집 잡는 사람이 되고, 다른 사람은 아무리 말해도 듣지 않는 사람이 돼버린다. 변화 없는 삶을 싫어하면서도 자신은 변하지 않고 상대가 변해야 한다고 말한다. 내가 마음이 넓고 대범하다면 편했을 텐데, 고민만 늘어났다.

며칠 뒤 5교시에 마음을 털어놓자고 했다. "엄마 생각난다!" 했던 날로 돌아가고 싶었다. 지훈이가 미희에게 왜 무시하느냐고 말한다. 미희는 못 들어서 그랬다고 하며 사과했다. 지훈이가 만족할 리 없다. 다른 아이가 지훈이 때문에 힘들다고 말하기를 바랐지만, 아무도 말하지 않았다. 2년 전에는 지훈이가 결석해서 우리끼리 먼저 이야기를 나누었다. 그러나 지금은 우리끼리 이야기하는 시간을 갖지 못했다. 미희는 지훈이가 무서워서 아무 말도 못 한다.

"예지야, 말해봐. 너도 표현해야 해. 마음에 쌓아두면 아프다" 하니까 다른 아이들이 모두 말하라고 한다. 예지는 울면서 말하기 싫다고 했다. 예지가 왜 말을 안 하는지 안다.

서울에서의 현장학습 셋째 날 더운 날씨에 경복궁을 3시간 동안 걷고 지친 몸으로 식당에 갔다. 200명이 한꺼번에 앉는 넓은 식당에 중국인 100명 정도가 식사하고 있었는데 너무 시끄러웠다. 가뜩이나 날씨가 더운데 음식 끓이는 열기까지 더해졌다. 짜증이 올라오는데 예지가 아무 말도 하지 않고 멍한 얼굴로 앉아 있다. 표정이 눈에 팍 들어왔다. '내가 왜 이런 곳에 있어야 하지?' 하는 마음으로 밥도 안 먹고 배가 아프다고 했다.

예지는 감당하기 어려운 상황을 만날 때마다 배가 신호를 보냈다. 감정을 밖으로 표출하면 될 텐데 속으로 감추고 끙끙대다 보니 배가 아프고 머리도 아프다. 이날은 스스로 이겨내야 한다고 생각해서 아파도 다정하게 대해주지 않았다. 너무나 좋은 아이가 어려움을 만날 때마다 움츠려서 피하는 모습을 보이는 게 안타까워 지켜보기만 했다.

"그때 오후에 배가 아팠잖아! 진짜 이유는 따로 있지?" 했더니 "너무 시끄러웠어요"라고 했다.

"네가 덥고 시끄러워서 그런 거 알았어. 스스로 이겨내길 바랐어. 교실에서 아프다 할 때도 피하지만 말고 이겨내길 바랐기 때문에 그냥 지켜봤어. 언니 노릇 힘들지?"

"네" 하며 울었다. 예지는 수인이가 전학 간 뒤에 마음을 나눌 친구를 잃었다. 지훈이는 상처를 줬고, 남자인 근석이에게 마음을 터놓기는 어려웠다. 미희는 무기력한 예전 모습으로 돌아가서 예지와 이야기할

여유가 없었다. 이때 1학년 동생이 예지 사촌이었다. 드세고 말이 많아 2학년 오빠를 이겨 먹었고, 3학년을 울리기도 했다. 1학년이 5-6학년을 가르치려 들었다. 예지는 드센 동생이 일으키는 갈등을 부드럽게 해결하려고 노력했다. 그러던 중에 지훈이가 계속 상처를 찔러댔다.

"알아. 다들 너를 의지하잖아. 너도 힘들다고 말해. 아이들 모아놓고 말해줄까?" 하니 "아니요. 아이들이 미안하다고 할 거예요"라고 답한다.

"그래. 미안하다고 하고는 또 그러겠지" 하니 고개를 끄덕인다. 몽실이 같은 아이 예지는 나이에 맞지 않은 책임을 지고 묵묵히 견디려다가 힘들어서 마음이 아픈 아이였다.

내 마음

나는 무엇을 신경 쓰기만 하면 속과 머리가 아프다. 그래서 조금 싫다. 내가 예민한 건가? 이런 생각도 든다. 다른 사람이 시끄럽게 하거나 평소에 안 하던 거, 이쁘게 보일라고 하는 것 그것들만 보면 머리와 속이 아프다. 나도 이런 내가 싫다. 그냥 무시하면 되는데…. 내 속을 많이 뒤집는 사람은 혜정, 정화, 은영(1학년 친척 동생), 미희 이 여자들이다. 나한테 너무 의지하고 그래서 싫다. 혜정이는 요즈음 나를 뒤집고, 정화는 애기 짓하고, 은영이는 말 안 듣고, 미희도 조금 어린애 같다. 남들 보기에는 나도 어린애같이 보이겠지만 미희는 더 어리다. 여하튼 이런 식으로 내 속을 뒤집는다. 그것을 애기 안 하고 속으로 참고 있으니 더 아플 것이다. 털어놓고 싶지만 못하겠다. 왜

지는 나도 모른다. 나는 고민을 좀 털어놔야겠다.

서서히 은혜가 스며들어

마음을 털어놓자 했을 때 지훈이는 동생들을 이해하지 못하고 자기 말만 했다. 엄마를 생각하며 울었던 때와는 다른 분위기로 이야기를 끝낼 수밖에 없었다. 6월이 느리게 지나갔다. 6월에는 산딸기가 익는다. 2주 정도 아이들을 데리고 점심시간마다 뒷산에 가서 산딸기를 따 먹었다. 지훈이는 운동 능력이 좋고 재빨라서 산딸기를 잘 땄다. 동생들이 "오빠, 산딸기 잘 딴다", "오빠, 나도 줘!" 하며 지훈이를 따라다녔다. 산딸기를 따러 갈 때는 지훈이가 얌전해졌다. 인정받는 느낌이 좋았나 보다.

7월이 되었다. 생존 수영을 배우러 수영장에 다섯 번 갔다. 지훈이와 근석이는 깊은 곳에 가서 수영했다. 수영하는 날은 지훈이가 얌전해졌다. 7월 11일에 열린 삼척시 육상대회에서 지훈이가 600m, 1200m에서 1등을 했다. 방과 후에 지훈이가 육상부 연습을 하러 가면서 자연스럽게 동생들과 떨어졌다. 숨통이 트였다. 2년 전에 지훈이를 위해 공들여 쌓은 탑이 3박 4일 여행으로 한꺼번에 무너졌다. 그렇지만 한 번 쌓았던 탑을 다시 쌓는 데는 처음보다 시간이 덜 들었다.

2학기에 2학년, 3학년 자매가 전학 왔다. 아빠가 직장을 잃으면서 시골로 잠시 내려온 아이들이었다. 건강한 가정에서 자란 아이들이라 활발하고 명랑했다. 운동 능력도 좋아서 지훈이와 잘 놀았다. 소달 아이들은 지훈이가 뭐라고 하면 주눅 들어 움츠렸는데 새로 온 두 아이는 지훈이가 소리를 질러도 웃으며 받아쳤다. 신기하게도 지훈이가 두 아이의 반격을 즐거워했다. 반응하지 않는 미희를 답답해하며 괴롭혔지만, 반격하는 두 아이에게는 신경질을 부리지 않았다.

체육 시간

나는 요새 체육 시간이 좀 안 좋다. 미희가 자꾸 내 팀이 되면 적극적으로 하지 않고 그냥 가만히 있는 게 다반사이다. 요즘은 플로어볼을 하는데 게임을 하면 미희가 계속 집중 안 하고 멍 때리고 배운 대로 안 하고 이상하게 하고…. 물론 미희가 예지보다는 못한다는 걸 알지만 요새 들어 강도가 좀 심해지고 있다. 그래서 요즘 체육 시간이 좀 두려워진다.

그리고 난 워낙 승부욕이 강해서 지면 가만히 있지 못하는 스타일이라서 막 짜증이 나서 죽을 거 같다. 어떤 때는 미희를 때리고 싶은 적도 있었지만 오빠라서, 그리고 미희가 여자라서 때리지는 못한다. 답답해서 미칠 거 같은데 어떻게 하지도 못하겠고 너무 답답해서 미칠 지경이다. 그렇게 좋던 체육 시간이 이제는 악마같이 느껴진다. 오죽하면 권일한 선생님한테 체육을 안 하고 싶다고도 말한 적이 꽤 있다.

빨리 중학교로 가고 싶다. 빨리 중학교 가서 수준 맞는 친구들이랑 축구도 하고 플로어볼도 하고 싶고 좀 수준 맞는 아이들이랑 하고 싶다. 앞으로는 미희와 그리고 체육을 못 하는 아이들과 팀이 된다면 아무리 못 해도 화를 내지 않고 잘 이끌어 가고 싶다. 내가 곧 가면 애들이 "체육 할 때 화만 내는 오빠야!!!!" 이럴까 봐 그렇다. 앞으로 남은 체육 시간은 애들이랑 재미있게 하고 싶다. 그럼 나도 노력해야 되고 애들도 노력해야 한다.

지훈이는 돌봐야 할 동생이 아니라 같이 놀 수 있는 친구를 원했다. 예지와 친했던 것도 예지가 운동을 잘하고 지훈이를 편안하게 대했기 때문이다. 전교생이 열 명도 되지 않는 학교에서 6학년은 삼촌 같은 역할을 해야 한다. 지훈이는 누굴 돌볼 능력이 없었다. 같이 놀기를 원했는데 아이들은 지훈이를 무서워하기만 했다. 산딸기 따기, 생존 수영, 육상대회와 육상 연습, 알맞을 때 맞이한 방학, 그리고 활발한 두 아이의 전학이 답답했던 지훈이의 마음을 조금씩 시원하게 해주었다.

은혜였다. 내 마음이 마른 나무에 불이 붙은 것처럼 탈 때 하나님께서 은혜를 베푸셨다. 솟구쳐 오르던 긴장이 압력밥솥에서 김 빠지듯 '푸쉬~!' 하며 줄어들었다. 2학기에는 지훈이가 근석이와 함께 전학 온 아이들과 놀았다. 3학년이 6학년 오빠에게 잔소리하고 명령해도 좋아했다.

두 자매는 부모님과 우리 학교 관사에서 한 학기만 살다가 춘천으로 돌아갔다. 엄마 직장이 시내에 있어서 굳이 산골 관사에 올 필요가 없었다. 우리 학교 관사는 여름에 곰팡이가 피고, 겨울엔 보일러를 계속 작동해도 춥다. 방에서 지네가 나오고 관사 주위에는 뱀이 나타난다. 그런데도 자연에서 뛰어놀며 글 쓰는 게 좋아서 일부러 찾아왔다고 했다. 이 가족은 하나님께서 나를 위해 보내준 은혜의 선물이었다.

2015년을 마치며 내 기분은 좀 어정쩡하다. 왜냐하면 내가 이제 중학생이 된다는 것 때문이다. 그리고 2015년이 이렇게나 빨리 지나갔다는 것이 좀 안 믿기고 어정쩡한 기분이 들게 한다.

하지만 좀 맘에 들지 않은 일이 있다. 그것은 바로 내가 올해 시작하고 나서 애들을 놀리지 않고 착하게 바뀌겠다고 마음먹었는데 내가 좀 그러면 안 되는 성격인가 보다. 얼마 지나지 않아서 애들을 놀렸다. 올해에 그게 제일 마음에 들지 않았다.

지난해와 다른 점이 있다면 바로 우리 학교 학생 수가 두 명 더 늘었다는 것이다. 전학생이 와서 너무 좋다. 심지어 아주 귀여운 2학년, 3학년 자매가 전학해왔다. 정말 우리 학교에 경사가 난 거 같이 신이 났다. 걔네 때문에 약간 학교가 재미있어졌다. 올해에는 좋은 일, 안 좋은 일, 맘에 안 드는 일 여러 가지 일들이 있었지만 난 대부분 좋았던 거 같다. 정말 최고인 2015년이었다. 다음 해에는 좀 더 좋은 사람으로 바뀌어 있을 것이다.

2015년 정말 최고야!

지훈이는 자기 때문에 아이들이 최악의 한 해를 보냈다고는 생각하지 않았다. 그런 생각을 할 줄 몰랐다. 내게는 무너지는 탑을 부여잡고 버티다가 은혜를 만난 해였다. 고생하며 끙끙댄 소달초등학교에서 하나님이 나와 함께하심을 보았다. 하나님은 끙끙대는 나를 통해 아이들에게 은혜를 베푸셨다. 날마다 내가 닳아 없어진다는 걸 느끼면서도 나 때문에 아이들이 사랑을 깨닫고 달라지는 모습을 보는 은혜가 참 컸다.

하나님의 은혜로 다시 좋아진 2학기 어느 날 사진을 찍었다.
"사랑의 장풍으로 날려버릴 거야!"라고 제목을 정했다.
근석이, 지훈이, 미희, 예지가 사랑의 장풍을 맞고 날아간다.

울릉도 현장체험학습

가스폭발 사고 때문에 현장학습을 못 갔다고 해서 2013년에 전교생을 데리고 2박 3일 동안 대전으로 현장체험학습을 갔다. 아이들이 참 좋아했다. 가족이 여행을 거의 가지 않기 때문이다. 광부 학부모 여섯 명, 한부모 가정 한 명, 조손 가정 두 명 중 한 집만 가족여행을 다녔다. 그래서 아이들을 위해 해마다 특별한 여행을 준비했다. 2014년에는 2박 3일 동안 경주를 둘러보았다. 2015년에는 3박 4일 동안 서울에 다녀왔다.

부모님이 여행을 가지 않는다고 아이들이 가끔 하소연했다. 엄마, 아빠와 여행하고 싶다고 말했다. 나는 4년 근무가 끝나면 떠나야 한다. 내가 가족을 대신하지 못한다. 가족과 누려야 할 여행을 학교에서 대신해주는 걸로 끝내면 안 된다고 생각했다. 그래서 가족과 함께하는 행사를 시작했다. 2015년에 처음으로 가족 독서캠프를 했다. 부모님과 아이들 모두 가족 독서캠프를 좋아했다. 부모님들의 관심이 높아졌다.

아이들에게 부모님과 함께 여행한 추억을 선물하고 싶었다. 가족과 함께 현장학습을 가면 부모님이 자극을 받을 거라 생각했다. 어디가 좋을지 생각하다가 울릉도가 떠올랐다. 울릉도라면 학부모가 많이 참가하리라 기대했다. '가족과 함께하는 울릉도 여행'을 2박 3일 동안 계획했다. 학부모들에게 의견을 물었더니 울릉도에 간다면 대찬성이라고 했다. 다만 여러 사람의 날짜를 맞추기 어려워 1박 2일로 다녀왔다.

버스 타고 가서 목적지에 내려 아이들이 정해진 길 따라 구경하고 돌아오는 체험학습이 바람직하지 않다고 생각한다. 이렇게 하면 어떻게 갔는지, 무엇을 보고 배웠는지 잘 기억하지 못한다. 직접 걸으며 찾아다니고 현장에서 부딪치면서 체험하면 오가는 과정, 만난 사람, 보고 듣고 느낀 것이 모두 공부가 되고 추억이 된다. 그래서 현지 교통수단을 이용해서 다니는 여행을 계획했다. 학부모 일곱이 함께 가기 때문에 시내버스를 타고 다녀도 괜찮을 거라고 확신했다.

어긋난 계획, 은혜로운 손길

10월 12일 월요일 아침에 강릉항 여객터미널로 갔다. 학부모 일곱 명이 아이 열 명을 데리고 왔다. 광부 아빠 두 명, 잠깐 실직한 아빠 한 명이 와서 좋았다. 정말 놀라운 일은 미희 엄마가 휴가를 내고 세 시간이나 운전해서 오셨다는 것이다. 학부모들이 친한 친구를 만난 것처럼 환하게 맞아주었다. 미희는 며칠 전부터 엄마가 온다고 입이 귀에 걸렸다.

울릉도 기대

10월 12일에 울릉도에 간다. 울릉도는 1박 2일이어서 조금 아쉽다. 그치만 좋은 점도 있다. 바로 엄마와 같이 가는 것이다. 원래 독도도

가는 거였는데 배 타고 가는 시간 때문에 취소되었다. 아깝다. 독도가 실제로 어떻게 되어 있는지 궁금하고 들떠 있었는데…. 하지만 나는 그런 아쉬움보다 뭐니 뭐니 해도 엄마랑 같이 가는 것이 좋다.

정화는 부모님이랑 안 가는데 우리는 엄마랑 가니 조금 미안했다. 그런데 우리 엄마가 가는 거고 배 타고 가는 거니 보호자도 필요해서 엄마랑 같이 가기로 하였다. 부모님 없이 나만 간다는 게 약간 그렇고. 물론 선생님과 친구들도 같이 가지만 보호자 없는 건 불안해서 가는 걸로 결정되었다. 엄마와 같이 가는 울릉도가 기대된다.

표를 나눠주는데 지훈이가 아빠 곁에서 씩씩거렸다.

"아빠가 같이 간다고 해놓고는 인제 와서 안 간대요!" 하더니 울어버렸다. 울릉도에 가는 배를 보며 좋아하던 아이가 갑자기 아빠를 잃은 아이가 돼버렸다. 아빠는 어쩔 줄 몰라 하는데 지훈이는 계속 화를 내며 울었다. 지훈이 아빠는 페인트칠하는 일을 한다. 맡은 일이 있는 데다가 날씨가 좋을 때 일해야 해서 현장에 가야 했다. 지훈이를 다른 차에 태워 보내도 되는데, 미안한 마음에 아침 일찍 강릉까지 데려다주셨다. 아침에 울면서 배를 탄 지훈이가 저녁에 쓴 일기를 읽으며 '역시 지훈이답다!'고 생각했다.

일 중독자

오늘 드디어 울릉도에 간다. 근데 기분이 좋다가 말았다. 왜냐하면 아빠가 원래 같이 가기로 했는데 갑자기 여객터미널에서 안 간다고 했다. 그 말을 듣는 순간 진짜 뻥 1%도 안 치고 뒷목 잡고 쓰러질 뻔했다. 진짜 너무 짜증이 났다. 정말 은영이가 까불고 정화가 눈치 없는 짓 할 때보다 짜증이 10배 더 났다. 이 세상에서 못 느껴본 짜증이었다.

너무 아쉽다. 아빠랑 같이 못 가서 아쉽다. 같이 갔으면 진짜 좋았을 텐데…. 이런 생각이 들면서 왠지 이득이라고 생각했다. 왜냐하면 아빠가 만약에 못 가게 되면 침대 + 키보드 바꾸기 + 용돈 12만 원을 준다고 했다. 이만큼 받고 이렇게 즐거운데 엄청나게 이득이다. 어쩌면 아빠가 안 가는 게 나았을지도 모른다. 생각만 해도 기분이 좋다. 아빠가 그냥 그만큼 주고 먹튀 하려나 보다. 그래도 재밌으면 됐다. 오늘은 정말 좋은 날이면서도 안 좋은 날이다.

여객선에 엄마와 아이, 아빠와 아이, 엄마와 아빠 사이에 아이가 함께 앉았다. 멀미가 나도 아이들은 선생님이 아니라 아빠와 엄마를 찾았다. 보기 좋았다. 울릉도 도동항에 내려서 짐을 맡기고 점심을 먹었다. 시내버스를 타고 내수전 정류장까지 갔다. 내수전 독도전망대를 지나 안용복 기념관까지 갈 계획이었다. 답사왔을 때는 아침에 울릉도에 들어와서 숙소와 식당 예약하고, 교통수단 알아보고 저녁에 나가야 했기 때문에 가까운 몇 곳만 다녔다. 마을 주민이 내수전 독도전망대까지 얼마 걸리지 않는다고 해서 왕복 2시간 계획을 세웠는데 예상과 많이 달랐다.

점심을 먹고 내수전 독도전망대까지 1.6km를 걸었다. 아이들이 오르막을 즐겁게 걸었다. 오히려 어른들이 힘들어했다. 무릎이 아픈 한 분은 택시를 타고 손을 흔들며 휙 지나가셨다. 이때만 해도 모두 웃으며 즐거워했다. 안용복기념관 갈림길까지 2.5km를 다시 걸었다. 쉬운 길이었지만 아침부터 80km를 운전하고, 3시간 배 타고, 다시 오르막길을 걸어온 어른들에겐 쉽지 않았다. 더구나 안용복기념관 갈림길에 다다랐을 때 해가 지기 시작했다. 안용복기념관에 가지 못하고 돌아와야 했지만, 돌아오는 거리가 너무 멀었다. 반대편인 천부에서 버스를 타는 게 쉬웠다. 천부에서도 버스로 50분이나 가야 숙소가 나온다.

상황을 설명하고 천부까지 부지런히 걸어가자 했다. 울릉도에서 점심을 먹고 나서 저녁때까지 계속 걷기만 한 셈이다. 아이들이 노래 부르며 걷기 시작하자 힘들어하던 어른들도 따라 걸었다. 30분쯤 지났을 때는 앞서가는 가족과 마지막 가족의 거리가 500m 이상 벌어졌다. 택시를 타고 온 엄마가 아파서 잘 걷지 못했다. 함께 온 아빠가 화가 잔뜩 난 표정이었다. 아내를 부축해서 걷는 아빠 옆에서 아이가 조용히 따라갔다.

앞으로 한 시간은 더 걸어야 하기에 걱정이 점점 커졌다. 아빠 얼굴에 짜증이 가득해 보였다. 소달초에 오면서 이분이 화를 잘 낸다고 들었다. 내가 떠난 뒤에는 선생님에게 불만이 있어 교육청에 여러 번 민원을 넣기도 했다. 그런 분이 아내를 걱정하면서도 나한테는 아무 말도 하지 않았다. 그래서 마음이 더 불편했다. 무엇보다 날이 어두워질 것 같아 불안했다. 버스도 다니지 않는 좁은 콘크리트 도로라 차를 만나기도 어려웠다.

이때 자동차 엔진 소리가 들렸다. 구불구불 이어진 길이라 차가 보이지는 않았지만, 분명히 엔진 소리였다. 아빠, 엄마와 함께 걷는 아이를 멈춰 세우고 차가 오기를 기다렸다. 손을 흔들었더니 차를 세워주셨다. 강원도 산골 학교에서 학부모와 현장학습 왔다며 태워달라고 부탁했다. 운전사가 혼자 탄 봉고차였는데 뒤쪽 좌석을 모두 뜯어내고 짐을 싣게 만든 차였다. 아픈 엄마와 아이를 운전사 옆자리에 태우고 나와 아빠는 뒷공간에 앉았다.

잠깐 가다 보니 세 명이 보였다. 저 사람들도 일행이라고 했더니 태워주셨다. 잠시 뒤에 네 명이, 조금 지나서 세 명이 더 탔다. 열셋이 타자 아저씨가 당황하셨다. 우리는 아이 열 명, 학부모 일곱, 교원 다섯까지 총 스물두 명이다. 15인승이라 해도 스물둘이 모두 타는 게 무리인데 의자를 뜯어내서 공간이 넓고, 더구나 짐이 없어서 다 탈 것 같았다. 운전사에게 미안한 마음, 고마운 마음, 큰일 날 뻔했는데 다행이라는 마음이 한꺼번에 밀려왔다.

이런 상황에서는 아이들이 웃고 떠들면 분위기가 바뀐다. 먼저 탄 아이들이 나중에 타는 아이들에게 봉고차를 소개하며 이 차 대박이라고, 의자가 없어서 엄청 많이 탈 수 있다고 떠들어댔다.

“저기 있다. 저기 선생님 간다!” 하면 아저씨가 차를 세웠고, 우리는 봉고차 뒷문을 들어 올리고 “짜잔!” 하고 소리를 질렀다. 500m 정도 가면서 다섯 번 정도 아이들을 더 태웠다.

"우와! 멀리도 왔네. 우린 차 타고 왔지롱!" 하면서 즐거워했다. 5분 쯤 뒤에는 두 명이 앞자리에, 스무 명은 뒷공간에 빽빽하게 껴서 앉았다. 아픈 엄마, 지는 해, 지나가는 저녁 식사 시간, 지쳐가는 아이들…. 이 모든 걱정이 봉고차 한 대 덕분에 사라졌다.

봉고차를 타고 오면서 톨킨이 쓴 『호빗』이 생각났다. 간달프가 어둠 숲에 사는 베오른을 찾아갈 때 난쟁이 열셋을 두 명씩 나눠 차례대로 오게 했다. 간달프와 빌보가 먼저 가고, 조금 지나 난쟁이 둘이 나타나고, 얼마 뒤에 다른 난쟁이 둘이 나타났다. 여럿이 모이는 걸 싫어하는 베오른을 생각한 방식이었다. 아이들과 학부모들에게 『호빗』을 알려주며 함께 웃었다. 성의 표시로 3만 원을 드렸더니 운전기사도 좋아하셨다.

저녁을 먹고 학부모와 교직원이 이야기하는 시간을 가졌다. 나는 아이들과 함께 일기를 썼다. 지훈이가 놀릴 때마다 울었던 1학년 아이가 처음으로 아빠와 여행 왔다고 좋아했다.

울릉도 현장학습

김**(1 남)

오늘은 울릉도에 왔다. 산에 올라갔다. 멈추지 않고 계속 걸어갔다. 계속 가면서 삐끗했다. 잠깐 쉬다가 다시 걸어갔다. 꼭대기(내수전 독도전망대)에 도착해서 내리막길을 걸어갔다. 아빠랑 처음 여행을 왔다. 아빠랑 같이 와서 기분이 좋았다. 아빠랑 둘이 같이 잤다. 아빠는 배멀미 안 한다. 여행을 와서 신났다.

봉고차를 만나기 전까지 걱정을 많이 했는데 아이들은 즐거워하기만 했다. 아빠와 걸어서 좋았고, 엄마와 손잡고 다녀서 좋았다. 산에서 노래 부르며 행진해서 좋았고, 봉고차에 다 타고 웃어서 좋았다고 썼다. 아무리 고생스러워도 부모와 함께하는 여행은 무엇과도 바꾸지 못할 시간이었다. 부모도 아이와 함께 웃었다. 가족과 함께 걷는 길이 좋았고, 봉고차에서 내린 뒤에 먹는 아이스크림도 맛있었고, 버스를 기다리며 바라본 바다도 멋있었고, 버스에서 꿀잠을 잤다고 좋아하셨다. 저녁도 맛있었고 추억을 많이 남긴 하루가 다 좋았다고 하셨다. 피로가 가셨다.

은혜가 흘러가네

숙소가 있는 사동항에는 아침 먹을 곳이 없어서 도동항으로 가야 한다. 시내버스 시간을 확인하고 출발 시간을 안내했는데 늦었다. 아이들만 데려갔으면 5분 전에 버스정류장에 갔겠지만, 부모님들은 뜻대로 되지 않았다. 어른과 아이들을 이끌고 나오는데 늦게 나오는 사람, 사진 찍는 사람, 짐 확인하는 사람, 저쪽에서 시내버스가 오는데 나만 마음이 급했다. 200m쯤 떨어진 버스정류장에 가야 하는데 벌써 버스가 우리를 지나쳐 가려 한다. 이번 버스를 놓치면 얼마나 기다려야 할지 몰라서 무작정 버스를 향해 손을 흔들었더니 세워주셨다. 버스에 탄 뒤에 광부 아빠가 "선생님이 손 들면 봉고차도 서고, 버스도 세워주네요. 내가 손 들면 무시하고 더 빨리 가버리던데…. 하긴 제 얼굴이면 저도 안 세워줄 거예요" 했다. 어제 무릎 아픈 아내를 부축하고 걸으면서 화를 참았던 아빠가 오늘은 농담을 한다. 어른 아이 할 것 없이 깔깔대며 웃었다. 버스 기사님이 강원도에서 직장 생활한 이야기를 해주셔서 아이들이 신기해했다.

도동항에서 아침을 먹고 울릉도 해안선 일주 유람선을 탔다. 갈매기들에게 과자를 주며 아이들이 얼마나 즐거워하는지! 행남 등대까지 걷고, 태하까지 시내버스를 타고 갔다. 우리가 타면 버스가 꽉 찼다. 점심 먹고 모노레일을 타고 놀다가 저동항으로 돌아왔다. 좌석버스가 왔는데 우리가 타고 나서 자리가 꽉 차버렸다. 통로까지 서야 해서 더는 태우기 어려웠다. 우리가 탄 뒤에도 버스가 정류장에 멈췄지만, 내리는 사람이 없어서 아무도 타지 못했다. '좌석버스에 사람이 몇 명만 더 많았어도 우리가 타지 못했겠다' 생각하니 감사가 절로 나왔다.

1박 2일 동안 울릉도에서 계속 걸었다. 아이들은 노래 부르고 소리지르며 즐겁게 다니는데 학부모들이 힘들다고 헉헉댔다. 처음에는 학부모가 아이들의 짐을 들어주었지만, 나중에는 아이들이 부모님 등을 밀어주었다. 가족이 함께 밥을 먹고, 산을 넘고, 노래 부르고, 시내버스에 쪼그리고 앉아 졸며 다녔다. 자신과 비슷한 덩치의 아이를 안고 버스에서 자는 엄마와 아이가 참 많이 닮았다고 생각했다.

첫날 저녁에 아이들이 일기를 쓸 동안 학부모들과 교사들이 간담회를 했다. 괜히 따라와서 고생이라고 말하면서도 선생님들이 아이들을 부모처럼 돌봐주시는 걸 알겠다며 감사하다고 말했다. 울릉도 현장학습을 끝내고 마지막 저녁을 먹는 자리에서 학부모들이 이구동성으로 내년에도 같이 가자고 했다. "올해처럼 힘들게 다닐 텐데 괜찮습니까?" 했더니 운동해서라도 따라갈 테니 3박 4일로 가자고 했다.

걸으며 울릉도를 보았고, 강원도에서 생활한 이야기와 함께 울릉도를 소개해준 버스 기사를 만났고, 전교생이 가족과 함께 여행을 왔다고 반겨주는 울릉도 주민들을 만나서 너무 좋았다. 그러나 무엇보다 기억에 남는 것은 서로를 이해하고 사랑하는 마음이 깊어졌다는 사실이다. 무뚝뚝한 아빠와 아이가 손잡고 함께 산을 넘고 꼭 붙어 잠을 잤다. 미희는 방학 때만 만나는 엄마 품에 안겨 버스에서 잠을 잤다. 학부모와 교사 관계가 형님, 동생처럼 되었다.

출발 당일 갑자기 일이 생겨 못 가는 아빠 때문에 운 지훈이, 아빠와 처음 여행을 왔다는 말을 몇 번이나 하는 1학년 아이, 다리 아픈 엄마 걱정하며 자기는 괜찮다고 웃는 예지, 학부모들을 걱정해주는 교사, 교사를 걱정해주는 학부모, '정말 교육 가족이구나!' 생각한 시간이었다. 미희는 엄마와 함께한 울릉도 여행이 너무 좋았나 보다. 1년을 돌아보며 쓴 글에 울릉도 이야기로 가득 채웠다.

> 우리는 올해 많은 체험을 하고 추억을 남겼다. 가장 기억에 남는 일은 울릉도 현장체험학습이다. 울릉도는 엄마와 가서 좋았다. 오랜만에 엄마와 잠을 같이 잤다. 울릉도가 그다지 좋지는 않았다. 점수로 따지면 90점. 산에 가서 10점이 줄었다. 산을 2시간 좀 넘게 타야 했다. 다리가 아프기보단 발이 아팠다. 난 왜 평발로 태어났는지 궁금

하다. 산이 힘들고 지옥이었지만 엄마가 중간중간에 편하게 해줬다. 엄마랑 같이 하니 완전 힘들지 않았다. 아쉬운 점이 또 있다. 엄마랑 같이 자고 싶은데 친구들이랑 같이 자라고 하셨다. 아쉬웠다. 엄마랑 사진 많이 찍고 같이 배에서 자고 참 좋았다. 내년에는 부모님과 같이 현장학습 가는 날이 많으면 좋겠다. 내년에는 2박 3일이나 3박 4일로 올해 못 간 가족까지 모두 함께 현장학습을 떠나면 좋겠다.

2016년에는 미희의 소원대로 학부모와 함께 미희 엄마가 사는 도시, 미희가 살던 도시에 갔다. 엄마 다섯, 아빠 한 명이 참가했다. 울릉도에서 걷기 힘들어했던 광부 아빠와 엄마, 외딴 산골에서 소아마비 할아버지와 지적장애 할머니와 사는 아이의 학부모만 오지 않았다. 300km를 가는 4시간 내내 미희는 엄마를 만날 기대에 가득 차서 웃었다. 미희 엄마와 함께 문화 유적이 많은 도시를 둘러보았다. 활을 쏘고, 전통 공연도 보고, 맛있는 것을 먹으며 즐겁게 놀았다.

저녁에는 그 도시에 있는 기독교 학교 교장 선생님이 요리사를 보내주셔서 맛있는 음식을 푸짐하게 먹었다. 캠핑카에서 잤는데 모두 캠핑카가 처음이라 하셨다. 이튿날에는 기독교 학교에서 도시 아이들과 같이 수업에 참여했다. 아이들이 각 학년 교실에서 또래 친구와 지낼 동안 학부모들은 학교를 둘러보았다. "오직 성령이 너희에게 임하시면"이라고 쓰인 말씀 현수막 아래에서 기독교 학교의 정신을 듣는 모습이 참 좋았다.

미희가 졸업하며 "이제 소달초등학교를 떠난다. 4년 동안 지낸 나날을 돌아보면 '하나님의 뜻대로 행하면 축복받는다'는 말이 맞다"고 썼다.

내수전 전망대에서 찍은 사진이다. 사진 한 장에 여러 이야기가 보인다. 간 이식한 형, 지훈이와 미희, 근석이와 예지, 광부 아빠와 아이, 미희와 엄마….

석 달 뒤에 근석이와 지훈이를 졸업시켰다. 이듬해에 예지와 미희를 졸업시키고 나도 소달초를 떠났다. 미희는 중학생이 되면서 엄마 품으로 돌아갔다. 하나님이 베푸신 은혜가 사진에 가득하다.

이별

두 아이와 도서관에서 겨울밤을 보내다

2015년 12월 22일 저녁에 작은 음악회를 했다. 학부모에게 솜씨를 보여주는 자리였다. 전교생 열 명이 플루트, 오카리나, 우쿨렐레를 연주하고 노래를 불렀다. 난타 공연을 하고 춤을 췄다. 강원도 사투리로 연극도 하고 사물놀이도 했다. 가스폭발 이후로 학생이 점점 떠나던 학교가 다시 살아나는 듯했다.

학부모와 아이들이 집으로 돌아가고 교사들도 모두 퇴근했다. 나는 졸업하는 지훈이, 근석이와 학교에 남았다. 사방으로 책장이 둘러싸인 도서관에 이불을 깔아놓고 두 아이와 산에 올랐다. 며칠 전부터 진짜 밤에 산을 오르느냐고 묻더니 신발 신고 나서는데도 진짜 가느냐고 물었다. 내가 "남자잖아. 너희 둘도 남자야. 6학년 담임과 학생이 이렇게 만나기 어렵다. 학교에서 잠만 자면 뭐 하겠냐? 산에 간다면 가는 거야!" 하고 나섰다.

우리 학교는 태백산맥 자락에 있다. 교실 현관 앞에 뱀이 똬리를 트는 곳이다. 급식소로 가는 길에도 뱀이 기어 다녔다. 운동장에 고라니 발자국이 남아 있고, 학교 옆에서 마을 사람들이 멧돼지를 잡았다고 했다. 게다가 가까운 노곡면에서 일주일 전에 한 사람이 멧돼지에 물려 죽었다. 멧돼지 소식을 들은 날부터 걱정돼서 우리가 걸어갈 길에 짐승 발자국이 있는지 몇 번이나 살폈다. 추워서 뱀은 없을 테고, 고라니 발자국이 보이긴 하지만 멧돼지 흔적은 보이지 않았다. '혹시 멧돼지가 나타나면 어떡하지?' 하다가도 '아니야. 하나님이 지켜주실 거야'라고 생각했다.

평소에 멧돼지가 다니는 길목이 아니기 때문에 '괜찮겠지!' 하며 9시 35분에 뒷산으로 나섰다. 두 녀석에게 손전등을 하나씩 들려주고 뒤를 따랐다. 두 아이가 몇 발 걷고는 내가 오는지 확인하려고 돌아보았다. 달이 보름달로 바뀌고 있지만, 날씨가 흐려서 달빛이 어슴푸레 비치는 게 으스스했다. 어둠에 어느 정도 적응된 뒤에 손전등을 끄자고 했다. 손전등을 끈 뒤에는 바스락 소리만 나도 호들갑을 떨고 나뭇가지 하나만 튀어나와도 귀신을 만난 것처럼 소리를 질렀다.

산 중턱에 무덤을 옮기고 흔적이 남은 빈터가 있다. 무덤 둘레에 쌓은 돌담에 앉아 하늘을 봤다. 흐리지 않았다면 별이 가득했을 텐데 아쉬웠다. 아이들에게 우리가 앉은 자리가 예전에 무덤이었다고 하니 놀라며 어디냐고 묻는다. "저기" 하며 소리를 빽 질렀는데 놀라지 않는다. 안 무서웠나 싶었는데 나중에 물어보니 진짜 무서웠다고 고백했다.

꼭대기에는 무덤이 세 개 있다. 거길 지나는데 말이 많아진다. 두려운가 보다. 학교 뒤에 1,500살 된 구렁이 아홉 마리가 등장하는 전설이 있는 은행나무가 자란다. 내려오는 길에 이 은행나무를 지나야 한다. 지난해에 아이들과 여기 왔다가 2m가량의 긴 뱀을 봤다. 그 뒤로는 지날 때마다 뭔가 으스스했다. 근석이가 구렁이 전설을 소개하는 안내판을 읽고 가겠다기에 잠깐 멈췄다. 안내판 앞에서 근석이가 글씨를 읽는 동안 지훈이를 데리고 도망갔다. 헐레벌떡 뒤늦게 쫓아 내려온 근석이와 함께 신나게 웃었다.

계곡에 놓인 다리를 건너, 자주 산책하던 길을 지나 학교 쪽으로 방향을 바꾸었다. 저기 앞에 서낭당이 보인다. 참나무 몇 그루가 서낭당 위에 드리워 있고 앞에는 새끼줄을 둘러놓았다. 흐릿한 달빛 아래서 서낭당 앞을 지나가려니 써늘하다. '웃기고 있네. 저건 사람이 만든 거야!' 하면서도 약간 두려운 마음이 들었다. 아이들이 여기를 가장 무서워했다. 서낭당 문 두드리기 시합을 하자고 하니 질겁했다.

서낭당 앞에서 문고리를 잡고 두드렸다. 두 아이가 "헉!" 하면서 뒤로 물러선다. 안에서 머리 잘린 여자 귀신이 나올 것 같다면서 그냥 가자고 했다. "난 하나님 믿기 때문에 안 무서워!" 하면서 서낭당 문을 열고 안에 들어갔다. 뭔가 차가운 기운이 확 하고 튀어나올 것 같았지만 아무 일도 일어나지 않았다. 서낭당 바닥에 흩어져 있는 쥐똥만 보였다.

두려움은 현실보다 먼저 마음에 다가와서 진을 친다. 두려움이 진을 치게 놔두면 현실이 왜곡되어 보인다. 그러면 올바로 판단하지 못한다. 두려움에 사로잡히면 온도 차이 때문에 생기는 서낭당 안의 서늘한 기운을 귀신이 다가오는 증거라고 착각할 것이다. 하나님이 우리에게 주신 것은 두려워하는 마음이 아니다(딤후 1:7). 그래서 걱정하지 않았다.

서낭당에 어두운 영이 진을 치고 있다고 대적기도를 하지는 않았지만, 문을 열고 들어가는 순간 알았다. 여기 아무것도 없다는걸. 무서워하는 아이들을 데리고 돌아왔다.

도서관에 돌아와서 과자를 먹고 책들 사이에 누웠다. 둘 다 엄마가 없다. 근석이는 소달초등학교 처음 와서 가정방문 갔을 때 할아버지가 엄마 얘기는 절대로 하지 말아 달라고 부탁했다. 지훈이는 학교폭력 권고 전학으로 우리 학교에 왔다. 엄마와 살다가 아빠가 사는 곳으로 왔는데 엄마는 브라질로 이민을 갔다. 기분이 참 묘했다. 나와 함께 간직한 추억을 이야기하다 잠들었다.

추운 겨울이지만 난방이 되지 않는 도서관에서 잤다. 사나이라면 이 정도 추위는 견뎌야 한다며 난방기도 끄고 잤다. 나는 추위를 잘 견디기 때문에 괜찮지만, 아이들이 추울까 봐 몇 번이나 깼다. 겨울에 넓은 도서관 가운데 누웠으니 당연히 춥다. 아이들이 끙끙대거나 움직이면 추운 게 아닌가 하고 깼다. 비까지 부슬부슬 내려 더 을씨년스러웠다. 3시쯤에 난방기를 켰다. 아침에 일어나서 물어보니 잘 잤다고 했다.

아침에 라면을 끓였다. 근석이 할머니가 싸주신 밥과 김치를 꺼내 놓고 기도했다. 건강하게 지내다가 졸업해서 감사하다고, 중학교에서도 건강하고 행복하게 살게 해달라고 예수님 이름으로 기도했다. 두 아이 모두 잘 자라면 좋겠다. 아이들이 뜨끈한 국물을 마시며 최고로 맛있는 라면이라고 행복한 표정을 지었다. 방학식 하러 와서 기웃거리는 동생들 앞에서 둘은 우쭐대며 마지막 추억을 남겼다.

소달초에 처음 왔을 때 도서관이 책을 쌓아놓은 진열장 같았다. 벼르고 별러 책을 옮기고 정리했다. 사방을 책으로 막고 가운데 두꺼운 매트를 깔았다. 책들 사이에서 많이 놀았다. 이곳에서 책 놀이를 만들었다. 독서캠프도 시작했다. 내가 하는 대부분의 독서 활동이 소달초에서 나왔다.

2015학년도 겨울 방학하기 전날, 지훈이와 근석이를 오른쪽 왼쪽에 두고 그 사이에 누웠다. 춥지는 않나, 이불은 잘 덮었나, 무서워하지는 않나 걱정하며 잠을 설쳤다. 나와 달리 두 아이는 잘 잤다. 돌봐주는 어른이 있으면 아이는 잘 잔다. 환경이 좋지 않아도 사랑받는 아이는 잘 먹고 잘 자란다.

몇 년 뒤 추석 때 근석이 할아버지에게 안부 전화를 드렸다. 근석이가 대학 진학을 위한 자기소개서를 쓸 때 글을 봐주겠다고 했더니 할아버지께서 "꼭 선생님이 자기소개서 봐주세요" 하셨다. 내 자녀가 쓴 자기소개서를 읽는 느낌이 들 것 같기도 하다.

근석이와 지훈이는 2022년 1월에 고등학교를 졸업했다.

졸업식

2월 16일에 졸업식을 했다. 하루 전에 근석이, 지훈이, 예지, 미희와 동그랗게 앉아 지난 일을 돌아봤다. 내가 소달초등학교에 오게 된 과정을 말해줬다. 그리고 예수님을 믿으라고 했다. 근석이는 가스폭발 사고가 난 이후로 교회에 다시 가지 않았다. 다른 아이들도 교회에 들락거리기만 했다. 지금 예수님을 믿는다고 확실하게 고백하지는 않았지만 언젠가 예수님을 믿을 거로 생각한다. 울며 씨를 뿌리러 나가는 자는 기쁨으로 단을 거두리라 하셨으니 아이들을 하나님 곁으로 인도해달라고 기도한다.

시골 학교 졸업식에서는 송사와 답사를 하는 전통이 있다. 5학년 대표가 졸업생에게 쓴 글을 읽으면 졸업생 대표가 동생들과 선생님께 드리는 글을 읽었다. 그러나 대부분 교사가 쓰거나 지난해에 쓴 글을 그대로 읽기 때문에 의미가 적다. 나는 송사, 답사 대신 졸업생이 선생님께, 선생님이 졸업생에게 쓴 편지를 읽게 했다. 근석이는 눈물을 참았고, 지훈이는 편지를 읽기 시작할 때부터 울었다. 나도 "사랑하는 근석이와 지훈이에게"라는 말을 읽고는 한참 동안 아무 말 없이 서 있어야 했다.

> 안녕하세요? 졸업생 근석입니다. 제가 벌써 졸업하네요. 입학을 한 것이 엊그제 같은데 정말 아쉽습니다.…마지막으로 권일한 선생님, 제가 4학년 때 처음 만났는데 지금까지 저희를 즐겁게 해주시고, 독서캠프 날 같이 자기도 하고, 밤에 산에도 같이 올라가고, 아침에는 같이 밥도 먹고 정말 즐거웠습니다. 그리고 평소 공부를 가르쳐주실

때에도 화를 내지 않고 설명하셔서 좋았습니다. 선생님이 오신 날부터 생일날마다 케이크도 먹고 현장학습도 좋은 곳에 다니게 되었습니다. 또 책벌레 선생님을 만나 평소 읽지 않았던 책도 좀 더 읽게 되고 글쓰기 실력도 예전보다 좋아진 거 같습니다. 선생님을 만나서 정말 즐거웠습니다.

선생님 절대 잊지 않을게요.

근석 올림

안녕하세요? 졸업생 지훈입니다. 제가 전학해와서 2년 반 동안 참 많은 추억이 생겨서 엄청 좋습니다. 소달초에 오기 잘한 것 같아서 너무 좋습니다. 동생들한테 너무 못되게 한 것도 많았고 놀리기도 많이 놀리고 잘해준 것도 별로 없지만 그래도 재미있게 놀고 나름 오빠노릇 잘해주었다고 생각합니다. 중간에 전학해온 **와 **이가 다시 춘천으로 가서 친구들이랑 재미있게 지내면 좋겠습니다.

그리고 동생들에게 할 말이 있습니다.

얘들아, 내가 많이 놀리고 잘해주지도 못하고 괴롭히고 그랬잖아. 정말 미안해! 지금 보니까 완전 잘못한 거 같더라. 미안하다. 내가 가도 **, **, **, 혜정, 정화, 예지, 미희 서로 싸우지 않고 재미있게 놀도록 해. 싸우면 안 돼! 물론 대장 예지가 말리겠지만 그래도 싸우면 안 된다. 얘들아 파이팅! 내 친구 근석아, 네가 있어서 재미있었다. 중학교 가서도 친구들과 잘 지내라.

그리고 저를 가르쳐주신 권일한 선생님! 지금까지 정말 감사했습니다. 제가 로션을 안 가져왔을 때 선생님이 빌려주셔서 살았어요. 로션 안 바르면 엄청 따가운데 감사했습니다. 그리고 근석이랑 저랑 많이 재미있게 놀아주시고 애들이랑도 잘 놀아주셨잖아요. 그것도 감사해요. 그리고 밥 먹을 때마다 맛있는 거 있으면 애들이랑 저한테 나눠주셨잖아요. 그럴 때마다 '선생님도 드시고 싶으실 텐데 왜 우리에게 주시는 거지?' 이런 생각이 들었어요.

어쨌든 2년 반 동안 쭉 같은 반은 아니었지만 제가 잘 졸업하게 해주신 선생님인 거 같아요. 독서캠프 할 때도 정말 재미있었어요. 담력 훈련도 재미있었고, 자는 것도 재미있었습니다. 선생님 그동안 감사했습니다. 소달초를 떠나지 않는다면 저를 볼 수 있으니까 다른 학교 가면 안 돼요! 그럼 중학교 가서도 잘하는 지훈이가 되겠습니다.

지훈 올림

사랑하는 근석이와 지훈이에게

우리가 만난 지 3년이 되었구나.…나는 2013년 3월에 근석이, 예지, 수인이 담임이 되었어. 근석이와 수인이가 화상치료를 하고 있었지. 화상치료가 힘들긴 했지만 잘 견디고 있더구나! 화상이 피부에 상처를 남겼지만 마음까지 다치게 하지는 않았다는 걸 알았지. 특히 근석이는 밝고 순수했어. 동생들과 친하게 잘 지내서 꾸중할 일이 없더구나. 근석이를 만나게 하신 하나님께 감사했어.

3월에 미희가 전학해왔고 11월에 지훈이가 전학해왔어. 교실에서 몇 번 같이 울었는데 기억나니? 자장가 부르다가 울었고, 글 쓰다가도 울었잖아. 너희들은 마음에 상처가 많더구나. 상처를 감춰두고 꾹꾹 누르면 잘못된 방향으로 자랄 수 있어. 그래서 풀어버릴 기회를 주었던 거야.

2015년에 다시 지훈이와 근석이 담임이 되었어. 즐거운 일이 참 많았네. 목화를 따고, 탁구와 프리테니스 치고, 수영장에 가고, 스키 타러 가고, 함께 글을 쓰고, 공부도 열심히 했네. 독일에서 온 **이와 서울에 가고, 가족과 함께 울릉도에도 갔네. 특히 12월 23일에 근석이, 지훈이와 함께 도서관에서 잤던 일이 가장 기억에 남는다. 무서워하는 너희들을 데리고 뒷산에서 담력 훈련하고 한밤중에 서낭당 문을 열어봤잖아.

중학생이 되고 더 커서 어른이 돼도 소달초등학교에서 함께한 추억을 절대로 잊지 마라. 초등학교를 떠나는 너희에게 한 가지 부탁이 있어. 사랑해라. 너희를 길러주신 분들을 사랑해라. 친구와 동생, 이웃을 사랑해라. 앞으로 너희를 힘들게 하는 일, 아프게 하는 사람을 만날 텐데 그때마다 근석이와 지훈이를 사랑하는 사람을 기억하고 이겨내라. 무엇보다 나를 너희에게 보내주신 하나님이 너희를 사랑한다는 사실을 꼭 기억하면 좋겠다.

힘든 일이 많았지만 너희가 졸업하는 모습을 보니 너무 기쁘고 자랑스럽다. 몸과 마음이 건강하게 자라서 사람들에게 칭찬받고, 많은 사람에게 빛과 소금이 되는 사람이 되어라. 사랑한다.

졸업식 날에 권일한 선생님이

편지를 읽고 아이를 끌어안는데 속에서 뭉클한 게 올라왔다. 교사가 되어 처음으로 6학년 졸업식을 맞았을 때, 분교에서 상처 많은 아이들을 졸업시킬 때 느꼈던 마음이었다. 눈물을 참지 못했다. 4년 동안 아이들과 지낸 시간을 눈물로 끝냈다. 졸업식이 끝나고 가족과 인사하는데 근석이 할머니가 수고했다며 고개 숙여 인사하셨다. 오랜만에, 정말 오랜만에 따뜻한 눈물이 배어 있는 눈빛을 만났다. 그 눈빛은 내게 "상처 많은 아이를 사랑으로 잘 가르쳐주셔서 감사합니다"라고 말했다. 나도 똑같은 눈빛으로 할머니에게 "다섯 살에 엄마와 아빠 떠나 시골에 온 손자를 잘 키우셨어요. 엄마 때문에 생긴 상처를 할머니가 사랑으로 채우셨어요. 감사합니다"라고 말했다. 눈이 날리는 주차장에서 할머니와 마주보고 서로에게 감사하며 고개 숙인 모습이 마음에 남았다.

예지 엄마

소달초등학교를 떠난 뒤에도 2017-2020년까지 예지 엄마와 같은 학교에서 근무했다. 예지 엄마가 근무하는 돌봄 교실이 도서관 바로 앞에 있어서 가깝게 지냈다. 같은 학교 동료라기보다 예지 엄마(학부모)라는 생각이 더 컸다. 30년 교사로 지내며 3년 동안 담임으로 만난 아이는 예지뿐이다. 2020년에 예지 엄마에게 글을 하나 받았다.

> 시간을 되돌려 쭉 생각해보니 선생님과 많은 추억이 떠올랐다. 우리 집 막내가 초등학교 3-5학년까지 담임 선생님으로 만나 지금(2020년) 고등학

교 1학년이 되었다. 3년 동안 담임 선생님으로 만난 건 작은 학교니까 가능한 일이 아니었을까? 내 욕심으로는 6학년 졸업할 때까지 봐주셨으면 했지만 그게 어딘가!

선생님을 생각하면 젖은 바짓가랑이를 걷어 올리고 아이들과 웃으며 운동장을 가로질러 오던 모습이 가장 먼저 떠오른다. 냇가에서 아이들과 고기를 잡으러 다니고, 농작물을 키우고, 점심시간마다 산으로 아이들과 돌아다니시던 모습, 운동장에서 티볼과 축구를 하며 아이들과 뛰고, 현장체험학습 중 이동하는 차 안에서 늘 책을 보시던 모습, 아이들과 수많은 글짓기를 하고, 상담으로 아이들을 다 울리시던 모습 등 돌이켜보니 너무 많다.

이 많은 걸 하시려고 밥도 많이 드시나 보다. 매 순간 모든 일에 열정적인 분이시라는 생각이 든다. 다른 학교로 전근 가서도 아이들에게 하시는 모습이 한결같은 점이 너무 좋다. 이렇게 모든 힘을 쏟아부으니 감기도 잘 걸리는 걸까? 가끔, 조금 내려놓으셨으면 하는 마음도 들 때가 있다.

아, 소달초등학교에서 6학년을 맡으셨을 때, 졸업식 날 그렇게 펑펑 우시는 선생님은 처음 봤다. 졸업식 전에 맡으셨던 반 애들과 도서관에서 같이 잠도 자고. 아무리 돌아봐도 내 생애 이런 선생님은 처음 보고 다시 보기 어려울 것 같다. 그러니 내 막내하고, 내가 얼마나 운이 좋은 건지 새삼 느낀다.

내 인생에서 아이들 선생님이라 하면 제일 먼저 떠오를 것 같다. 미로초등학교에 와서도 아이들 집을 찾아다니며 아이들을 돌보신다. 비록 마음으로지만 앞으로 어디 계시던 항상 가슴에 기억하고 감사드린다고 전하고 싶다.

무슨 일 있어?

사람을 만나고 가르치는 일을 하는 교사에겐 모든 아이가 다 소중하다. '이번만은 연습한다 생각하자' 할 수 없다. 아이는 망가진 뒤에 다시 고치면 되는 물건이 아니라 인격이기 때문이다. 나쁜 영향을 주는 사람을 만나면 물론이고, 서로 맞지 않는 사람을 만나도 상처받는다. 상처받으면 뒤틀리거나 꺾이고, 극복하려면 한동안 끙끙대며 힘을 모아야 한다. 아이들을 사랑하고 아껴주는 사람을 만나야 낫는다. 그렇지 않으면 아이가 아프게 자란다.

처음 교사가 되었을 때 아이를 로봇처럼 생각했다. 명령어를 입력하면 그대로 실행할 거로 생각했다. 말도 안 되는 생각이었다. 아이들은 해마다 달랐다. 새로운 아이에 맞춰 해마다 새로운 고민을 해야 했다. 그때마다 아이를 상대로 연습하는 것 같아 미안했다. 나는 새로운 아이들을 만나면서 배우고 또 배웠지만, 아이들은 어설픈 선생을 만나 힘들었을 것이다. 나무가 잘 자라지 못하면 옹이가 생기고 나이테가 좁아지는 것처럼 말이다. 상처를 그만 주고 퇴직하는 게 낫다고 생각하면서도 꾸역꾸역 학교에 갔다.

나는 좋은 교사가 아니었지만, 아이들은 햇병아리 교사를 사랑해주었다. 자기들을 함부로 대하는 사람에게도 따뜻한 손을 내밀었다. 내가 아이들을 걱정해줘야 하는데 아이들이 나를 걱정해주었다. 내가 어설프게 지식을 가르칠 동안 아이들은 내게 사람 대하는 법을 알려주었다. 화를 내도 아이들은 금방 괜찮아져서 웃었다. 내가 오해하고 잘못해도 아이들은 나를 선생으로 인정해주었다.

나도 아이들을 사랑하려고 노력했다. 수영장이 없던 시절에 바다에 가서 체육 수업을 했다. 아이들과 하이킹하고, 우리 집에 데려와서 자고, 볼링장에 가고, 주말에도 같이 놀았다. 다달이 문집을 만들었다. 사랑하는 방법을 모르는 사람이 이벤트 해주고는 잘한다고 생각하는 것 같았다. 평소에 아이들 마음에 관심을 기울이고 따뜻하게 말하는 게 중요하다는 걸 나중에 알았다. 그런데도 눈에 띄는 활동들 덕분에 사람들이 나를 좋은 교사라고 인정해주었다. 나는 그 인정을 즐겼다.

폭발하는 교사

사람들의 인정은 좋았지만, 나는 좋은 교사가 아니었다. 나는 폭발하는 교사였다. 아이들과 잘 지내다가도 갑자기 벌컥 화를 내며 폭발했다. 화를 낼 일도 아닌데 화가 솟구쳤다. 왜 화가 나는지 몰랐기 때문에 폭발을 막는 방법을 몰랐다. 아이들이 보여주는 비슷한 행동에 어떤 날은 웃어넘겼고, 어떤 날에는 꾸중했다. 일관성 없는 태도는 눈치 보는 아이를 만든다. 상처 많은 아이일수록 더 눈치를 보았다.

실수를 되풀이했다. 화를 냈다가 잘해주고, 어느 날 다시 폭발하고는 후회했다. 내 허물과 죄악으로 아이에게 상처를 주는 줄 알면서도 고쳐지지 않았다. "다시는 이런 실수를 되풀이하지 않겠다" 결심해도 소용없었다. 아이들에게 열 가지를 잘해주어도 한번 폭발하면 와르르 무너져 내렸다. 나를 돌아보고, 상담 책을 읽고, 고민하고 고민하면서 폭발하는 까닭을 알았다. 내가 상처받아서 마음을 조절하지 못한다는 걸 알았다. 내가 상처받았을 때와 비슷한 상황을 만나면 나는 폭발했다.

서른에 아빠가 되었다. 내가 아빠가 되다니 신기했다. 그러나 나는 꼬물꼬물하다가 비틀비틀 일어선 내 아이에게도 폭발했다. 아기가 무얼 안다고 화를 냈을까? 어리디어린 아이에게 화내는 내가 싫었다. 다시는 화내지 않겠다고 결심하고도 다시 폭발했다. 화를 낼 때는 아이가 싫었고, 화를 낸 뒤에는 내가 정말 싫었다. 내 생명의 열매를 미워하고 금방 나 자신을 미워하는 짓을 되풀이했다.

마흔 살 정도 되었을 때 "행복한 수업 만들기"라는 교사 모임 연수에 참여했다. 기독교 세계관으로 수업하려는 교사들이 해마다 나누고 배우는 시간을 가졌는데, 나는 『산둥 수용소』 토론을 맡았다. 첫날 안부를 나누는데 20년 동안 아이를 잘 가르쳤던 교사 두 명이 1학기가 너무 힘들었다며 펑펑 울었다. 두 분의 이야기를 들으며 몇 쪽 분량으로 준비한 질문을 바꾸었다.

"산둥 수용소를 토론하기로 했죠? 이 책의 부제가 '인간의 본성, 욕망, 도덕적 딜레마에 대한 실존적 보고서'입니다. 인간이 어떤 존재인지,

인간을 어떻게 대해야 하는지 보여주는 책이지요. 우리가 토론할 질문은 한 가지입니다. 선생님은 학교에서 아이가 눈에 띄는 행동을 했을 때 '무슨 일 있어?'라고 묻는 교사입니까? 아니면 '하지 마!'라고 말하는 교사입니까?"

아이의 행동을 보고 어떤 교사가 "무슨 일 있어?"라고 묻는다. 같은 상황에서 다른 교사는 "하지 마!"라고 말한다. 여러분은 뭐라 말하는지, 왜 그렇게 말하는지, 어떻게 하는 게 나은지 이야기해보자고 했다. 참석자 절반은 자신이 "무슨 일 있어?" 교사, 절반은 "하지 마!" 교사라고 말했다. 많은 교사가 아이에게 하지 말라고 해야 할 경우와 무슨 일이 있는지 물어야 하는 경우가 다르다는 걸 처음 생각했다고 했다. 아이에게 언제, 어떻게 말해야 하는지 함께 고민했다.

나는 하지 말라고 강요하는 교사로 시작했다. 내가 옳은지 생각하지도 않고 무조건 명령했다. 내가 설득이 아니라 통제와 조정을 앞세우는 사람이라는 걸 깨닫고 부끄러웠다. 그런 짓을 하지 않겠다고 다짐했다. 단번에 고치지는 못했지만, "하지 마"가 조금씩 줄고 점점 "무슨 일이 있는지" 묻게 되었다. 상처 많은 아이를 만나면서 눈에 보이는 행동보다 행동을 일으키는 마음이 중요하다고 깨달았다. 행동은 마음에서 보내는 신호이며, 행동을 고치려면 행동을 일으키는 마음을 살펴야 한다. "하지 마!"라는 말보다 "무슨 일 있어?"를 물을 수밖에 없었다.

"하지 마"라고 할 때는 내 기준만 내세웠는데 "무슨 일 있어?"라고 물으면서 조금씩 아이의 마음을 알게 되었다. 소달초를 떠난 뒤에는 "하지 마"라는 말을 거의 하지 않았다. 아이가 슬퍼하거나 힘들어할 때뿐만 아니라 잘못 행동하거나 나쁜 행동을 할 때도 무슨 일이 있냐고 물었다. 아이들은 화를 내야 할 상황에서 무슨 일이 있는지 묻는 나를 믿어주었고 감추어둔 이야기를 해주었다. 아이뿐만 아니라 엄마, 할아버지와 할머니도 마음을 열고 아픈 이야기를 들려주셨다. 함께 울고 웃었다. 사랑하고 사랑받으며 참 행복했다.

폭발하는 아이들

주의력 결핍 과잉행동장애(ADHD), 아스퍼거 증후군, 정서·행동·발달장애, 의사소통장애 등 요즘 아이들이 겪는 병이다. 폭발하는 아이를 감당하기 어려워 병 이름을 붙인다는 생각이 들 정도로 새로운 이름이 늘어난다. 공감하지 못하는 게 아이의 잘못이 아니라 병 때문이라 하면 그나마 받아들이기 쉽다. 병에 걸리면 약을 먹어야 한다. 그래서 폭발하는 아이에게 약을 먹인다. 약은 폭발력을 줄이지만 아이를 무기력하게 만든다. 마음에 병이 있는 아이에게 약이 능사는 아니다.

교실에 있는 모든 친구와 싸운 아이가 있었다. 동생들과도 싸우고 때렸다. 6학년이 1, 2학년에게 소리를 질렀다. 5학년 동생과 다투다가 교감 선생님이 말리자 "저 새끼 죽여버려도 돼요?"라고 소리를 지르며 폭발했다. 체육 시간에 친구와 싸우다가 말리는 체육 선생님에게는 욕을 하며 덤볐다. 나중에는 교장 선생님과도 목소리를 높이며 싸웠다. 비아냥과 비난, 간섭과 욕을 달고 지냈다.

아이 집에 가정방문을 갔다. 엄마가 아이 때문에 많이 힘들었다고 말하며 울었다. 엄마가 힘들게 지낸 나날이 생각나서 같이 울었다. 서울에 있는 병원에 다니며 상담하고 약을 먹인다고 했다. 싸움과 욕설, 비난과 폭발이 아이가 아픔을 표현하는 거라고 생각했다. 병원에 가는 날, 엄마에게 약이 아니라 상담으로 치료하자고 했다. 의사 선생님이 동의해서 그때부터 약을 먹지 않았다.

저학년 담임일 때는 한 아이가 잘못하면 모든 아이에게 "친구를 괴롭히지 마세요", "복도에서는 걸어 다니세요" 했다. 저학년은 똑같은 말을 계속 되풀이해서 가르쳐야 듣기 때문이다. 그러나 6학년은 같은 말을 잔소리로 생각한다. '다른 사람이 잘못한 일로 내가 왜 잔소리를 들어야 하지?' 한다. 그래서 일이 일어날 때마다 아이를 일대일로 만났다. 친구와 동생을 때려놓고는 억울하다는 말만 하는 아이와 수십 번 상담하면서도 화를 내지 않았다.

약을 끊고 아이가 자주 폭발했다. 그때마다 상담하고, 설득하고, 같은 이야기를 되풀이했다. 잘못이 명확하게 보일 때도 "억울하구나! 얼마나 억울하면 그랬을까! 나한테 말해봐" 하며 들어주었다. 아이가 내뱉는 감정의 쓰레기통 역할을 자처하며 나도 많이 아팠다. 아이에게 소리를 지르며 "하지 마!" 하면 조용해질 텐데 아이의 마음을 살피겠다고 괜히 폭발하게 만드는 건 아닐까 수없이 질문했다. 그때마다 폭발했던 내 모습을 떠올렸다. 예전에 다른 아이에게 했던 잘못을 지금 만나는 아이에게 갚아야겠다고 다짐했다.

아이가 싸우면 상담하고, 엄마에게 알리고, 걱정하는 엄마를 위로하고, 아이 생각하다가 잠을 못 자며 뒤척이고, 다시 다음 날 같은 과정을 되풀이했다. 상담 일지가 쌓였다. 그래도 화를 내지 않았다. 아이가 잘못할 때마다 "내가 너를 존중하지? 너도 나를 존중해야지"라며 달랬다. 아이는 "선생님은 믿을 수 있어요!" 말하면서도 욕과 비난, 공격과 싸움을 멈추지 않았다.

상처받은 아이가 뿜어내는 독소를 누군가 받아주어야 아이가 바뀐다고 생각한다. 아이는 친구를 비난하고 조롱했고, 그러다가 욕설이 오가고 주먹이 나갔다. 그때마다 "무슨 일이 있었어?", "무엇 때문에 속상했어?"를 물었다. "하지 마!"라는 말을 강하게 하면 쉽게 끝나는 일을 어렵게 어렵게 해결했다. 싸움과 거친 말이 가득한 4월이 지나면서 점점 마음이 약해졌다. 5월에는 출근할 때마다 가슴이 두근거렸다. 토요일 저녁만 돼도 학교 갈 생각에 호흡이 가빠졌다.

소달초 아이들과 지내며 아이들의 마음을 읽으려 노력했다. 자세히 살펴보면 아이들의 아픔이 보였다. '네게도 그럴만한 사정이 있구나!', '그 정도면 너도 많이 참았구나. 잘 견뎠구나!' 생각했다. 지훈이가 휘두르는 폭력 행위를 볼 때마다 지훈이가 참 안 돼 보였다. 나쁜 행동은 밉고 싫었지만, 그렇게 행동하는 마음은 이해하게 되었다. 죄는 싫어하지만, 죄인은 싫어하지 않게 되었다. 그래도 날마다 악한 행동과 부딪치면서 점점 견디기 어려워졌다.

폭발하는 아이 둘이 싸우다가 체육 선생님을 욕한 주간에는 너무 긴장했다. 친구를 관찰하는 글을 쓰는 시간에 한 아이가 맥락과 상관없이 "오늘 선생님이 잔뜩 긴장했다"고 쓰기도 했다. 왜 이렇게 마음이 약해졌을까? 이게 그리스도의 십자가를 지는 걸까? 아이들과 함께하는 시간이 힘들어질 때면 십자가를 진다고 생각하며 견뎠다. 보람도 컸다. 그러나 이때는 참고 다독이며 나를 내주면서도 아이들이 어떻게 변할지 몰라서 무너졌다. 얼마나 견딜지 자신이 없었다.

아이에 대한 기대가 줄었다. 내가 아이를 올바로 대한다는 확신이 없어서 더 흔들렸다. 이렇게 하면 아이들이 변할 거라는 소망이 점점 사라져갔다. 그냥 하루하루 버텼다. 이걸 십자가라 불러도 될까 생각하며 겨우겨우 견뎠다. 6월에는 방학까지 남은 날 숫자를 셌다. 금요일 저녁에 한숨 돌렸고, 토요일 오후만 되면 가슴이 두근거렸다. 월요일 아침에 학교에 들어서면 교도소에 잡혀가는 사람 같았다. 오늘은 제발 아이가 폭발하지 않기를 바랐다.

"무슨 일 있어?"가 소용 있을까?

6월에 교사를 대상으로 공개수업을 했다. 안전하게 수업할 내용을 할까, 하고 싶었던 수업을 도전할까 고민했다. 지금까지 가장 잘한 수업이 국어였지만, 올해는 국어 시간에 실패가 쌓였다. 아이들은 듣지 않았고, 비난하며 억지를 부렸다. 오히려 학습지를 달라고 했다. 교감 선생님과 다른 선생님이 교실 뒤에 계시면 아이들의 태도가 조금은 나아질 거라 생각하며 토론 수업을 준비했다. 좋은 수업을 맛보면 다음 수업을 대하는 태도가 달라질 거라 기대했다.

긴장하며 80분 동안 토론 수업을 했다. 교감 선생님이 계속 지켜보셔서 그런지 아이들이 서로 의견을 잘 들었다. 오후에 수업 협의회를 했다. 서로 격려하고 인정하는 시간이었다. 마지막으로 내 수업을 나누었다. 거친 말투, 비난하고 공격하는 표현, 부정적인 마음을 드러내는 아이들 모습에도 수업이 좋았다고 말했다.

"저는 이렇게 수업 못 해요. 선생님만 할 수 있는 수업이에요."

"저라면 그때 화를 냈을 거예요. 그런데 선생님은 아이들이 이야기에서 벗어날 때 부드럽게 수업 안으로 끌어가시더라고요."

선생님들은 나를 칭찬했다. 온화한 성품으로 아이들을 가르치는 게 대단하다고 말했다. 특수교육 대상 학생이 담임 선생님 좋다고 말하는 건 처음 봤다며 나를 치켜세웠다. 우리 반 아이들이 많이 좋아졌다고 칭찬했다. 그러나 나는 선생님들의 말을 들으며 정말 슬프고 아팠다. 1-2교시 공개수업을 마친 뒤에도 아이들이 조용히 지내서 편안했고 칭찬을 많이 들었는데도 선생님들에게 들은 말 때문에 힘들었다. 힘이 쭉 빠졌다.

전담 수업, 교환 수업으로 우리 아이들을 만나는 선생님들이 "저는 6학년 수업할 때 아이들을 혼내요. 잔소리해요", "문을 쾅 닫으며 꾸중했더니 조용해졌어요"라고 말하기에 "저는 화를 내지 않았어요. 아이들이 화를 내는 선생님 수업에서는 다르게 행동하는군요. 저는 참는 게 힘든데…" 했더니 "저는 참아지지 않아요. 선생님처럼 못 해요. 선생님이 대단한 거예요" 하는데 너무 슬펐다.

집에 와서도 마음이 무거웠다. '왜 나만' 하는 생각이 났다. 자다가 2시에 일어났다. 묵직한 무언가가 가슴을 짓눌렀다. 잠이 오지 않았다. 책을 읽고, 기도하고, 다시 자려고 끙끙대다가 아침이 되었다. 나는 인격적으로 가르치려 했다. 말을 듣지 않는 아이들과 상담하며 기다렸다. 그런데 다른 선생님들은 "난 못 해요" 하며 아이들에게 화를 냈다. 아이들은 그런 분들 앞에서는 조용히 수업했다.

3월 첫 체육 시간에 아이들을 데리고 뒷산에 올라가서 화풀이하는 시간을 가졌다. 싫어하는 사람에게 마음껏 소리 지르며 욕하라고 했는데 자주 싸우는 아이가 악을 쓰며 울었다. 그런 모습을 처음 보았다. 눈물 콧물 흘리며 온갖 욕을 퍼부었다. 지금까지 만난 아이들은 30초만 지나면 조용해졌는데 얘는 5분이 되도록 계속 울부짖었다. 1학년 때 자신을 왕따시키며 괴롭힌 친구들을 용서하지 못하겠다고 꺽꺽대며 욕했다. 아이는 6학년이 되면서 전학해왔다. 하나님이 내게 보내신 아이라고 생각했다.

6학년 담임이 될 때 교실 밖으로 뛰쳐나가는 아이에 대해 들었다. 선생님과 맞붙어 소리 지르며 싸우기도 했다고 한다. 2학년 때부터 화가 나면 의자를 던졌다고 했다. 아이는 문제가 풀리지 않거나 놀이에서 지면 뛰쳐나갔다. "학교폭력 예방교육"을 하다가 가해자 엄마가 반성하는 영상을 보면서 당장이라도 토할 것처럼 손을 입에 대고 도저히 못 보겠다고 복도로 나가겠다고 했다. 이 아이는 자기 뜻대로 일이 풀리지 않을 때마다 분노했다. 또한 어른이 "올바르게 행동해라" 하면 반발했다.

전학 온 아이는 꾸중하는 아빠와 싸우다가 경찰이 집에 찾아오기도 했다고 한다. 뛰쳐나가는 아이는 문제를 못 풀거나 체육 시간에 공을 놓치면 머리를 땅에 찧으며 "이런 빡대가리" 하면서 자신을 학대했다. 아이들은 완벽을 요구받았고, 잘못하면 혼났다. 그래서 이렇게 행동한다. 아이를 가르치는 어른 중 적어도 한 명은 아이들 마음에 호소하며 기다려줘야 한다고 생각해서 혼내지 않고 설득했다. 그러나 수업 협의회를 하면서 나 혼자만의 발버둥이란 걸 알고 정말 힘들었다.

아이들이 폭발하는 까닭

전전긍긍하면서도 계속 아이들을 부드럽게 대했다. 전담 선생님은 꾸중하며 지도했다. 아이들은 전담 수업 시간마다 수업하러 가기 싫다고 했다. 달래서 보내면 수업 끝나고 돌아와서 억울하다고 호소했다. 그 사이에 끼어 더 힘들었다. 그런데 여름방학을 앞둔 어느 날 전학 온 아이와 폭발하는 아이가 전담 시간에 선생님에게 따지고 덤볐다. 폭발하는 아이가 선생님께 욕하고 뛰쳐나갔다.

아이를 찾아 마을까지 나갔는데도 보이지 않았다. 남은 친구들은 교실에서 기다렸고 자주 싸우던 아이만 사라진 아이를 찾아 나섰다. 자초지종을 물어보았더니 자기도 못 참아서 폭발할 지경이었는데 친구가 먼저 폭발해서 참았다고 했다. 친구가 폭발하기 전에 두 아이가 선생님에게 대들었고, 선생님이 잔소리를 심하게 한 모양이었다. 그러더니 "개도 힘들 거예요. 답답한 마음을 알아달라고 그러는 거예요"라고 말했다. 그때 '이 아이가 생각 없이 분노하는 게 아니구나!' 하는 마음이 들었다.

얘네들은 내가 만난 아이들 가운데 가장 공부를 잘했다. 내게 배워야 할 내용을 학원에서 배워왔다. 공부 못하면 거지처럼 산다는 말을 입에 달고 다녔다. 학원과 과외를 통해 미리 배워 다 아는 내용을 학교에서 또 배워야 하니 공부 시간에 엉뚱한 짓을 했다. 학교에서 배워야 하는 친구도 있는데 자기 생각만 했다. 공부 못하는 친구를 무시하면서 동시에 자신은 틀리면 안 된다는 압박에 짓눌렸다. 정답 찾기에 매달린 아이는 열린 결말로 끝나는 책조차 답답해했다. 『수일이와 수일이』를 읽으며 왜 열린 결말이냐고 폭발했다. 책의 결론이 마음에 들지 않는다고 분노하는 아이를 처음 본 터라 당황해서 아무 말도 못 했다.

국어 시간에 상스러운 말, 욕설을 쓰면 안 된다는 내용이 나왔을 때는 말도 안 된다고 따졌다. 그렇게 하면 당하고 손해 본다고 했다. 가치를 다루는 내용을 배울 때마다 돈이 최고라고 주장했다. 훌륭한 인물의 가치를 배울 때 소방관이 희생하는 모습을 보고 "미쳤다"고, "호구"라고 말했다. "그럼 너희들에게 화내지 않고 참는 내가 미친 호구란 말이구나!" 하면 웃으며 아니라고 답했지만, 아이들은 자기들에게 화를 내지 않는 선생의 마음을 헤아리지 않았다. 그저 편하게 지내려고 했다.

2학기를 시작하며 복도 한 공간에 그림을 그렸다. 그림에 저학년 누군가가 낙서를 하자 한쪽에 "낙서하는 사람은 목을 따버리겠다"고 써놓았다. 아이를 불러 "너희가 이렇게 저렇게 행동해도 내가 이러저러하게 해주잖아. 그런데 너는 2학년이 낙서 조금 한 것도 못 참아서 이러냐?" 했더니 "선생님은 착하잖아요. 우리는 나빠서 그렇게 못해요!" 했다. 2학기가 되어서는 아이들이 싸우지 않고 욕도 많이 줄어서 좋았는데 씁쓸해졌다.

다음 날 상담하다가 물었다. "어제 네가 나빠서 선생님처럼은 못하겠다고 했잖아. 결국 내가 호구라는 말이잖아. 난 착하니까 참아야 하고, 넌 나쁘니까 마음대로 하고?" 물어보며 슬펐는데 아이가 "선생님처럼 안 돼서 그랬어요" 하고 대답했다. 이런 대답은 예상하지 못했다. '아무 생각 없이 내키는 대로 말하는 줄 알았는데 마음이 흔들렸구나!' 아이 눈을 바라보며 "그랬구나!" 해줬다.

아이들은 경쟁에 떠밀려 자기를 편안하게 표현할 기회를 잃었다. 오냐오냐 키운 게 원인이 아니라 부모가 자꾸 떠밀기만 해서 폭발한다. 공부를 강요당했고, 공부만 잘하면 아이가 마음대로 하게 놔뒀다. 핸드폰으로 무얼 보건 놔두었다. 아이들은 자극적인 내용에 빠져들었고, 돈이 최고라고 세뇌당했다. 꾸중하고 호통친다고 아이가 생각을 바꾸지 않는다. 그래서 참고, 들어주고, 존중하며 설득했다. 하나님께서 아이들을 통해 나를 보게 하셨고, 나도 아이들을 다시 보려고 노력했다.

햇병아리 시절에 나는 화를 많이 냈고 실수도 많이 했다. 무슨 일이 있는지 묻기는커녕 소리부터 질렀다. 그러나 내가 나쁘게 대해도 아이들은 나를 좋아했다. 예수님이 어린아이처럼 되라고 하신 말씀이 무슨 뜻인지 알 것 같다. 제자들을 생각할 때마다 부족한 내 모습이 떠올라 부끄럽다. 30여 년 전에 만난 아이들이 나를 참아줬기 때문에 지금의 내가 되었다. 폭발하며 뛰쳐나가는 아이를 끌어안고 "괜찮아. 네 잘못이 아니야!"라고 말하게 된 건 나를 참아준 아이 덕분이다. 자기 마음대로 되지 않는다고 눈알 흰자위만 보이며 날뛰는 아이를 다독이는 것도 나를 참아준 아이 덕분이다.

아이들에게 받은 사랑을 다른 아이에게 돌려줘야겠다고 생각했지만, 마음이 아픈 아이들을 만날 때마다 나도 많이 아팠다. 전에 했던 실수와 잘못을 갚는다고 생각하면서 참으려 해도 힘들었다. 앞으로 남은 시간 동안 더 아플지도 모른다. 그러나 내가 아파야 아이들이 낫는다고 생각한다. 내 말과 태도가 아이들의 마음에 가 닿는 날을 기다린다. 바울이 고백한 것처럼 죄가 더한 곳에 은혜가 넘친 셈이다. 아이들 덕분에 그나마 덜 나쁜 교사가 되었으니 괜찮다. 내가 의지하는 하나님께서 은혜로 인도해주셔서 감사할 뿐이다.

첫 번째는 2002년에 만난 아이가 그린 “선생님이 화난 모습”이다.

20년 뒤에 만난 아이는 자기를 감추는 아이, 경계하는 아이 앞에서 웃으며 손을 내미는 모습으로 나를 그려주었다. 하나님의 은혜가 “하지 마!” 교사를 “무슨 일 있어?” 교사로 바꾸었다.

3.

슬픔이 낸 길을
헤쳐 나가며

제 안에는 깊은 슬픔이 있어요.

슬픔을 이기려고 고통, 죽음, 위로에 관한 책을 읽었지요.

슬퍼하는 사람을 살피고, 슬픈 사람 이야기를 들었어요.

아이 앞에서는 슬픔을 감추려 했는데 다 감춰지진 않았어요.

자녀가 제 슬픔을 느끼는 게 또 슬펐어요.

글을 쓰고, 책을 내고, 이것저것 해도 슬픔이 사라지지 않아요.

슬픔이 깊으면 감정이 슬픔에 눌립니다.

오랫동안 슬픔에 짓눌리면 친구가 생깁니다.

외로움과 짜증이지요.

사람이 가까이 있으면 외롭지 않지만 짜증이 납니다.

사람이 가까이 없으면 짜증이 나지 않지만 외롭습니다.

둘 사이에 갇혀 힘들어요.

깊은 슬픔이 얄팍한 위로를 만나면

계속 위로를 찾는 '중독'이 되거나

그 무엇으로도 위로하지 못한다는 '절망'에 빠져들지요.

견디기 힘들었어요. 어떤 날은 아이들 덕분에 견뎠어요.

어떤 날은 가족이 견디게 해줬지요.

책을 읽고 참아내며 견딘 날도 많아요.

슬픔이 낸 길을 헤쳐 나가며
슬퍼하는 옆 사람에게 손 내미는 게 삶이라 생각해요.
우린 저마다 감당해야 할 몫의 슬픔을 견디며 살지요.
제게도 슬픔이 깊고, 오랜 싸움이 끊이지 않아요.

사랑하는 사람을 잃어 너무나 슬펐던 이야기를 꺼냅니다.

내가 죽지 않고 살아서

장례식장에서 세 번 절규했다. 세 살 많은 교회 형이 죽었을 때가 가장 슬펐다. 청년부 때부터 형을 존경했다. 형은 단 한 번도 불평하거나 화를 내지 않는 믿음의 사람이었다. 형의 어머니는 좋지 않은 행실로 동네가 다 알아주었다. 친동생도 마음고생을 많이 시켰다. 가족이 계속 상처를 주는데도 형은 한 번도 힘들다고 말하지 않았다. 결혼하고 두 자녀를 기르면서 행복하게 살다가 갑자기 병에 걸렸다.

형이 병에 걸리자 온 교회가 기도했다. 어떤 사람은 하나님께서 고쳐주신다는 응답을 들었다고 말했다. 하나님께 충성한 사람이라 곧 낫게 해주실 거라는 분위기였다. 사람들 말을 들으면 형이 정말 나을 것처럼 보였다. 그러나 나는 아무리 하나님께 물어봐도 낫게 해주겠다는 응답이 들리지 않았다. 하나님이 낫게 하신다고 말하는 분들에게 형이 죽을 거라 말할 수도 없었다.

형을 생각할 때 "내가 죽지 않고 살아서 여호와께서 하시는 일을 선포하리로다"(시 118:17)라는 말씀이 생각나서 문자를 보냈다. 9월 12일에 형은 "고마워이~ 내 평생 맘에 새기며 살아갈게. 주일 잘 준비하게"

라고 답을 보내주었다. 얼마 뒤에 형수님이 하나님께서 남편을 살려준다고 말씀하셨다며 교인들 앞에서 내가 보낸 말씀을 읽었다.

당황스러웠다. 나도 형이 살아나면 좋겠다. 그러나 왜 내 귀에는 하나님께서 형을 살려주겠다는 말씀이 들리지 않을까? 내가 보낸 문자가 하나님께서 보낸 말씀이 아니라고 말할 수 없었다. 형이 살아날 거라고 믿는 가족에게 무슨 말을 할 수 있으랴! 병문안 가기 전에 며칠 동안 하나님께 묻고 또 물었지만, 형이 죽을 것 같다는 생각만 들었다. 오래도록 서로를 보아온 우리 사이에서는 죽을 준비하라고 말할 수 있다. 그러나 형수와 아이들을 생각하면 대놓고 말할 용기가 나지 않았다. 편지를 썼다.

11월 13일, 서울대학병원에 편지를 갖고 찾아갔다. 예상했던 대로 형은 잘 견디고 있었다. 지금까지 나는 형보다 잘 참는 사람을 본 적이 없다. 병명을 정확하게 알지 못해서 온갖 검사를 하는데도 불평 한마디 하지 않고 참는다고 했다. 어떤 병인 것 같으니 이렇게 치료하면 희망이 있다는 말을 듣고, 다음 날 그 병이 아니라서 다른 검사를 해야 한다는 소리만 계속 들었다. 하나님밖에 희망이 없어 보였다.

병실에서 형과 마주 앉아 하나님께서 형을 낫게 하신다는 대답을 듣지 못했다고 말했다. 형이 죽을 거라 생각한다고 말하고 싶었지만, 형수가 곁에 있어서 차마 하지 못했다. 병원에서 나오면서 형을 한 번 더 볼 수 있을까 하는 생각이 들었다. 편지를 전해주고 나왔다.

나는 태양이 있다는 것을 믿는다.

그것이 빛나고 있지 않더라도.

나는 사랑을 믿는다.

내가 그것을 느끼지 못하고 있을 때에도.

나는 하나님을 믿는다.

그가 침묵하고 계실 때에도.

제2차 세계대전 중에 한 유대인이 몰래 벽에 써놓은 글이에요. 멋진 말이죠! 예전에 이런 말을 아주 좋아했어요. 지금도 이 말이 사실이라고 믿지만 좋아하진 않아요. 바꾸지 못하는 현실 때문에 힘들어하는 사람을 너무 많이 봤나 봐요. 하나님이 침묵할 때가 많아서 화가 나요.

하나님은 당신의 자녀를 고생시켜요. 순교의 피를 흘리게 하고, 고통을 겪게 만들어요. 하나님을 믿기 때문에 더 참아야 하고, 머리 싸매고 고민해야 해요. 하나님을 안 믿었으면 저도 덜 고생했을 거예요. 하나님을 믿기 때문에 참았고, 양보했고, 업무도 더 많이 했죠. 너무 많이 참았더니 어떤 순간에 머리카락이 하얗게 변하더라고요. 학교에서 나만큼 열심히 일하는 사람도 없어요.

그렇다고 늘 태양이 떠오르고 은혜의 빛을 비춰주지도 않아요. 물론 우리가 하나님 앞에서 형편없다는 걸 알아요. 죄인이죠. 피조물이고. 그래도 하나님이 이해가 안 갈 때가 많아요. 하박국이 고백한 것처럼 "여호와여 내가 부르짖어도 주께서 듣지 아니하시니 어느 때까지리이까? 내가 강포로 인하여 외쳐도 주께서 구원치 아니하시나이다"(합 1:2)라고 외치기만 해요.

그래서 저는 하나님께 무얼 해달라고 구하지 않아요. 그냥 물어요. 무엇이 하나님의 뜻인지 묻기만 해요. 하나님의 뜻이면 행하시라고 하고, 하나님의 뜻이 아니면 제가 생각을 바꾸게 해달라고 해요. 의인의 기도가 하늘 문을 움직인다고 하지만 전 의인도 아니고, 하늘 문을 움직이고 싶지도 않아요. 그저 아프지 않고 평안하게 살고 싶어요.

그렇지만 안 아프고 평안히 살게 해달라고 기도해도 하나님이 들어주지 않아요. 하나님은 제가 안 아프고 평안히 사는 것보다 하나님 나라를 위해, 하나님 영광을 위해 아파하는 자리에 가며, 평안을 빼앗길 곳에 가기 원하시잖아요. 그저 제 배만 채워달라고 하면 좋겠지만 제가 믿는 하나님은 제 배를 채워주는 분이 아니라고 알고 있어요. 게다가 건강하다고 하나님 일 잘하는 것도 아니더라고요.

그래서 하나님께 빨리 데려가시라고 기도해요. 그래도 하나님이 저를 데려가지 않아요. 살려달라는 기도도 마찬가지인 것 같아요. 북한 성도가 아무리 기도해도 그들은 죽어요. 시리아에 남은 그리스도인이 아무리 기도해도 그들 역시 죽어요. 가난한 사람의 간구는 연기처럼 사라지고 가난한 사람을 함부로 부리는 주인은 떵떵거리며 잘 살아요. 그리고 하나님은 침묵하시죠.

제가 좋아하는 작가 C. S. 루이스가 『헤아려 본 슬픔』에 이렇게 썼어요.

> 그러나 다른 모든 도움이 헛되고 절박하여 하나님께 다가가면 무엇을 얻는가? 면전에서 꽝 하고 닫히는 문, 안에서 빗장을 지르고 또 지르는 소리. 그러고 나서는 침묵…. 왜 그분은 우리가 번성할 때는 사령관처럼 군림하시다가 환난의 때에는 이토록 도움 주시는 데 인색한 것인가?

많은 사람을 그리스도께로 돌아오게 한 기독교 변증가가 아내를 잃고는 이렇게 쓸 수밖에 없었어요. 우리나라 그리스도인들은 그래도 감사하라고 하지만 전 솔직한 게 낫다고 생각해요. 요즘은 정치인과 기업가들 모습을 보면서 하나님께 도대체 뭐 하시느냐고 분노하다가, 빨리 그날이 오면 좋겠다고 간구해요. 하지만 예수님은 오래 지나야 오실 것 같아요.

세상은 불합리하고 고통이 끊이지 않아요. 하나님이 우리를 사랑하지만 그 사랑이 우리가 원하는 방식으로, 원하는 때에 나타나진 않아요. 의인이 고통당하는 것을 보며, 악인이 번성하는 것을 보며 분노가 치밀어요. 그렇지만 어쩌겠어요? 저는 힘이 없고 하나님은 침묵하시는데. 나중에 하나님 앞에 가면 욥이 고백한 것처럼 "내가 스스로 깨달을 수 없는 일을 말하였고 스스로 알 수 없고 헤아리기 어려운 일을 말하였습니다.…내가 스스로 한하고 티끌과 재 가운데 회개합니다"(욥 42:3-6)라고 고백할 수밖에 없다는 걸 알아요. 그렇지만 지금 당장은 이해할 수 없으니 하나님께 왜 그러시냐고 쓸데없는 항의를 하고 있죠.

제가 좀 덜 살고 형이 더 살게 해달라고 하나님께 기도해요. 들어주실지 안 들어주실지 모르겠어요. 하나님이 들어줄지 안 들어줄지 모른다고 하면 의심이라고 하지만 저는 그냥 하나님 마음대로 하라는 저만의 표현이에요. 지금까지 하나님이 형을 낫게 해준다고 말하지 않으시네요. 환자에게 "죽을 수도 있다"는 말은 하는 게 아니라지만 형이 어떻게 될지는 저도 모르겠어요. 진짜 하나님만 아시죠. 형이 나으면 정말 좋겠지만 하나님이 어떻게 하실지….

저는 하나님이 형을 낫게 해주신다고 말하지 못해요. 하나님이 제게 그런 말을 하지 않았거든요. "기도할게요. 하나님이 낫게 하실 겁니다." 그런 말도 못 해요. 제가 하나님이 아니잖아요. 그렇지만 같이 아파하고 힘들어하고 끙끙댈 수는 있어요. 말해줘요. 하나님에 대해 어떻게 생각하는지 말해줘요. 혼란스러우면 혼란스럽다고 말해줘요.

몇 년 전에 죽어가는 오빠를 지켜봐야 했던 아이를 가르친 적이 있어요. 오빠가 '근이영양증'이라는 병에 걸렸거든요. 근육이 굳어가며 죽는 병이에요. 아이가 일기에 이렇게 썼어요.

우리 오빠

***(5 여)

우리 오빠는 몸이 불편하다. 그래서 말도 못하고, 움직이지도 못하고 항상 누워 있다. 그런 오빠를 볼 때마다 나는 오빠가 미워진다. 왜 우리 오빠는 저렇게 아파야 할까? 무슨 죄를 지었길래…. 하지만 그런 생각은 하지 말아야 한다고 생각하고 있다. 오빠가 아프고 싶어 저렇게 아픈 것은 아니니까! 동생들한테 잘해주는 다른 오빠들을 보면 가끔은 원망스럽기도 하다. 집에서 오빠는 가끔 갑자기 운다. 소리 없이. 내 생각엔 아파야 하는 것이 억울해서 그런 것이 아닐까 하는 생각이 든다. 그런 오빠의 모습을 볼 때 잘해주고 오빠를 아껴주는 동생이 되어야겠다고 다짐을 한다.

아이들 일로 하나님께 물어볼 수밖에 없는 경우가 있어요. 그래도 하나님은 대답하지 않아요. 저보고 알아서 해결하라고 해요. 제가 이 아이를 아주 조금은 위로했겠지만 오빠는 3년 뒤에 죽었어요. 하나님이 제게 원하시는 것은, 제가 하나님의 손과 발이 되어 아이들을 도와주라는 거라 생각해요. 하나님이 길을 인도하시지만 제가 할 일을 해야겠죠.

제가 좋아하는 작가 플래너리 오코너는 오랜 세월에 걸쳐 루푸스와 씨름하던 끝에 40세를 채 못 넘기고 임종을 맞았어요. "아무 데도 다녀보지 못하고 그저 아프기만 했다. 하긴, 어찌 보면 질병도 장소라고 말할 수 있겠지. 온 유럽을 돌아다니는 것보다 더 교육적이고, 언제 가더라도 혼자 가지만, 누구도 따라올 수 없는 곳이라는 게 다를 뿐." 하지만 그동안 견뎌온 고통을 돌아보며 놀라운 말을 덧붙였어요. "죽음을 앞두고 앓는 건 대단히 적합한 일이다. 그런 과정을 겪지 않는 사람은 하나님의 사랑 가운데 하나를 놓치고 있다고 생각한다."

형이 아파하면서 하나님의 사랑 가운데 무엇을 찾고 있는지 궁금해요. 형이 병과 싸우면서 만난 하나님이 어떤 분인지 듣고 싶어요. 낫는다는 확신이 아니라 형이 만난 하나님을 알고 싶어요. 형을 위로하고, 하나님이 힘주실 거라고 격려하고, 그런 거 못 해요. 난 동생이니까 형한테 달라고 해도 되죠? 형이 어떤 하나님을 느끼고 있는지 알려주세요. 하나님께 실망했다는 말도 괜찮으니까 꼭 들려줘요.

형이 혼자 힘들어하지 않으면 좋겠어요. 우린 서로에게 연결되어 있어요. 그냥 하는 말이 아니에요. 나는 형을 보고 배워요. 형도 제게 뭔가 영향을 받겠죠. 그런데 지금은 형이 무슨 생각을 하는지, 우리에게 하고 싶은 말이 있는지, 얼마나 아픈지 모르겠어요. 말할 수 있다면 우리에게 이야기를 들려줘요. 아프다고 말해주고, 외롭다고 말해주고, 힘들다고 말해줘요. 글로 써주건, 형수님을 통해 전해주건 꼭 말해줘요. 혼자 힘들어하지 말아요. 같이 기도하는 사람이 많아요.

아픈 형에게 기도해도 안 낫는다고 말해서 미안해요. 서툰 위로보다 그냥 하고 싶은 말을 하는 게 낫겠다고 생각했어요. 형하고 오래도록 같은 교회에서 서로의 얼굴을 보며 씽긋 웃으며 지내면 좋겠어요. 제가 가르친 아이가 쓴 시를 선물로 드려요. 힘내요.

예수님의 평안이 형의 마음을 지키시기를 기도해요.

옥수수 심기

배강길(마읍분교 6, 2006년)

크면 우리가 먹는 옥수수
지금 옥수수 씨앗이 새 삶을 시작한다.
땅속에 파묻혀
캄캄한 세상을 살다가

작은 씨앗으로 시작해

바깥세상으로 나온다.

오늘도 한 옥수수 씨앗이 새 삶을 시작한다.

닷새 뒤에 형이 이렇게 문자를 보내주었다. "내가 느끼는 하나님은 지금까지 나는 그것을 붙잡고 있는데 '난 너를 사랑한단다' 군대 있을 때 강하게 느꼈던 것이다. 이것이 지금까지 나를 지켜왔던 힘이다. 내가 아픈 것이 그분의 계획 속에 있는지 알 수 없지만 내가 할 수 있는 것은 그저 그분의 은혜를 구하는 일이다."

평소에 형이 쓰던 말투가 아니었다. 문장이 어색했다. 병이 형의 사고력을 공격하거나 고통을 줄이기 위해 진통제를 많이 써서 또렷한 정신을 유지하기 어려운 것 같다고 생각했다. 형이 만난 하나님이 어떤 분인지, 병과 싸우면서 하나님에 대해 어떤 생각을 했는지 듣고 싶은데 점점 그러기가 힘들겠다는 마음이 커졌다.

12월 25일, 성탄절에 형수님이 교인들에게 문자를 보냈다.

남편은 오후에 뇌로 하는 마지막 항암을 합니다. 긴 시간 동안 의료진도 놀랄 정도로 너무도 평안하게 고통스러운 항암을 잘 견뎌왔는데 이젠 할 수 있는 게 없다 합니다. 조직검사 결과는 종양이라 하고 뇌쪽 암세포도 조절이 되지 않아 물조차 삼킬 수 없고 생각하고 말하는 것도 예전 모습이 아닙니다. 극심한 통증 때문에 마약성 진통제에 의지해 잠잘 때 오히려 편안해합니다.

월요일 강릉에 있는 가톨릭 재단에서 운영하는 호스피스 병원으로 내려갈 예정입니다. 아빠가 살이 많이 빠졌고 혹시 아들도 못 알아볼 수도 있다 했더니 9살 큰아들이 30분 동안이나 대성통곡을 했다네요. 하나님은 감당할 시련을 주셔야지 이렇게 힘든 시련을 주시면 어떡하냐면서요. 솔직히 너무 속상해서 기도조차 할 수 없었는데….

저희 가정을 위해 세밀하게 일하시는 하나님의 손길을 느낍니다. 지금 당장은 알 수 없지만 어떤 상황 속에서건 하나님은 선한 아버지이심을 아들도 저도 고백하는 믿음으로 자라기를 소망합니다. 예수님 탄생하신 기쁜 날 저희 가정에도 크리스마스의 기적이 일어났으면 좋겠습니다. 그리 아니하실지라도 그리운 사람들과 가까이서 좋은 시간을 보내고 남편이 기쁨과 감사함으로 하나님 나라를 맞이할 수 있도록 기도해주십시오.

10년을 살면서도 잘 몰랐는데…, 남편은 예수님을 많이 닮은 사람이었습니다. 그래서 저도 저희의 만남을 기뻐한다 말씀해주신 그분께 감사드립니다. 저희 가정을 위해 눈물로 기도로 함께 해주셔서 너무 감사드립니다. 성탄의 기쁨을 전합니다. 메리 크리스마스!

12월 28일, 월요일에 서울에 올라갔다. 바로 그날 형이 하나님 곁으로 갔다. 10년 동안 함께 살았던 부인과 아홉 살, 여섯 살 아들을 남겨놓고. 이튿날 장례식장에서 통곡하며 울었다. 너무 많이 울어 숨쉬기 어려울 정도였다. 벽에 기대앉아 형의 사진을 보며 한없이 울었다. 하나님께서 데려가실 줄 알았지만, 막상 형이 떠나고 나니 너무 슬펐다.

그리고 형이 낫는다는 응답을 들었다는 사람을 찾아가서 도대체 무슨 응답을 들었느냐고 따지고 싶었다. 자기 확신을 하나님의 음성이라 착각하며 자기가 원하는 응답만 듣는 엉터리 같은 신앙으로 아파하는 사람에게 상처를 주지 말라고 말하고 싶었다. 그러면 그들은 이 땅에서 낫게 한다는 뜻이 아니었다고 하겠지! 붙잡고 싶은 소망을 지나치게 믿어버린 그분들의 마음도 아프고 힘들겠다는 생각도 든다.

아무튼 형이 보고 싶다.

날마다 조금씩 죽어가는 오빠

30여 년 교사로 지내며 마읍분교에서 지낼 때가 가장 따뜻했다. 강원도 첩첩 산골에서 가정이 깨진 아이들과 글을 썼다. 상처 많은 아이가 울면서 글을 쓰다가 조금씩 회복되는 모습을 보며 행복했다. 그때부터 글을 쓸 때 아이들의 마음을 살폈다. 마읍분교는 내게 갈릴리 바닷가 마을이 되었다. 거기서 "어린양을 먹이고 기르라"는 말씀을 들었다.

마읍분교를 떠나 삼척에서 가장 큰 학교의 5학년 담임이 되었다. 전교생 5-10명과 지내다가 33명과 지내려니 일대일로 다가가기 힘들었다. 아이들을 덩어리로 보는 것만큼 나쁘고 위험한 교육은 없다. 분대, 소대로 이루어진 군대에서도 사람을 덩어리로 보면 안 된다. 덩어리로 보면 관리와 통제를 내세워 가르치려고 든다.

관리와 통제가 싫어 아이를 한 명씩 살피려 했지만 내 품을 벗어나는 아이가 생겼다. 교사의 딜레마다. 모든 아이와 함께 가려면 어느 정도 통제해야 한다. 그러면 일대일 맞춤이 되지 않는다. 반면 눈높이를 맞춰 하나씩 데려가면 내 눈을 벗어나는 아이가 생긴다. 벗어나는 아이 뒤만 쫓아가면 제대로 가르치지 못한다. 아이들이 점점 내 품을 벗어났고, 시간이 지날수록 아이들과 지내는 게 힘들어졌다.

분교에서 지낸 기억이 강해서 아이들을 품는 게 더 힘들었던 것 같다. 내 마음이 힘들었기 때문인지, 분교에서 마음이 아픈 아이들을 만났기 때문인지 아픈 아이가 잘 보였다. 자폐 아이, 부모가 이혼한 아이, 가난한 아이, 마음의 병을 앓는 아이만은 끝까지 품으려고 노력했다.

근이영양증을 앓는 오빠

공부 잘하고 얌전한 5학년 여자아이다. 친구와 싸우는 걸 한 번도 본 적이 없다. 친구를 도와주고 양보했으며 공부도 잘하고 그림도 잘 그렸다. 꼭 필요한 사람에게 좋아하는 책을 소개하라고 했더니 『마당을 나온 암탉』을 말했다. 아이가 쓴 내용이 특별했다.

> 나는 이 책을 희귀병을 앓고 있는 친구들에게 읽어주고 싶다. 알을 품고 낳을 수도 없는 잎싹의 큰 소망처럼 그 친구들도 소망을 가져서 건강을 찾으면 좋겠다는 생각이 들어서이다. 잎싹이 깐 알에서 나온 아기처럼 남과는 다르게 태어난 친구들이라고 소망을, 꿈을 가지지 말라는 법은 없지 않은가? 우리들이 '삐악삐악'거릴 때에 '꽥꽥'거리면 그런 것이 억울하고 슬플 거라고 생각된다. 어쩌면 그 친구들이 닭장에 갇혀 있을 때에 잎싹처럼 우리보다 더 큰 소망을 가지고 있을지도 모른다. 아픔에 눌려 있으면서도 모든 것을 우리보다 더 넓게 봤을지도…. 이 책을 그 친구들이 읽어본다면 자신들 이야기처럼 10

번, 20번도 더 읽지 않을까 하는 생각이 든다.

남과 다르게 태어난 친구가 소망을 가질 거라는 생각을 어떻게 했을까? 오히려 닭장에 갇혀 있을 때 더 큰 소망을 가졌을 거라는 생각은 아무나 하지 못한다. 특히 "우리들이 '삐악삐악'거릴 때에 '꽥꽥'거리면 그런 것이 억울하고 슬플 거라고 생각된다"는 표현이 걸렸다. 모두 삐악삐악거릴 때는 꽥꽥거리는 소리가 들리지 않는다. 그런데 삐악삐악거리는 친구들 사이에서 어떻게 꽥꽥 소리를 들었을까? 아픔에 눌려 꽥꽥거리는 사람을 가까이에서 보았기 때문일까? 더구나 책을 소개하는 대상을 왜 희소병을 앓는 친구로 정했을까?

아이 오빠는 근이영양증이라는 희소병에 걸렸다. 근이영양증은 근육이 굳는 병이다. 뛰던 아이가 걷게 되고, 걷지 못해 눕고, 하반신부터 마비가 시작되어 심장 횡경막 근육이 굳으면 죽는다. 자신이 죽어가는 모습을 지켜보며 무기력하게 기다리기만 하는 끔찍한 병이다. 아이는 자기가 '삐악삐악'거릴 때 오빠가 가만히 누워서 한 곳만 바라보며 억울하고 슬퍼하는 모습을 보았다.

『울보 선생』을 쓴 최관하 선생님도 같은 병을 앓는 아이 둘을 만났다. 선생님은 기도로 하나님께 매달려 둘 다 고쳤다. 최관하 선생님이 이 아이의 담임이었다면 기도로 고쳤을 거라는 생각이 들었다. 나도 찾아가서 예수님을 전해야 하지 않을까 하는 생각이 들었다. 아이 어머니께 몇 번이나 말하려 했지만 결국 못했다. 나에게 실망했고, 내가 싫었다.

하나님께서 아무리 등을 떠밀어도 발이 떨어지지 않았다. '안 가는 게 나았다'는 변명의 이유를 생각했다가, 이러는 나를 부정하기를 되풀이 했다.

이듬해 과학선도학교 운영책임을 맡아 과학 전담교사가 되었다. 아이들이 쓴 글을 읽고 싶어서 방과 후 독서반을 시작했다. 아이에게 독서반을 하자고 했더니 좋다며 왔다. 독서반에서 『아주 특별한 우리 형』을 읽고 독서감상문을 썼다.

열리지 않는 화장실 문

우리 가족은 여행을 거의 하지 않는다. 집을 떠나기 어렵다. 우리 가족이 다 함께 여행하기 위해서는 특별한 노력이 필요하다. 가장 어려운 건 주변 사람들의 시선을 무시하는 연습을 해야 한다는 점이다. 그래서 나는 학교에서 현장학습을 간다고 하면 설렌다. 고속도로 휴게실에 가는 것만으로도 즐겁다.

하지만 휴게소에 가면 화장실은 가기 싫어진다. 휴게소 화장실에 가면 장애인 화장실을 밀어본다. 문을 열려고 했을 때 사람들이 원망스러웠다. 아무리 힘으로 밀어봐도 꿈쩍도 안 했다. 바로 옆에 있는 보통 일반인들의 화장실 또한 손으로 열고 들어가는 것이었다. 기대하지 않았다. 솔직히 말하면 이 문 또한 열리지 않았으면 했다. 문이 열렸을 때 난 화장실 안으로 들어온 상태였고 굳게 닫혀 있는 장애인 화장실에게 미안해졌다. 난 세상에서 차별이 가장 무서운 것이라 생각한다. 내가 겪은 일들 중 역시 가장 세상이 원망스러울 때가 또한 차별이기 때문이다.

『아주 특별한 우리 형』이라는 책을 읽었다. 주인공은 장애아 종식이다. 여태껏 장애인을 주제로 한 책을 읽어보지 못했다. 비록 책을 읽고 글을 쓰고 있지만 나 또한 장애인을 완벽히 이해한다고 볼 수 없다. 나 또한 종식이 동생 종민이와 같은 마음이었기 때문이다. 나도 종민이처럼 장애를 무조건 안 좋은 시선으로 보며 편견을 가졌다. 한편으론 이런 식으로까지 생각한 적이 있다. '장애를 가진 사람들은 전생에 무슨 죄를 지었을까?' 하지만 지금은 조금이라도 이런 생각을 했던 내가 부끄럽다.

요즘은 장애인을 도와야 한다는 소리를 여기저기에서 듣게 된다. 우리는 우리가 장애인을 돕고 있다고 생각할 것이다. 하지만 장애인 입장에서는 어떨까? 일반인들이 말로만 도와주고 있다라고 생각할 것이다. 그리고 우리는 도와주었다 생각해도 장애인은 오히려 고통받고 있을 것이다.

우리가 장애인이라고 생각해보자. 자신들을 위해 만들어진 화장실을 남들이 쓰는 경우가 많고 아예 사용조차 불가능하도록 막아놓은 현실 앞에서 아무도 기뻐하지 않는다. 우리는 미처 이런 점까지 생각하지 못한 것이다. 앞으론 우리가 먼저 그들의 입장을 생각하고 대처해야 한다.

사실 나는 그저 편하게만 살고 있기 때문에 장애인이 느끼는 차별에 대해 직접 느끼지 못한다. 하지만 내가 몸이나 정신이 불편한 장애인이었다면 어땠을까? 그 무섭고 두려운 '차별'을 받아들일 수 있을까? 사람들은 이미 장애인에게 아주 큰 도움을 주고 있다고 생각한다. 하지만 난 우리들이 장애인의 마음을 완벽히 이해하지 못했다는 생각이 든다. 만약 완벽히 이해했다면 이러한 일이 생겼을까? 우리가 장애인을 완전히 이해했다면 장애인들은 더 당당해지고 자신에게 부끄러워하지 않을 것이다. 우리들이 장애인을 낯설어하고 신기해하는 이유는 이해하지 않기 때문이다. 속마음은 모르고 겉모습만으로 판단하기 때문이다. 그래서 이런 현실에 나설 힘이 없는, 두려움에 휩싸여 있는 장애인들은 사람들에게 모습을 보이지 않고 점점 숨어 지내게 된다. 자신을 감추어가고 있기 때문이다.

장애인 화장실 문을 열 때 아주 쉽게 열리는 휴게소가 있어야겠다. 내가 일반인 화장실 문을 열 때 미안한 마음이 들지 않는 휴게소는 없을까? 앞으로는 장애인들을 말로만 가족이라고 하지 말고 마음으로 이해하고 보듬어줄 수 있는 가족이 되어야 한다는 생각이 든다. 그럼 화장실에 갈 때마다 장애인 화장실 문이 열리지 않을 거라는 생각이 없어질 것이다. 이 책을 읽어본 사람들은 모두 책표지를 덮고 반성하게 될 것이다. 그리고 장애인을 보는 관점이 달라질 것이다. 장애는 죄가 아니라 또 하나의 기쁨이라고 생각해야 한다.

아이를 모르는 사람이 읽으면 이상한 글로 보일 것이다. 하지만 나는 아이를 잘 알기에 글이 참 슬펐다. 아이들은 글에 자신을 담는다. 아이를 알면 글에 아이의 마음이 보인다. 그걸 읽으면 아이가 다르게 보이고, 아이에게 필요한 걸 줄 수 있다. 아이를 만날 때마다 마음을 읽으려 했고, 마음이 아픈 아이를 많이 만났다. 이런 경험이 쌓여 소달 아이들을 다르게 대할 수 있었다. 은혜였다.

아이 오빠는 3년 뒤에 죽었다. 이제 장애인 화장실 문은 잘 열리게 되었지만 나는 아이 오빠에게 예수님을 전하지 못했다.

학교 청소를 하신 심칠구 님

위의 아이를 가르치는 학교에서 50대 청소 직원을 만났다. 심칠구 님이 오시면 마법이 일어난 듯 학교가 달라졌다. 그리스도의 제자가 보여야 할 모습을 보이신 분이다. 2009년 10월, 댁에서 갑자기 돌아가셨다는 소식을 듣고 무척 놀랐다. 안타까운 마음에 편지를 써서 아이들에게 읽어 주었다. 하늘에서라도 보시라고.

> 아저씨를 처음 만난 날이 기억납니다. 제가 근무하는 학교에 청소를 하러 오셨지요. 일주일에 한 번 학교에 오셔서 청소를 하셨어요. 지금도 금요일마다 대여섯 분이 청소를 하러 오세요. 아저씨와 함께 오시던 분들 같아요. 청소하러 온 분 중에서 아저씨는 기억하지만 다른 분들은 잘 기억하지 못해요. 아저씨는 특별하셨어요. 복도나 계단, 운동장에서 청소하는 다른 분들을 만나면 인사를 해요. 하지만 잘 기억나지 않아요. 그분들이 다른

옷을 입고 거리를 다니시다가 저를 보고 인사를 해도 '누구지? 어디서 보고 아는 척을 하지?' 하며 의아했을 거예요.

하지만 아저씨는 달라요. 눈에 딱 들어왔어요. 일주일에 한 번 청소하러 오셨는데도 눈에 띄었어요. 청소하는 모습이 남달랐어요. 복도에 묻어 있는 얼룩을 물걸레로 닦는데 지워지지 않으면 다른 분들은 그냥 가죠. 하지만 아저씨는 얼룩을 긁어냈어요. 철모르는 초등학생 아이들이 옆에서 뛰어다니거나 핸드폰 들고 어슬렁거려도 아랑곳하지 않고 긁어내셨지요. 아이들 무릎보다 더 낮은 자세로 무릎을 꿇고 얼룩을 긁어내셨어요. 그 모습이 너무 크게 보였어요. 주변은 어두워지고 아저씨만 밝게 보였어요. 잊을 수가 없어요.

다른 사람들은 신발장 위만 청소할 때 아저씨는 신발장 속뿐만 아니라 아예 신발장을 옮겨놓고 뒤와 밑까지 청소하셨어요. 학교가 커서 교직원만 70명이고 학생은 1,300명이나 되지만 아저씨만 돋보였어요. 1,300명이 청소해도 아저씨 혼자 한 것보다 못해요. 아무도 손대지 않는 곳을 손대는 분은 아저씨뿐이니까요. 작년에 저희 반 아이들에게 아저씨 이야기를 몇 번 했어요.

"우리 학교 청소해주시는 분 있지? 그분처럼 살아야 해. 그분이 지나가면 흔적이 남아. 우리는 먼지와 쓰레기를 남길 때가 많지만 그분은 깨끗함과 기분 좋음을 남겨. 난 그분이 무릎을 꿇고 복도를 청소하실 때마다 지나다니기 미안해. 그런데 그분은 장애인이야. 너희들이 잘해줘야 한단다! 꼭 인사하고 무거운 걸 들고 가시면 같이 들어드려야 해! 그리고 너희도 커서 흔적을 남겨야 한단다."

며칠 뒤 아이들이 이렇게 말했어요.

"선생님, 저희가 쓰레기봉투 같이 들어드리려고 해도 그냥 가라고 하세요. 혼자 할 수 있다고 웃기만 하세요."

아저씨를 볼 때마다 인사하고 도와드리려고 했지만 한 번도 받아들이지 않으셨지요. 제가 쓰레기 같이 들어드리려고 해도 늘 사양하셨죠. 그래서 음료수와 과일을 가끔 갖다 드리고 볼 때마다 고개를 깊이 숙여 인사했어요. 기억하실 거예요. 제 이름도 모르시겠지만 항상 인사한 교사가 저예요.

1년이 지나 올해는 아저씨가 날마다 계신다고 들었어요. 너무 좋았어요. 일주일에 한 번 깨끗해진 학교가 이젠 날마다 깨끗할 테니까요. 그 뒤로 아저씨를 더 자주 봤지요. 아침에 제가 교문을 들어설 시간마다 한 손에는 쓰레기 봉지를, 다른 손에는 집게를 들고 교문 앞을 청소하고 계셨어요. 아저씨 옆을 지나가는 아이들이 쓰레기를 버리고 가면 한 번도 얼굴을 찡그리지 않고 치우셨지요.

운동장에 들어서면 그 넓은 운동장에 쓰레기가 하나도 없었어요. 복도도 윤이 나고 유리창도 깨끗하지요. 건물이 4개나 되는 넓은 학교를 혼자 그렇게 만드신 거예요. 쓰레기 분리수거장이 그렇게 깨끗한 적이 없어요. 저는 속으로 '장애인 아저씨라 너무 열심히 하신다. 생각이 정상이라면 이렇게 하지 않으실 텐데…. 더러운 걸 모르시기 때문에 저렇게 열심히 청소하시는 건가? 저러다가 몸이 아프시면 어쩌나? 장애인은 육신이 더

강하다는데 정말 그런가? 장애인이 이런 일에 더 적합한가?' 생각하다가 '내가 장애인이 비장애인보다 부족하다고 생각하는구나!' 하며 깜짝 놀랐어요. 아저씨는 키가 155cm 넘을까 하고 어깨와 머리가 앞으로 약간 굽혀졌죠. 나뭇가지처럼 왜소했어요. 하지만 얼굴엔 늘 부끄러움을 담고 계셨어요. 이젠 오히려 제가 부끄러워요. 올해 초에 복도에서 아저씨를 만나 "좀 쉬세요. 전담실에 들어와서 쉬면서 커피 드세요. 아저씨 덕분에 학교가 너무 깨끗해졌어요" 하자 "아니에요. 그냥 최선을 다하는 거예요. 내가 맡은 일이니까 힘은 들지만, 열심히 하는 거예요" 하셨어요.

순간 '응, 이상하다. 내가 알기론 장애인인데 아닌가? 말씀을 참 잘하시네!' 생각했어요. 제가 잘못 안 거예요. 아저씨는 장애인이 아닌데 겉모습이 조금 장애인과 비슷하다고 제가 오해했어요. 정말 부끄럽고 죄송했어요. 아이들에게 편견을 갖고 사람을 대하지 말라고 가르치면서도 저는 겉모습만 보고 아저씨를 판단했어요. '장애인이 아니라면 날마다 똑같은 일을 저렇게 열심히 하는 까닭이 뭘까?' 하는 생각이 들어 "너무 열심히 일하시네요. 애들이 아직 철이 없어 계속 쓰레기를 버리고 정리도 잘 안 해서 힘드시죠!" 했더니 아저씨는 "어제 해도 오늘 보면 또 그대로고 오늘 또 치우면 내일 똑같아요. 그게 힘들어요. 하지만 제 일인 걸요!" 하셨어요. 또 부끄러워하는 그 표정으로요. 그래서 아저씨를 존경하게 됐어요. 누구보다 최선을 다해 학교를 섬기는 모습이 너무 좋았어요.

10월 12일, 월요일인데 아저씨가 안 나오셨어요. 화요일도, 수요일도 안 오셨어요. 아저씨가 안 오는 게 느껴졌지만, 청소 용역 직원이 바뀌었나 생각했죠. 아저씨가 이틀 안 나오셨는데 화장실에서 냄새가 나기 시작했어요. 아저씨는 화장실에서도 무릎을 꿇고 아이들이 막 싸놓은 똥을 수세미로 닦으셨잖아요. 그 생각이 났어요. 그런데 이런 소식이 들려왔어요.

"우리 학교를 너무 깨끗하게 해주시던 심칠구 님이 돌아가셨습니다. 집에서 일어나지 못하셨습니다."

교감 선생님이 안타까운 마음을 담아 소식을 전했어요. 교감 선생님이 표현한 내용이 그대로 마음에 꽂혔어요. 너무 슬펐어요. 아저씨는 날마다 청소만 하셨잖아요. 살면서 기쁨이 무엇이었나요? 왜 혼자 쓸쓸하게 돌아가셨나요? 이야기를 나눌 상대도, 유언을 들어줄 상대도 없는 방에서 혼자…. 50이나 되셨을까? 착하고 성실하고 너무 좋은 분이 왜 쓸쓸하게 돌아가셔야 하는지 생각이 복잡했어요. 가족들이 장례를 치르고 화장을 했다는 게 더 슬퍼요. 서둘러 치워버린 느낌이에요. 우리 학교에서 가장 귀한 분인데 이름 없이 빛도 없이 그렇게 가시다니….

며칠 뒤에 방과 후 논술반에서 시를 배울 때 "우리 학교에서 청소하던 심칠구 아저씨가 돌아가셨지. 그분을 기억하며 시를 써보고 싶은 사람은 없니?" 했더니 아이들이 저마다 아저씨가 너무 열심히 청소하셨다며, 신발장과 화장실까지 들어가며 말을 했어요.

지금은 젊은 총각 둘이 청소하러 와요. 학교가 너무 넓고 일이 많아 혼자 못 한대요. 힘들 때 제가 있는 전담실에 들어와 커피를 마시며 쉬라고 했어요. 가끔 들어와 커피를 마시며 청소가 많이 힘들다고 해요. 두 총각이 열심히 청소하지만 화장실에서는 냄새가 나고 운동장 구석엔 쓰레기가 있어요. 신발장 뒤는 아저씨가 흔적을 남긴 이후로 아무도 손을 안 대요. '그분은 얼마나 힘들었을까? 젊은이 둘이 해도 힘든 일을 혼자 하면서 앉아 쉬라고 해도 안 쉬고 커피를 권해도 안 드시고….'

하늘에 가셔서 편히 쉬면 좋겠지만 아저씨가 남긴 흔적을 보면 하늘에서도 청소를 묵묵히 하실 거라고 말해요. 차라리 편히 쉴 거라는 생각으로 위안을 삼아요. 학교에 들어설 때마다 아저씨의 그림자가 짙게 드리워져 있어요. 아저씨가 학교에서 청소하지 않은 곳이 없기에 어디를 다녀도 아저씨가 그리워요. 스승의 날, 꽃이라도 달아드리며 진짜 스승이 아저씨라고 말해드려야 하는데 죄송해요. 제 마음에 훌륭한 스승으로 모실게요.

선생님, 평안히 쉬세요.

죽음을 허락하지 말자

아저씨는 돌아서면 또 버려지는 쓰레기를 한결같은 마음으로 치웠다. 아무리 치워도 계속 쌓이는 먼지를 끊임없이 치웠다. 자신이 해야 하는 일이기 때문에 날마다 똑같이 되풀이해야 하는 일에 무뎌지지 않았다. 아이들이 쓰레기를 계속 만들어 내도 최선을 다해 일했다.

사람은 무뎌진다. 하는 일이 손에 익으면 무뎌진다. 두근거리며 만난 사람과 결혼하면 점점 무뎌져서 소리를 지르거나 화를 내기도 한다. 자기 경험으로 판단하고 결정한다. 지금까지 그랬으니 또 그럴 거라고 생각한다. 무뎌지면 생생함이 사라진다. 기대하는 마음도, 두근거림도, 행복한 긴장감도 줄어든다. 날마다 조금씩 죽어가는 셈이다.

죽지 말자. 생명력이 짓눌려 죽어가게 허락하지 말자. 아픔에 짓눌리더라도 더 넓게 보고, 다른 사람이 삐악삐악 할 때 꽥꽥거리는 목소리에 귀를 기울이자. 하나님을 부르자. 결코 죽음을 허락하지 말자.

한발 늦으셨습니다

후배 어머님이 돌아가셨다. 조문하고 입관 예배에 참석했다. 목사님이 예배를 진행하는 도중에 일곱 살 남자아이가 천진난만하게 묻는다.

"얼굴에 저건 왜 덮었어요? 발에는 왜 저걸 씌웠어요?"

"왜 이상한 옷을 입혀놨어요?"

아이다움을 정말 좋아하는 나도 조금 당황했다. 부모님이 누구신지 아이를 데려가면 좋겠다고 생각하는데 돌아가신 분의 첫째 딸이 뒤늦게 도착했다.

"엄마! 아아아아아아악~ 엄마! 아아아아아아아악~"

비명을 지르며 얼마나 서럽게 우는지 곁에 있던 사람들이 다 울컥했다. 딸은 신발을 벗어 던지고 바닥에 앉아서 대성통곡했다. 우리도 같이 우느라 예배가 흐지부지돼 버렸다. 자녀의 설움 앞에 누가 말을 보탤 수 있겠는가! 진정할 때까지 기다렸다. 예수님을 믿지 않는 유족을 위해 예배를 멈추고 기다려주는 정도의 위로는 보여주어야 한다고 생각했지만 뭔가 어색했다. 그런데 일곱 살 아이가 한마디로 상황을 정리했다.

"한발 늦으셨습니다!"

울어야 할지 웃어야 할지. 사실 맞는 말이다. 한발 늦었다. 엄마라고 부르는 것도 한발 늦었고, 효도할 시간도 한발 늦었다. 돌아가시기 전에 자주 뵈러 왔으면 하는 마음도 이미 늦었다. 그런데 정말 늦은 건 돌아가신 분이 아니다. 아직 우리가 늦지 말아야 할 일, 늦지 말아야 할 사람이 남아 있다.

어찌어찌 예배를 마치고 나갔다가 다시 빈소에 들어왔는데 늦게 오신 분이 엄마 사진을 보며 또 운다. 비명이 건물을 흔들고 사람들의 마음을 계속 흔들었다. 그런데 위로와 슬픔이 떠올라야 하는 곳에서 그분의 모습은 내 가슴을 괜히 답답하게 했다. '저 비명은 슬픔의 표현일까? 자책일까? 서러움의 표현일까?', '돌아오지 않는 메아리라는 걸 모르는 걸까?' 유족에게 이런 마음을 가져서 편하지 않았다. 그런데 이분이 동생에게 한 말이 마음의 불편함을 잊게 해주었다.

"왜 상복을 안 입었어?"

"그냥 검은 양복에 저고리 입어도 되잖아!"

"뭐라고? 그런 게 어디 있어? 당장 가져와! 다 가져와! 할 수 있는 건 다 해! 이것들이 내가 없으니까 되는 게 없어! 도대체 뭐 한 거야?"

지금까지 빈소를 지켰던 동생은 엄마를 모시고 교회에 다녔다. 엄마를 곁에서 가장 많이 돌본 딸이다. 뒤늦게 온 가족은 엄마와 멀리 떨어져서 살았다. 본인들 없을 때 조상도 안 모시는 예수쟁이들 마음대로 했다고 화가 난 모양이다. 처음부터 자리를 지키던 예수쟁이 동생에게 화를 내뿜으면서 또 "엄마!" 소리를 지르고, 다 가져오라고 소리를 지르고 또 비명을 지르며 울기를 반복했다.

태어나고 떠나보내고

교사가 된 첫해 학교에 낡아서 방치된 온실이 있었다. 온실 한쪽에 흙을 쌓고 토끼와 닭을 키웠다. 무언가를 배우려면 시간과 정성을 들여야 한다. 우리는 토끼와 닭을 가족처럼 키웠다. 사료보다는 자연에서 난 것을 먹어야 건강하다고 했더니 아이들이 풀을 뜯어 와서 먹였다. 쉬는 시간에는 지렁이를 잡아주었다. 쇠스랑으로 땅을 긁으면 지렁이 머리나 꼬리가 1-2cm 정도 보인다. 그러면 닭들이 얼른 와서 쏙 잡아당기며 먹었다. 짜장면을 쭉 빨아들이듯 먹는데 아이들은 그걸 보려고 쉬는 시간마다 나와서 땅을 팠다.

아이들이 학교 올 때마다 토끼와 닭을 찾았다. 여름방학 때 비가 많이 내리자 토끼장이 걱정돼서 학교에 온 아이도 있었다. 한 남자아이는 칡넝쿨을 몸에 말아서 자전거를 타고 학교에 오며 '이만하면 겨울을 날 수 있을까? 먹이가 모자라지 않을까?' 생각했다고 한다. 겨울이 가까워질 때 누구네 집에서 김장한다고 하면 찾아갔다. 배추 찌꺼기를 모아서 온실 위에 줄을 치고 널어놓았다. 동네 할머니들이 무청, 당근 잎을 가져가라고 전화하시면 아이들과 리어카를 끌고 가서 겨울 식량을 준비했다.

남자아이들이 닭과 토끼 똥을 치우는 걸 좋아했다. 보통은 빗자루로 쓸고 담아 버린다. 언제부터인가 한 녀석이 손으로 똥을 줍기 시작했다. 콩자반처럼 생겨서 괜찮다나! 엄마에게 아기 똥은 똥이 아니라 건강

상태를 알아보는 수단인 것처럼 아이들에게 토끼 똥은 자기들이 사랑하는 생명체의 일부분인 모양이다. 더럽게 생각하지 않다니! 아이들에게 이런 말을 자주 했다.

"정말 더러운 건 쓰레기나 똥이 아니야! 사람 마음이지! 쓰레기나 똥은 씻으면 그만이지만 사람들은 자기 마음을 씻을 생각을 전혀 안 해! 거짓말하고 사기 치고도 뻔뻔하게 안 그랬다고 하잖아!"

나도 손으로 똥을 주웠다. 다른 선생님들은 철없는 어린애들 장난으로 여겼지만 우리는 참 진지했다. 새끼를 6마리 낳고 병아리를 키우고 사랑하고 사랑받으며 가족처럼 지냈다.

토끼가 두 가지 특이한 행동을 했다. 토끼는 물 먹이면 죽는다는 말을 들었지만, 우리가 기르는 토끼들은 물도 잘 먹고 고등어와 갈치도 먹었다. 토끼가 생선 먹는 모습이 정말 이상했다. 아이들에게는 새끼 낳을 때가 돼서 영양분이 필요했을 거라고 설명했다. 본능적인 욕구를 이겨내는 건 역시 사랑뿐이다. 새끼 때문이 아니라면 토끼가 생선을 왜 먹겠나?

어느 날 모르는 사이에 토끼가 새끼를 낳았다. 새끼 낳을 때가 되면 아무도 들어오지 못하게 막아두는데 그럴 새도 없이 새끼를 낳았고, 아이 둘이 청소하다가 굴을 밟았다. 새끼 낳은 곳이 무너졌을 것 같았다. 걱정하는 아이에게 괜찮다고 했다. 다음 날 학교에 오자마자 가봤더니 콘크리트 바닥에 새끼들이 오글거리고 있었다. 살 가망이 없었다. 어미가 이미 새끼들을 굴 밖으로 버렸다. 가슴털 뜯어서 집을 만들어놓고는,

사람 손이 닿았다고 밤새 새끼를 차가운 콘크리트 바닥에 옮겨놓았다. 슬펐다. 그리고 아이들의 슬픔이 걱정되었다.

우리 반에는 부모님이 떠나버려, 차가운 현실에 내버려진 아이가 있다. 어쩔까? 아이들이 보기 전에 새끼를 모두 치웠다. 죽어가는 새끼를 보며 눈물이 났다. 아마 내가 키워서 그렇겠지! '지금 울어야 아이들 앞에서 안 울겠지!' 생각했다. 그리고 아이들에게는 한참 지난 뒤에 얘기했다. 그렇게 아이들이 죽음을 배웠다. 이 사건이 전조였을까? 제자의 죽음에 대한.

나를 싫어한 아이

교육대학을 졸업하고 발령이 날 때까지 토목공사 현장에서 일했다. 모래와 자갈을 섞는 비율에 따라 몇 사람이 함께 일했다. 2:3으로 섞으면 두 사람이 모래를, 세 사람이 자갈을 담아 등짐으로 날랐다. 다섯 명이 같이 다녀야 하기 때문에 노동에 이골이 난 아저씨들을 따라 다니느라 헉헉댔다. 너무 힘들어서 빨리 교사 발령이 나기를 빌었다. 6개월 동안 공사판에서 막노동한 게 얼마나 감사한 일인지 나중에 알게 되었다.

쉬는 시간이면 일꾼들 대부분이 컵에 가득 소주를 부어 드시거나 담배를 피웠다. 노동 현장에서 살아온 분들이라 말투가 거칠었다. 저마다 사연이 복잡한 분들이었다. 한 분은 1960년대에 대학을 졸업했지만 가족에게 받은 상처를 이겨내지 못하고 양아치들의 왕초로 지냈다. 힘이 장사이던 친구 아버지는 얼마 뒤에 자살했다. 딱 한 명만 달랐다. 65

세가 조금 넘은, 말투가 점잖고 조용한 분이셨다. 다들 백씨라고 불러서 이름도 몰랐다. 같이 짐을 날랐는데 한 번도 거친 농담이나 욕을 하지 않았다. 아저씨들이 장난을 걸어도 웃기만 하셨다.

1994년 9월에 교사로 발령이 났다. 막노동 현장을 떠나 교사로 새로운 삶을 시작했다. 1997-98년까지 삼척남초등학교에서 아이들 17명을 2년 연속으로 가르쳤다. 하나님께서 나를 교육선교사로 세우셨다고 생각해서 열심히 전도했다. 기독교 세계관을 가르치고 예수님을 전했다. 학급을 주일학교처럼 운영했다. 성경을 이야기로 들려주며 말씀을 전했다. 아이들은 대부분 예수님이 좋다고 고백했다.

백자욱은 학교 바로 옆에 있는 산자락 비탈진 곳에서 할아버지와 말 못하는 할머니와 살았다. 아빠와 엄마가 어떻게 되었는지는 모르겠다. 그때는 5, 6학년 여자아이들의 마음을 이해하지 못했다. 남자아이들과는 함께 공을 차며 신나게 놀았지만, 여자아이들과는 어색했다. 나랑 잘 지낸 아이도 있지만, 여자아이 중에 셋은 나를 좋아하지 않았다. 자욱이는 나를 싫어했다.

1997년에 이어 6학년 담임이 되었을 때 자욱이를 다시 만났다. 아이 집에 가정방문을 갔는데 같이 등짐을 졌던 백씨 아저씨가 계셨다. 그제야 백자욱이 백씨 아저씨 손녀라는 걸 알았다. 깜짝 놀랐다. 아이와 마음이 맞았다면 얘기를 많이 했을 테고 그럼 할아버지가 누군지 진즉에 알았을 텐데 하는 생각이 들었다. 한 해 동안 친해지려고 애를 썼지만, 여전히 서먹서먹했다.

졸업식 날 아이들과 펑펑 울었다. 그때 만난 아이들을 사랑했다. 그러나 내 방식대로만 사랑했다. 그게 싫었던 세 여자아이는 내 관심이 오히려 부담스러웠나 보다. 받기 싫은 걸 자꾸 받으라고 내밀면 기분 나쁘겠다는 생각을 나중에야 했다. 내 진심을 몰라주는 세 아이에게 서운해서 벌컥 화를 내기도 했으니 더 싫었을 것이다.

졸업하기 며칠 전에 예수님에 대해 어떻게 생각하는지 글을 썼다. 자욱이는 예수님이 계시다고 썼다. 비록 나와 마음이 잘 맞지는 않았지만, 예수님을 믿는 마음을 갖고 헤어져서 감사했다. 그 아이들이 중학교를 졸업할 때 불러서 함께 점심을 먹었다. 자욱이도 왔다. 참 반가웠다. 그때가 아이를 마지막으로 보는 날이라는 걸 알았다면 더 많은 이야기를 했을 텐데. 사람은 대부분 오래도록 곁에 있던 사람이 언제까지나 곁에 있을 거라고 생각한다. 그러다가 갑자기 떠나버리면 당황한다. 누구나 언젠가 갑자기 떠날 수 있다고 생각해도 꼭 하고 싶은 말을 하지 못할 때가 많다.

산사태

2003년 9월 13일, 태풍 매미가 영동 지역을 쑥대밭으로 만들었다. 삼척 남초등학교가 있는 오분동에 산사태가 나서 두 사람이 죽었다. 백경도 씨와 그의 손녀다. 오전 6시에 흙더미가 집을 덮쳤다. 고추 말리려고 다른 방에서 주무시던 할머니만 남기고 할아버지와 손녀가 함께 흙더미에 묻혔다. 당황스러웠다. 거긴 산사태가 날 만한 곳이 아니다. 2002년에 올라온 태풍 루사 때도 괜찮았는데 산사태라니 믿기지 않았다.

자욱이를 가르치던 1998년 여름에 옆 반 아이가 죽었다. 비가 많이 와서 다리 위로 물이 30cm 정도 넘쳐흘렀는데 거길 건너다가 휩쓸려 떠내려갔다. 비가 퍼붓는데 부모가 5학년 여자아이에게 심부름을 시키고는 내다보지도 않았다. 아이는 물에 휩쓸려 바다까지 떠내려갔다. 소식을 듣자마자 담임 교사인 선배에게 전화했다. 당황스러웠다.

그때 아이의 죽음을 처음 겪었다. 안타까웠지만 우리 반이 아니어서 그랬는지 그걸로 끝이었다. 자녀를 가슴에 묻는 부모의 심정보다는 놀랐다는 표현이 더 가까웠다. 그러나 백자욱이 흙더미에 깔려 죽었을 때는 달랐다. 나 때문에 2년 동안 힘들어했던 아이가 갑자기 떠나버려 당황스럽고, 막막하고, 어떻게 해야 할지 몰랐다. 더구나 할아버지까지 돌아가시고 말 못 하는 할머니만 남았으니 이를 어쩌랴!

9월 14일 저녁에 장례식장에 갔다. 부모는 없었고 고모가 손님을 맞았다. 영정 사진 앞에 섰는데 아무 생각도 나지 않았다. 상주들과 인사할 때도 괜찮더니 "제가 5, 6학년 때 담임입니다" 하는데 왈칵 쏟아져 나오는 울음을 멈출 수 없었다. 꺼이꺼이 통곡하며 울었다. '흙더미에 깔려 얼마나 답답했을까?', '어쩌면 무슨 일이 일어나는지도 모른 채 평안하게 갔을 거야!' 생각하며 울었다. 식사도 못 하고 그냥 나왔다.

동네 개가 닭을 물어 죽인 일, 아이들이 사육장에 너무 일찍 들어가서 토끼 어미가 새끼를 죽인 일을 자욱이와 함께 겪었다. 자욱이와 친구들이 엉엉 울면서 죽음을 느꼈던 그때가 다시 생각난다. 아이들이 키우던 동물을 떠나보내며 죽음을 배우는 건 가치 있는 일이지만 제자를 떠나보내는 일이란!

병아리의 죽음

홍성표(삼척남초 6)

미술 시간 끝나고 쉬는 시간에 병아리 사체를 봤다.

눈이 썩어 있고 피가 다 말라 있다.

죽은 지 오래된 것 같다.

그렇게 잘 날아다니고 잘 뛰어다니던 병아리가….

난 죽음이 싫다.

왜 살아 있는 건 언제나 죽을까?

자식은 땅에 묻는 게 아니라오

자식은 땅에 묻는 게 아니라오. 가슴에 묻는다오. 그럼 제자는 어디에 묻을까? 엄마, 아빠 사랑을 받아야 할 나이에 힘든 시절만 보낸 아이가 나보다 먼저 죽었다. 하늘나라로 갔다는 표현으로 꾸미고 싶지 않다. 아이와 친하지 않았기 때문에 죄책감마저 든다. 장례식장에 다녀와서 제자들에게 편지를 썼다. 세상에서 정말 가치 있는 것이 무엇인지 생각하며 붙들고 살자고 했다.

제자를 떠나보내며 아이들에게 너무 정을 주지 말자고 잠시 다짐했지만, 오히려 그 다짐이 잠시뿐이어서 다행이다. 강원도 시골에서 교사는 아이들에게 아빠가 되어야 할 때가 많다. 내 자식만큼은 아니지만 아빠가 된다는 건 참 행복한 일이다. 탄광촌, 어촌, 농촌, 어정쩡한 중소도시 어디나 사랑에 목마른 아이들이 많다.

근무한 대부분의 학교에서 아이가 사는 집에 숟가락이 몇 개인지 알 정도로 가까이 다가갔다. 아빠가 해주지 않은 일을 많이 해주었다. 삼척남초등학교에서 만난 아이들이 내게 사랑을 알려줬기 때문이다.

삼척남초등학교 앞을 오가며 운동장을 보면 아이들이 너무 없다. 죽은 제자가 살던 집터도 길가에 보이는데 언제 그랬냐는 듯 사방공사 구조물만 남았다. 다른 아이들이 살던 집도 루사, 매미가 왔을 때 수해를 입어 삼척시에서 사들여 길을 만들었다. 아이들과 함께 걸었던 골목길, 냇가 옆에 다닥다닥 붙은 자그마한 집들, 거기서 뛰어놀던 아이들이 그립다. 지금은 철길이 생겨 마을이 절반이나 사라졌다.

아이를 떠나보낸 뒤에 '나와 함께 있을 때 행복했을까?', '내가 심어준 진리를 마음에 두고 살았을까?' 하는 생각이 계속 들었다. 예수님이 생명의 근원이심을 전했고, 아이도 예수님을 믿는다고 말했지만 믿음이 어디 한 마디로 증명될 수 있단 말인가! 화장터로 나가는 영정 앞에서 부모가 자녀를 가슴에 묻는다는 게 무슨 말인지 느껴졌다. '더 잘해줄걸!' 하는 후회와 함께 사랑하는 사람을 마음에만 담아두어야 하는 고통을 느꼈다.

할머니, 큰아버지가 돌아가셨던 때가 기억난다. 중학교 1학년 때 친구가 방학 기간에 물에 빠져 죽었던 일도 떠오른다. 많이 놀라고 슬펐지만, 엄청 울지는 않았다. 내가 만나는 아이들과 헤어질 때 후회하지 않게 잘 가르쳐야겠다고 다짐했다. 어느 한 아이라도 마음에서 떠나지 않도록 아이들을 자세히 바라보는 선생이 되어야겠다고 다짐했다.

5년 뒤에 같은 질문을 해야만 하는 상황을 다시 만났다.

도덕 시간에 이웃을 돕는 내용을 배우면서 직접 실천해보자고 했다.
아이들이 모금함을 만들어 버스 타고 시내에 나가 모금을 했다.
모은 돈으로 동네에 사는 가난한 할머니를 도와드리기로 했다. 찾아간 집에 할머니가 계시지 않아 쌀과 라면을 집 앞에 두고 사진을 찍었다.
오른쪽 끝에 앉은 아이가 백자욱이다.

뇌종양과 맞바꾼 아이

2002년 도계초등학교에서 민정이를 만났다.

개에게 물려갔다

이민정(도계초 3)

내가 일곱 살 때 할머니 등에 업혀서 닭고기를 먹는데 우리 집 개가 닭고기를 안 준다고 나를 물어 기름통에 넣고 개는 집으로 갔다. 할머니께서 개가 나를 물고 갔다고 우셨다. 한 달이 되어도 나는 발견되지 못하자 옆집 할머니께서 나를 찾아주셨다. 할머니께서는 내가 죽은 줄 아셨다. 하지만 나는 죽지 않았다. 그날 이후로 할머니께서는 개를 무조건 때리셨다고 한다.

"내가 겪은 일"이라는 주제로 쓴 글이다. 한 달이 지나도록 발견되지 않았다는 말이나 개가 민정이를 물어 기름통에 넣었다는 건 사실이 아니다. 원하는 내용만 왜곡해서 기억하는 어린이 특유의 사고 때문에 생긴 오해다. 그렇다고 모두 거짓이라고 할 수는 없다. 어릴 때 개한테 물렸거나 사랑하는 사람을 떠나면서 충격을 받았을 것이다.

4월 16일, 화가 난 상대에게 속 시원하게 마음을 표현하는 화풀이 글을 썼다. 민정이는 자기를 놀리는 친구에게 이렇게 썼다.

> **아, 너 정말 너무 한다. 내가 산에 산다고 해서 나를 놀리냐? 너네 동네는 공기가 맑아? 아니면 나무가 많아? 정말 너무 했어.

민정이는 가난해서 산에 산다. 산에 산다고 놀리는 게 싫어 친구에게 화풀이 글을 썼다. "흥보가"를 듣고 쓴 글에는 "흥부가 너무나 너무나 불쌍하다는 생각이 든다. 우리 할아버지께서도 옛날에 가난했다고 하신다"고 썼다. 6년 뒤 민정이를 다시 만났을 때도 할아버지는 계속 가난했다.

2002년 4월 12일, 음악 시간에 미뉴에트를 감상하고 쓴 글에서는 엄마가 없다고 썼다. "가을동화, 그리고 겨울연가처럼 부드럽고 슬프다. 미뉴에트를 들으니 엄마하고 어렸을 적에 소풍을 간 기억이 떠오른다. 지금은 엄마가 없어도 할머니, 할아버지, 아빠가 있으니 괜찮다. 참 슬펐다."

민정이는 할아버지, 할머니와 산다. 아빠는 수도권에서 일하다가 가끔 내려온다. 태어난 지 백일도 되기 전에 부모가 할머니한테 맡겼다. 그때부터 엄마를 모르고 자랐다. 집이 무척 가난하다. 할머니는 아프고 아빠도 힘들게 살아간다. 3학년이 미뉴에트를 듣고 엄마와 소풍 간 기억을 떠올린다니 슬프다. 민정이와 친구들은 음악을 듣고 느낌을 쓰기 좋아했다. 민정이는 그때마다 "슬프다"고 썼다. 시를 읽거나 영화를 보고도 슬프다고 썼다.

5월 6일에 "아라비아 춤"을 듣고는 "눈물이 더 많이 나올 것 같다. 조용하고 슬프기도 하다"고 썼다. 6월 15일쯤에 "황병기의 숲"을 듣고는 "왠지 슬프고 옛날에 술집에서 술을 먹을 때에 가야금을 치는 것 같다. 누가 죽고 나서 슬프다고 가야금을 치면서 눈물을 흘리는 것 같다"고 썼다. "아리랑"을 듣고는 "진도아리랑은 신이 나고 슬프기도 하고 우울하기도 하다. 응응응이 우는 건지 왜왜왜 하는지 구별이 안 된다. 밀양아리랑은 이것도 죽은 사람을 보고 쓴 것인지 정말 슬프고 외롭고 우울하다"고 썼다.

12월 6일, 「촌놈」이라는 시를 읽고는 "외가에 간 아이는 참 슬펐겠다"고 썼다. 과학의 날 영화 〈아틀란티스〉를 보았을 때도 "이 영화를 보니 슬프다"는 문장으로 감상문을 시작했다. 마음에 슬픔이 어찌나 많은지 글을 쓸 때마다 계속 슬픔을 표현했다.

슬픔이 암을 만들었을까?

2008년 마읍분교를 떠나 큰 학교로 갔다. 우리 반 학부모가 학교 급식소에서 일하는데 민정이 고모라고 했다. 9월 초에 민정이가 많이 아프다고 알려주었다. 민정이가 계속 머리가 아프다고 해서 병원에 갔는데 뇌종양이라 두 달밖에 살지 못한다고 했다. 8-9월에 뇌수막염이 유행해서 민정이에게는 뇌수막염이라고 말해놓았다고 한다. 제자가 죽었다는 소식을 처음 들었을 때처럼 아무 느낌이 없었다. 무언가를 느끼는 마음이 내 안에서 사라진 것 같았다.

2008년 1월부터 「좋은교사」라는 월간지에 아이들이 쓴 시를 소개했다. 10월 호에 낼 시 원고를 보내고 며칠 뒤에 민정이 소식을 들었다. 원고 마감이 일주일이나 지난 뒤에 편집자에게 민정이가 쓴 글로 바꿔 달라고 했다. 위에 소개한 "미뉴에트를 감상하고" 쓴 글과 함께 기도를 부탁하는 내용을 보냈다.

초등 3학년, 웃으며 손 흔들며 헤어졌습니다.
이제 중 3, 한참 웃고 떠들며 친구에 빠질 나이.
엄마 없는 슬픔마저 사치로 여겨질 일이 생겼습니다.
이 녀석, 암이랍니다.
두세 달 뒤에 죽는답니다.
가장 사랑했던 할머니마저 민정이 소식에 쓰러지셨습니다.
부탁드립니다.
제가 찾아가 다시 예수님을 전할 때 새 생명을 얻게 해달라고,
기왕이면 살아나게 해달라고,
민정이를 향한 하나님의 뜻이 다 이루어지게 해달라고,
읽는 즉시 기도해주세요.

9월 10일, 강릉아산병원에 찾아갔다. 1시간 동안 운전하면서 왠지 아이

가 죽을 것 같다는 생각이 들었다. 무슨 말을 할까 고민했다. 할 말이 생각나지 않았다. 민정이에게 바다 구경이나 시켜줘야겠다는 생각이 들었다. 열여섯 살이 죽음에 대해 얼마나 준비했을지 생각하지도 않고 내 멋대로 낭만적인 마지막 여행을 생각했다. 좁은 병실에 갇혀 약을 먹고 주사를 맞다가 죽을 텐데 시원한 바다 보면서 예수님 이야기를 해야겠다고 마음먹었다.

'비록 속에는 암 덩어리가 있지만, 겉모습은 괜찮을 거다. 방사선 치료를 받는 것도 아니니 예전 모습과 별로 달라지지 않았을 거야!'라고 생각했다. 병동에 올라갔는데 병실 한 곳에 "방문자 제한"이라는 표시가 붙어 있었다. 순간 민정이의 병실이라는 생각이 들었다. 동시에 아이를 바다에 데려가려 했던 게 얼마나 순진한 생각이었는지 깨달았다. 도대체 무슨 일이 있어서 중학교 3학년 아이 방에 방문자 제한 표시를 붙였을까? 전염병에 걸린 것도 아닌데.

담당 간호사에게 민정이 담임이라 하니 마스크를 쓰고 들어가라고 했다. 병실에는 민정이와 고모만 있었다. 할머니는 민정이가 아프다는 소식을 듣고 쓰러져 건너편 병실에 입원했다. 아빠는 서울에서 일하고 있어서 내려오지 못한다. 딱 봐도 민정인지 알겠다. 눈썹 위쪽 이마부터 귀 쪽으로 작은 돌기가 많이 생겼다. 이미 암이 전이되었다고 했는데 밖으로 튀어나온 모양이다.

"민정아, 선생님이야. 기억하니?" 했더니 고개를 끄덕이는데 말을 못한다. 암이 이미 육신을 삼켜버렸다. 암이 혀로 전이되어 혀가 부풀어

올라 말을 하지 못한다. 침을 삼키지도 못하고 겨우 어눌하게 "네, 아니오!" 할 뿐이다. 고이는 침을 뱉을 수도, 넘길 수도 없어 2-3분마다 한 번씩 혀를 내밀고는 물을 흘려 침을 씻어내야 했다. 숨쉬기도 어렵고 침을 삼키지 못해서 밤에도 잠깐 잠들었다 깨고 다시 잠들었다 깨기를 되풀이한다.

태어나 백일이 되기 전에 할머니한테 맡겨져, 엄마도 모르고 컸다. 민정이는 다가오는 죽음을 느꼈는지 자꾸만 집에 가고 싶다고 했다. 그냥 웃었다. 마음은 무거운 돌덩이를 짊어지고 물속으로 가라앉는데 민정이에게 이런 마음을 보이면 안 되어서 밝게 웃었다. 뇌수막염은 금방 낫는다고, 힘들지만 조금만 참으라고, 곧 나아서 학교로 돌아갈 거라고 말했다.

말 못하는 제자 앞에서 6년 전에 함께 나눈 추억을 이야기했다. 가져간 문집을 꺼내놓고 사진과 그림, 글을 보여주며 쉴 새 없이 떠들어댔다. 슬픔보다는 떠들썩한 병실이 더 좋을 것 같아서 그렇게 했다. 두 채널을 동시에 보는 것처럼 입으로는 가볍게 떠들고, 다른 쪽에선 마음이 묵직하게 가라앉았다. 민정이는 웃는 듯하다가 혀에 물을 흘려보내고, 대답하는 듯하다가 또 혀에 물을 흘려보냈다.

경포대를 거닐고 바다를 보겠다는 마음은 이미 사라졌다. 그러지 못해서 정말 슬펐다. 죽기 전에 선생님과 함께 바닷가를 거니는 것조차 하지 못할 정도로 아픈 모습을 보리라고는 상상도 못했다. 웃는 얼굴로 떠들면서도 마음은 이런 생각에 짓눌렸다. 1년 동안 낸 문집 일곱 권을

묶은 책을 선물하고 물었다.

"예수님 믿니?"

"네."

"언제부터 믿었어?"

"3학년 때부터요."

눈물이 왈칵 맺혔다. 내가 담임이 되면 아이들이 교회에 갔다. 처음 간 삼척남초등학교에선 거의 다 예수님을 믿었고, 두 번째로 간 삼척초등학교와 민정이를 만난 도계초등학교에서도 절반이 넘는 아이들이 교회에 갔다. 그렇지만 나와 헤어지면 교회에서 멀어졌는데 민정이는 계속 교회에 다녔다. 감사했다. 문집을 읽으며 행복했던 3학년 시절을 기억하라고 말하고는 함께 기도했다. 예수님을 알게 해주셔서 감사하다고, 꼭 낫게 해달라고 기도했다.

깜깜한 탄광 마을 장례식장에서

바다는 꿈도 못 꾸고 추석 때 다시 오겠다 하고 병실을 나왔다. 4일 뒤에 민정이가 죽었다는 연락을 받았다. 다시 얼굴을 보러 가려고 했는데 이젠 만날 수 없는 곳으로 가버렸다. 병원과 반대쪽에 있는 탄광 마을 장례식장으로 가면서 마음이 무거웠다. 한편으론 민정이가 예수님을 믿어서 다행이라는 생각이 들었지만, 엄마 없이 가난하게 살다가 중학교를 마치지도 못하고 죽은 삶이 안타까웠다. 이마에 혹이 우툴두툴 난 모습, 혀를 물로 씻어내며 웅얼거리던 말소리가 생각났다.

2008년 9월 14일은 추석이었다. 5년 전에 자욱이가 산사태로 죽은 날도 9월 14일이었다. 병원 주차장이 깜깜했다. 중학생의 장례식인 데다 추석날이라 올 사람이 적다지만 너무 적막했다. 장례식장에 어른이라고는 할머니와 아빠뿐이었다. 친구 서너 명만이 식당에서 이야기하고 있었다. 들어가면서 식당을 지나가는데 아이들이 나를 보고 인사했다. 고개를 끄덕이고 민정이 영정 앞에 섰다. 하, 무슨 생각을 했는지 하나도 기억나지 않는다. 사진에 있는 얼굴도, 꽃도, 내가 기도한 내용도, 조화를 놓았는지 향을 피웠는지도 전혀 생각나지 않는다.

할머니와 아빠에게 인사한 뒤에 할머니를 안고 비명을 지르며 울었다. 영정 앞에서 주체할 수 없이 울며 이런 생각이 들었다. '엄마 없이 크면서 힘들었을 테고 몸도 아파서 힘들었는데 이제 평안과 기쁨만 있는 하나님 곁에 가니 얼마나 좋을까? 그런데 왜 나는 여기 서서 울고 있지?'

지금까지 장례식장에서 엉엉 소리를 내며 세 번 울었다. 그중 둘이 제자였다. 5년 전 같은 날 산사태로 죽은 제자를 보낼 때도 꺽꺽대며 울었다. 되풀이해서 경험한다 해도 제자의 죽음은 적응이 되지 않는다. 죽음은 눈물이 나게 한다. 슬퍼 꺽꺽거리게 만든다. 예수님을 믿고 하나님 곁에 간다고 해도 죽음은 참으로 껄끄러운 낱말이다.

왜 이런 일이 일어나야 할까? 대답을 안다고 해도 받아들여지지 않을 것 같다. 민정이를 가르칠 때 한 아이가 "죽음"이라는 제목으로 쓴 시가 생각났다.

죽음

***(도계초 3 남)

죽음에 대해서 생각했다.

무서웠다.

그래서 울었다.

죽음은 두려운 존재인 것 같다.

죽는 것은 참 두렵다.

도계초등학교로 옮기고 며칠 지나지 않은 3월 첫 토요일에 도계초등학교 2학년 쌍둥이 둘이 죽었다. 짐을 싣기 위해 뒷자리 의자를 뜯어낸 코란도 승용차에 들어가서 불장난을 하다가 앞자리에 불이 붙어버렸다. 앞으로 갈 수 없고 뒷문을 열지 못해 소리만 지르다가 하늘나라로 갔다. 이 사건은 아이들이 죽음을 생각하는 데 영향을 주었을 것이다.

우리 반 다른 아이도 밥 먹다가 갑자기 그때 죽은 아이가 생각났다며 일기에 써왔다. "오늘 밥 먹을 때 필재가 죽은 일을 생각해보았다. 필재는 죽어서 하고 싶은 걸 못한다. 과연 필재는 지옥에 갔을까? 천국에 갔을까? 그게 궁금하다. 또 무엇으로 태어나는지 궁금하다. 필재는 별로 살지 못해서 안 됐다. 참 불쌍하다."

고통

내 마음 한쪽엔 책과 아이들이 있고, 다른 한쪽엔 '고통의 문제'가 있다.

사람이 참 무섭다. 가난과 압제, 차별과 고통, 분노와 편견이 끊이지 않는다. 죄악이 일으킨 결과가 자꾸만 마음에 떠오른다. 가난에서 벗어나지 못하는 사람들, 자기 이익을 위해 다른 사람을 죽이고 괴롭히는 사람들, 한쪽에선 비만으로 고생하는데 다른 쪽에선 먹을 것이 없어 굶어 죽는 현실이 보인다. 다른 사람을 생각하지 않고 자기만 옳다고 주장하며 상처와 고통을 주는 사람들….

고통의 대명사는 성경에 나오는 욥이다. 욥은 갑자기 자식이 죽고 모든 재산을 잃었다. 부인은 "하나님을 저주하고 죽으라"며 악담을 퍼부었다. 친구들은 욥이 아무 말도 못할 때는 곁에서 같이 울었다. 그러나 욥이 자기 심정을 말하자 옳고 그름만 따지며 욥을 죄인 취급했다. 한결같이 "네가 잘못한 게 있어서 벌을 받는다"고 말했다. 욥이 정말 아팠을 것 같다. 욥의 심정을 묵상하며 하나님을 바라보겠다고 다짐해도, 눈앞에 다가오는 고통에 또 무너진다.

고통의 문제는 정답을 명쾌하게 말할 수 없다. 겪어봐야 안다고 말하기엔 너무나 아프다. 생각하기도 싫다. 끌어안고 있으면 우울해지고 슬프다. 그래도 고통의 문제를 끌어안고 있으니 조금이나마 다른 사람을 이해하게 된다. 고통받는 사람을 이해하고 도와주며 함께하려는 마음이 생긴다. 또한 고통을 끼치는 사람들을 '정의'로만 다루어선 안 된다고 생각한다. 정의만으로는 회복이 이루어지지 않으며 고통당한 사람들의 아픔이 해결되지도 않는다.

철없이 시작한 선생 노릇 10년 만에 제자가 죽었다. 태풍이 무너뜨린 흙더미에 깔려 죽었다. 고등학교 2학년, 꽃봉오리도 피기 전에 나보다 먼저 하늘나라에 갔다. 5년 뒤에 다른 제자가 뒤를 따랐다. 암이 열여섯 살 꽃 같은 아이를 데려가 버렸다. 두 아이 모두 할아버지, 할머니랑 살다가 할머니를 남겨놓고 떠났다. 다리 난간에 매달려 자살하려던 아이, 아파트 옥상에서 떨어지려 했던 제자는 지금까지 잘 사는데….

삶이란 이해할 수 없는 일을 받아들이고 예상하지 못한 일을 견디는 과정인가 보다. 내게는 산사태를 막을 능력이 없다. 암에 걸린 아이를 내가 어찌 살릴까! 교육대학에서는 이런 걸 가르쳐주지 않았다. 엄마 없이 사는 아이, 아빠 때문에 힘들어하는 아이, 부모가 만든 문제 때문에 학교에 나오지 못하는 아이, 마음 둘 곳 없이 방황하는 아이를 만날 거라는 사실조차 알려주지 않았다.

선교사 교사가 되고 싶었다

교사가 되면서 천 명의 아이에게 복음을 전하는 선교사가 되어야겠다고 생각했다. 첫 학교에서는 자주 예수님을 전했다. 도덕 시간은 성경 공부 시간 같았다. 성경을 읽거나 성경 공부 교재를 사용하진 않았다. 그 대신 도덕 교과 내용에 어울리는 성경 이야기를 해주며 예수님을 전했다.

> 옛날에 호박씨, 나팔꽃씨, 겨자씨가 살았어. 씨앗 통에 담겨 있었는데 나팔꽃씨가 호박씨에게 아양을 떨었지.
>
> "호박씨 형님, 정말 크시네요. 대단하십니다."

"그래, 내가 좀 크지. 내 곁에 있어라. 내가 보호해줄게."

호박씨를 보며 굽신거리던 나팔꽃씨가 겨자씨를 보더니 비웃었어.

"아이고, 고맙습니다. 그런데 넌 뭐 이렇게 작냐? 하하하."

겨자씨는 아무 말도 하지 않았어. 그냥 빙그레 웃을 뿐이었지.

그러던 어느 날 농부가 씨앗을 밭에 심었어. 흙을 파서 호박씨를 심었고 나팔꽃씨는 흩어 뿌린 뒤에 흙을 살살 덮었어. 겨자씨는 너무 작아서 그냥 뿌렸지. 비가 오고 싹이 텄어. 싹이 튼 호박씨가 무서운 속도로 자랐어. 어찌나 빨리 자라는지 밭을 다 덮어버릴 기세였지. 나팔꽃 싹은 호박 싹에게 아양을 떨며 말했어.

"형님, 저 기억하십니까? 씨앗일 때도 엄청 크시더니 싹이 나니까 더 대단하시네요. 영원히 형님으로 모시겠습니다."

"하하, 그래. 네가 나를 아는구나, 짜식!"

"제가 형님 몸통을 감아도 되겠습니까?"

"그래, 내 허리에 줄기를 감고 버티거라!"

"(겨자씨를 보고) 그런데 넌 뭐냐? 그게 싹이냐? 보이지도 않겠다. 호박 형님은 저렇게 큰데 겨자씨 너는 제구실 하겠냐? 아이고 창피해라. 왜 여기서 알짱거리냐?"

그래도 겨자씨는 말이 없었어. 그냥 묵묵히 있었지. 호박 싹이 10m 자랄 동안, 나팔꽃이 호박을 감싸고 3m 자랄 동안 겨자씨는 10cm 정도 컸어. 호박잎과 나팔꽃 잎에 가려 보이지도 않았지. 나팔꽃은 이듬해에도 호박 줄기를 감싸며 호박을 칭찬하고 겨자씨를 깔보았어. 그래도 겨자씨는 말

없이 웃을 뿐이었어.

10년이 지났네. 호박과 나팔꽃이 싹을 틔웠어. 그때 나팔꽃이 겨자씨가 나무로 자란 걸 발견했어.[1] 호박잎과 나팔꽃은 겨울에 죽고 봄에 다시 시작해야 하지만 겨자씨는 나무로 계속 자랐거든. 호박과 나팔꽃에 비하면 조금밖에 자라지 않았지만 조금씩 꾸준히 계속 자랐더니 나무가 되었어. 그래서 나팔꽃이 부러워하며 말했어.

"형님, 누구신지는 모르지만 엄청 크시네요. 제가 형님 허리를 감고 올라가도 될까요?"

겨자 나무가 허락했을까, 하지 않았을까?

달란트 비유와 겨자씨 비유를 섞어 만든 이야기다. 한 달란트 받은 사람도 자신을 소중한 존재로 여기고 꾸준히 자라면 겨자씨처럼 큰 나무가 된다. 문제를 빨리 해결하는 아이, 늦게 해결하는 아이, 빨리 달리는 아이, 늦게 달리는 아이, 목소리가 큰 아이, 목소리가 작은 아이, 친구를 빨리 사귀는 아이, 천천히 사귀는 아이, 모두 다르다. 누가 더 빨리, 잘하느냐가 아니라 어떤 마음으로 얼마나 오래도록 꾸준히 하느냐가 더 중요하다는 말을 이렇게 해주었다.

"하나님께서 너희를 모두 특별한 존재로 만드셨어. 지금 호박씨처럼 보이느냐, 나팔꽃씨처럼 보이느냐가 중요하지 않아. 조금씩 꾸준히

---

1 비유의 겨자씨가 겨자 나무의 씨라는 견해와 유채꽃 씨라는 견해가 있다.

자라야지. 그러면 사람들을 도와주는 멋진 나무가 될 거야!"

이렇게 시작한 성경 공부가 인간의 타락, 죄성, 구원자의 필요성, 예수 그리스도로 이어졌다. 기도를 어떻게 해야 하는지도 알려주었다. 4.5km 거리에 있는 마을에서 자전거를 타고 오는 아이는 서낭당을 지날 때마다 내가 알려준 대로 기도했다고 한다. 20년 뒤에 그 아이가 메시지를 보내왔다.

"장모님하고 같이 교회에 갔는데 '사랑'이라는 글자에 눈물이 줄줄 흐르는 거예요. 안 울려고 했는데, 슬픈 것도 아닌데 계속 눈물이 나왔어요. 하나님이 울린 건가 싶어요. 울면서 머릿속에서 제가 잘못했던 일들, 후회했던 일들이 주마등처럼 지나갔어요. 착하게 살아야겠어요."

다음 학교에 가서는 방과 후에 성경 공부반을 만들었다. 일주일에 한두 번 아이들과 성경 공부를 했다. 교사가 되고 7년은 누가 뭐라 하건 신경 쓰지 않는 정면 돌파를 선택했다. 전도를 산을 옮기는 일에 비유해 보자. 정면 돌파는 삽이나 포크레인으로 산을 무너뜨리는 것이다. 학교에서 당당하게 예수님을 가르쳤다. 효과도 확실하고 많은 그리스도인에게 좋은 모범이 된다.

교실에서 아이들에게 전도했다. 전도왕, 기적의 일꾼이 되고 싶었다. 그러나 노력하면 할수록 힘들었다. '나는 겨우 삽자루 하나 들고 나서는데 내가 존경하는 저분은 포크레인이네! 도저히 안 되겠다' 하는 마음이 들었다. 선배들의 삶을 보며 분명히 감동했지만, 계속 그분들을 따라가기가 힘들었다. 내가 포크레인인 줄 알고 도전했다가 중간에 그만

두고 싶은 마음이 계속 들었다.

“한발 늦으셨습니다”에 나오는 엄마와 교회에 다닌 딸이 언젠가 어떻게 예수님을 믿었는지 말해주었다. 고등학교를 졸업하면서 예수님을 믿기 시작했는데, 생각해보니 초등학교 선생님이 자기를 위해 얼마나 기도했는지 예수님 믿고 나니깐 알겠더라고 했다. 내가 가르친 아이들도 대학생이 되어, 결혼한 뒤에 예수님을 믿을까 생각하니 자신이 없었다. 우리 반 아이들은 2/3 이상이 교회에 다녔지만 나와 헤어진 뒤에도 교회에 계속 다니는 아이는 적었다. 철이 든 뒤에 ‘그때 선생님이 종교를 강요했었어’라고 생각하는 건 아닐까 하는 걱정도 생겼다.

하나님을 믿는 결정적 순간을 내가 만들어주어야 하는지, 언젠가 하나님께서 결정적 순간을 주실 때 하나님을 선택하도록 마음과 생각을 조금씩 바꿔주어야 하는지 고민하게 되었다. 대놓고 전도할 때와 조금씩 마음을 바꿔가도록 할 때 모두 장단점이 있다. 내 마음이 점점 대놓고 전도하기보다 가치관을 바꿔주어야겠다는 쪽으로 기울어갔다.

포크레인을 동원해서 일하면 산을 빨리 무너뜨릴 수 있다. 그러나 부작용을 각오해야 한다. 공격적으로 파내지 않고 무너뜨리는 방법도 있다. 겨울에 흙은 얼어서 굉장히 단단한 것 같지만 일단 녹으면 처음 흙보다 사이가 벌어지고 약해진다. 몇 번만 얼었다 녹았다 하면 저절로 무너진다. 흙벽에 물이 있으면 이 작업은 더 쉽게 끝난다. 고맙게도 하나님은 사람들에게 하나님을 알 만한 것을 심어주셨다(롬 1:18-19). 아이들의 생각을 서서히 바꾸어야겠다고 생각했다.

탄광 마을 학교로 옮기면서 조금씩 아이들의 생각을 바꾸려고 노력했다. 기독교 세계관에 관심을 갖고 독서와 글쓰기로 아이들에게 다가갔다. 『나니아 연대기』를 읽어주고 성경 말씀을 바꿔서 들려주었다. 그런 뒤에 예수 그리스도가 우리의 구원자라고 전했다. 산사태로 죽은 제자는 대놓고 전해서 예수님을 믿는다고 고백했다. 암으로 죽은 제자는 대놓고 전하지 않았지만 내가 담임이 되었을 때 교회에 갔다.

죽음을 곁에 두고 살았더니

우리는 죽음을 멀리한다. 누군가 죽음이 가까워지면 평소에 지내던 곳에서 떠나 죽음을 위해 준비한 장소(병원이나 요양원)에 간다. 죽음을 만나면 냉동고에 넣었다가 화장하거나 매장한다. 화장터, 무덤도 평소 지내던 곳에서 떨어진 곳이라 멀다. 눈에 띄지 않는 곳으로 죽음을 보내버리는 셈이다. 아이들에겐 죽음을 생각조차 못하게 한다.

"무덤이 보이면 꼭 들어가라."

내 여행 원칙 중 하나다. 유럽에서는 무덤을 자주 보았다. 유럽은 교회 뒷마당에 무덤을 만들어놓았다. 그들은 교회에 갈 때마다 무덤을 봤을 것이다. 그들은 유산된 아이들을 위한 무덤도 만들었다. 태어나기도 전에 죽은 아이를 위해 만든 무덤이 가장 밝고 화려했다. 태어나지 못하고 사라진 아이조차 기억하는 모습이 부러웠다. 죽음을 기리는 마음이 아름다워 보였다.

아름답고 멋진 여행지에서도 무덤이 자꾸 눈에 들어왔다. 프랑스

구석에서 비석에 쓰인 글씨를 읽고, 휴양지 할슈타트에서 제1차 세계대전 참전용사 기념비 앞에 한참 서 있었다. 오스트리아 국립묘지를 차로 돌면서 구석구석 살폈다. 스위스 하이디 마을에서도, 이름난 관광지에서도 무덤을 거닐었다. 독일 프랑크푸르트에서는 홀로코스트 유대인 무덤 벽에 붙은 이름을 읽었다. Marx라는 이름이 계속 이어졌다. 일가족 대부분이 포로수용소에서 죽었다. 서로 죽었는지 살았는지도 모른 채. 대부분 죽은 날짜도 없다. 포로수용소에서 죽었기 때문이다. 이런 명패만 12,000개가 박혀 있다.

이집트 카이로에는 "죽음의 도시"가 있다. 그곳에 집이 없는 가난한 사람 200만 명이 산다. 비가 거의 내리지 않는 곳이기 때문에 지붕 없이 세워진 무덤을 벽으로 삼고 살아간다. 이집트 사람들은 무덤으로 도시를 만들고는 찾아가지 않았다. 그곳에 사는 사람들은 자신들을 찾은 내게 돌을 던졌다. 무덤을 거처로 삼은 사람들에게 나는 배부른 관광객에 불과했다.

슬프고 아픈 사람들을 기억하려고 했다. 잘 살고 능력 있고 뛰어난 아이보다 가난하고 힘들게 사는 아이들에게 더 다가갔다. 그래도 어떤 아이에겐 내가 배부른 관광객이었을 것이다. 자신의 슬픔을 구경하고 가버리는 무능한 사람. 그 아이에게 미안하다. 다른 아이에게 베푼 사랑이 그 아이의 슬픔을 덜어주지 못한다. 사랑의 빚 외에는 아무런 빚도 지지 말라고 했는데(롬 13:8) 나는 사랑의 빚을 많이 남겼다.

나가며

고린도전서 13장은 사랑을 드러낸다. 사랑은 오래 참음으로 시작해서 (사랑은 언제나 오래 참고) 견딘다(모든 것을 견디느니라)로 끝난다. 사랑의 가장 큰 특징인 오래 참음과 견딤의 공통점은 '기다림'이다. 기다리는 아이를 많이 만났다. 운동회, 학예회, 졸업식에 오지 않는 부모를 기다리며 아이가 운다. 울어도 기다림이 끝나지 않는다. 아무리 기다려도 집을 나간 엄마는 오지 않는다. 아빠가 놀아주지도 않는다.

사랑은 따뜻하다. 사랑은 마음에 불을 지핀다. 감정에 불을 붙인다. 친구를 돕는 손길도 사랑이다. 아이를 보며 흐뭇하게 웃는 마음도 사랑이다. 편지를 쓰고, 후원금을 내고, 청소하며 밥을 해주는 일도 사랑에서 나온다. 사랑의 표현이 참 많다. 그런데 바울은 이 많은 표현을 두고 왜 참고 견디는 걸 사랑이라 했을까? 얼마나 '오랫동안', '견뎌내야' 사랑일까?

누구나 기쁨으로 단을 거두기를 기대한다. 우리의 삶이 기쁨으로 단을 거두는 순간으로 가득하다면 얼마나 좋을까! 농부는 풍성한 결실을 기대하며 씨를 뿌린다. 결혼식장에는 기쁨이 넘친다. 아이가 태어나면 소망과 축복의 말이 오간다. 그러나 이 말씀은 "힘든 일을 만나도 열심히 씨를 뿌리면 축복이 임한다"는 뜻이 아니다.

울며 씨를 뿌리는 일은 농경사회에서 가끔 일어났다. 전쟁이나 전염병, 홍수나 가뭄으로 식량이 부족해지면 사람들은 풀뿌리를 캐고, 나무껍질을 벗겨 먹으며 버텼다. 자녀가 밥 달라고 울다가 지쳐 죽어가는 걸 보는 부모의 마음이 얼마나 아플까! 곡식이 있다면 당장 먹이겠지. 사실 농부에겐 곡식이 있다. 내년에 뿌릴 씨앗이 있지만 그걸 먹이지는 못한다. 봄에 뿌릴 씨앗이 없다면 농부는 더 이상 기쁨으로 단을 거두는 날을 기대하지 못한다. 아무리 배가 고파도 씨앗을 남길 수밖에 없다.

긴긴 고통을 견뎌내고 봄에 씨를 뿌린다. 질긴 목숨 한탄하며, 주린 배를 움켜쥐고, 칭얼대는 아이의 얼굴을 떠올리며, 울며 씨를 뿌린다. 내게도 조금은 이런 마음이 있었다. 기다리다 지친 아이들, 잘못된 교육 정책에 떠밀려 고통당하면서도 왜 힘든지 모르는 아이들, 부모를 잘못 만나 오랜 기근에 늘어진 아이들을 붙들고 울며 씨를 뿌렸다. 내가 해결하지 못하는 문제를 만나, 아이에게 아무것도 해주지 못할 때는 울며 씨를 뿌리지도 못했다.

그래도 아이들은 자랐다. 나는 아이들을 보며 사랑을 배웠다. 부족한 교장을 만나 힘들고, 아이의 마음에 못을 박는 사람들을 보며 허덕이면서도 아이들의 마음에 사랑과 희망과 복음의 씨앗을 뿌린 날을 돌아보면서 감사한다. 또한 아이들을 먹일 식량이 내게 더 있었는데 나 먹겠다고 주지 않은 일이 생각나서 마음이 괴롭다.

자랑을 피하고 싶었지만 나를 드러낸 부분이 많다. 하나님이 하셨다고 말해도 '나를 통해서'를 내세운 부분이 많다. 그래서 이런 책은 내지 않는 게 나은데 어쩔 수 없다. 내가 교만한 놈이 되고 하나님이 높아지시면 무거운 마음이 조금은 덜해지겠다. 하나님을 읽고 글쓴이를 잊어주시면 좋겠다.

곁에.서.

상처받아 아픈 아이가 없는 세상을 바라며

1쇄 발행 2023년 6월 7일

지은이 권일한
펴낸이 김요한
펴낸곳 새물결플러스

편 집 왕희광 정인철 노재현 이형일 나유영 노동래
디자인 황진주 김은경
마케팅 박성민 이원혁
총 무 김명화 이성순
영 상 최정호 곽상원
아카데미 차상희

홈페이지 www.holywaveplus.com
이메일 hwpbooks@hwpbooks.com
출판등록 2008년 8월 21일 제2008-24호
주 소 (우) 04114 서울시 마포구 신촌로28가길 29
전 화 02) 2652-3161
팩 스 02) 2652-3191

ISBN 979-11-6129-256-4 03230

책값은 뒤표지에 있습니다.